KB012339

맹자와 계몽철학자의 대화

도덕의 기초를 세우다

프랑수아 줄리앙 지음

허경 옮김

한울
아카데미

Fonder la Morale

Dialogue de Mencius avec un Philosophe des Lumières

François Jullien

Editions Grasset

근대, 탈근대 그리고 도덕철학의 위기

서세동점(西勢東漸)의 시대는 끝나가고 있는가? 19세기 중엽 아편전쟁을 시작으로 하여 동아시아의 유교문화권은 서구 열강의 영향 아래 놓이게 되었다. 그러나 유교문화권의 여러 나라들은 다행히도 정치적인 독립만은 유지할 수 있었다. 이때부터 이들은 서구의 사회체제를 모델로 하여 근대화에 착수하였다. 자유주의 모델을 따른 일본의 경제적 도약은 패전의 기억을 잊게 해줄 만큼 새로운 승리로 받아들여졌다. 그러나 얼마 지나지 않아 일본 사회의 균형은 깨어지기 시작했고, 최근에는 일본몰락설까지 유행하고 있는 실정이다. 한편 거대 중국은 일본과는 다른 근대화의 길을 택하여 새로운 사회건설의 꿈에 벅차 있었다. 그러나 중국은 그들이 택한 근대화 모델의 자체적인 한계로 말미암아 파국에 이르렀고, 결국에는 자유주의로 전환하게 된다. 그런데 현재 진행 중인 중국의 급속한 팽창이 지속된다고 하더라도, 그들이 일본이 겪고 있는 사회적 균열을 피하기는 어려울 것이다.

'근대화'란 근대성을 도입하여 사회를 변화시키는 것이다. 그리고 '근대성'이란 우리에게는 바로 이질문화로서의 '서구성'을 의미한다. 즉 자유·평등의 관념을 중심가치로 하는 '근대적 서구성'을 가리키는 말이다. 이것은 다름 아닌 문화적인 '외부성'이라고 할 수 있다. 우리가 살고 있는 한반도에도 '외부성'이 유입되어 '내부성'을 압도하고 있다. 조선왕조가 멸망한 지도 한 세기가 다 되어간다. 그 사이 한국인들은 식민통치하에서 문화적 혼란과 변동을 겪었고, 이후 분단된 상태에서 남과 북이 서로 다른 형태의 '근대적 외부성'을 도입하여 정착시켜왔다. 언뜻 보면 우리가 근대화에 성공하여 서구적 생활양식에 잘 적응한 것처럼 보인다. 옷차림에서 시작하여 식생활, 주거양식, 사고방식, 생산양식, 정치·사회 제도, 심지어는 언어구조까지도 서양화되기에 이르렀다. 이제는 얼굴 모습마저도 서양인을 닮으려 하고 있으며, 심지어는 외형을 고치기까지 한다. 그런데 동양인이 서양인을 미적 기준으로 삼는 것만큼 패배적이다 못해 슬픈 일은 없는 것이다. 이처럼 우리는 스스로를 파괴하면서까지 '외부성'을 추종하고 있으며, 점점 정체성(正體性)을 잃어가고 있다.

상황이 이렇게 되기까지는 모든 영역에서 서양인들의 철저한 이념화 작업이 있었다는 사실을 알아야 한다. '세계화'의 물결 아래 서양의 근대성의 —또는 탈근대성의— 문화는 인간을 점점 더 획일화하는 새로운 전체주의의 양상을 보이면서 전 세계에 퍼져, 지구 곳곳의 다양한 문화들을 파괴해가고 있다. 이제 서양은 동양을 직접적으로 통치하지 않으면서도 영향력을 행사할 수 있는 단계에 도달한 것 같다. 어떤 사람들은 동아시아 국가들의 경제적인 부흥을 내세우면서, 이제 동양이 서양과 충분히 경쟁할 수 있으며 언젠가는 서양을 능가할 것이라고 믿고 있다. 과연 그렇게 될 수 있을까? 그런데 이것은 그렇게 간단한 문제가 아니다. 우선 문화적으로 정체성을 잃은 자가 타인을 이끌 수 있다는 논리가 어떻게 성립될 수 있는지 궁금하기만 하다. 설령 그렇게 되었다고 하더라도 그것은 일시적인 현상—일본경제가 잠시 세계의 주목을 받았던 것처럼— 에 지나지 않으며, 결코 진정한 승리가 될 수 없는 것이다.

오늘의 한국은 군사정권이 퇴진한 이래로 오랜 염원이었던 민주주의를 실현하는 데 여념이 없어 보인다. 그런데 우리가 예상했던 바와는 달리 많은 진통을 겪고 있는 것이 사실이다. 군사정권 시절에 많은 사람들은 군인들이 권좌에서 물러나기만 하면 바로 민주주의가 실현될 것으로 생각하였다. 그래서 모두들 민주화를 열망하면서 고대하였다. 이 꿈이 이루어진 지도 어느덧 20년이 되어 간다. 그러나 요즈음 사람들의 입에 오르내리는 이야기를 들어보면, 정치인들의 부도덕성과 배신, 집단 이기주의, 계층 간 이질감, 불신감의 팽배, 가족의 해체, 파산에 따른 강도와 자살 사건 등등 사회적 균열과 갈등이 갈수록 심해지고 있다는 사실을 느끼게 된다. 지금의 상황을 '체제 위기'라고까지 묘사하는 사람들도 있다. 그런데 이러한 문제들이 단지 우리들만의 잘못으로 인해 일어났다고는 볼 수 없다. 사실 그것은 서양이 우리에게 반강제적으로 부과한 '근대성' 자체가 지니고 있는 문제로 보아야 할 것이다. 이러한 문제들은 서양의 선진국에도 얼마든지 존재하고 있다. 다만 차이가 있다면, 서양인들은 문화적으로 근대성의 소프트웨어라고 할 수 있는 '자유', '평등', '법의 지배' 등의 의미를 우리보다 잘 이해하고 있으며 또한 이것들에 더 익숙하다는 사실뿐이다.

어떤 사회학자들은 비(非)서구국가에서 민주주의가 제대로 실현되지 않는 이유로 시민사회의 미(未)발달과 제도(institution)의 미비를 든다. 그리고 그들은 경제적인 성공이 시민사회와 제도를 발전시켜 민주주의를 공고히 해줄 것으로 보고 있다. 그런데 이러한 주장의 근본적인 문제는 하나의 가치로서의 '민주주의' ─그것이 제도이건 이념이건─ 와 특수한 사회변동으로서의 '민주화'라는 범주를 명확히 구분하지 않는 데 있다. 왜냐하면 민주화되는 것 ─독재체제가 무너지고 자유화되는 것─ 과 민주주의가 하나의 사회체제로서 작동하면서 그것의 가치가 실현되는 것은 서로 다른 차원의 문제이기 때문이다.

비서구국가에서 민주주의가 정착하여 사회체제로서 제대로 기능하기란 생각만큼 쉬운 일이 아니다. 민주주의라는 사회체제가 작동하기 위해서는 각 사회구성원들이 지키고 따라야 하는 여러 가지 사항들이 있다. 우선, 사회구성원 모두가 최소한 '자유'와 '평등'이라고 하는 사회적 개념 ─고대 그리스와 기독교 문화에서 유래한─ 을 명확히 이해하고 있어야 한다. 그런데 불행하게도 비서구국가들의 고유문화에서는 이러한 요소가 발견되지 않는다. 역사적·문화적인 기반 없이 자유와 평등의 의미를 명확히 인식하고 소화한다는 것은 매우 어려운 일이다. 즉 민주주의가 하나의 사회체제로서 '외형(forme)'이라면, 자유와 평등은 이 체제를 유지하고 기능하게 하는 요소로서 '본질

(essence)'인 것이다. 일반적으로 우리가 다른 사람의 외모 —'외형'—를 흉내내기는 쉬워도, 그 사람의 성격 —'본질'— 을 나의 것으로 만든다는 것은 매우 어려운 일이다. 더욱이 본질이 되는 요소가 수천 년간 축적된 문화와 전통에서 비롯된 역사의 산물일 경우에는 더욱 그러하다.

이미 오래전부터 서구 지식인들은 민주주의라는 사회체제의 근본적인 문제를 지적해왔으며, 지금도 이것은 논의의 쟁점으로 남아 민주주의 위기론까지 대두되고 있는 실정이다. 그러면 이러한 서구체제의 위기는 어떻게 진단하여야 할 것인가? 이 질문에 대한 답을 구하기 위해서는 인간과 사회의 존재양식의 기초를 제공하는 철학에 문의해보아야 한다. 공교롭게도 서양철학은 서양의 사회체제가 문제점을 보이기 이전에 이미 그 한계를 드러내고 있었다. 그렇다면 서양철학의 위기는 과연 어디에서 비롯되었는지 알아볼 필요가 있다. 일반적으로 철학이 관심을 두고 있는 영역은 존재와 가치의 문제로 요약될 수 있다. 즉 인간은 '무엇'이며, '왜' 그리고 '어떻게' 살아야 하는가에 대한 답을 찾는 것이 철학의 목적이다.

유럽에서는 기독교 중심의 사유방식이 쇠퇴하고 르네상스와 계몽시대를 거치면서 새로운 사상체계가 성립하는 듯했지만, 결국에는 사유와 관련된 모든 차원이 해체되는 상황에 이르게 된다. 이것이 요즘 흔히 거론되는 '포스트모더니즘'이다. '탈근대성'으로 번역되어 소개된 이 사유체계 —또는 존재양식— 는 어떠한 가치를 창출할 수 있는 구체적인 기초를 두고 있지 않은 것이 특징이다. 따라서 포스트모더니즘에서는 엄밀한 의미에서의 '도덕'은 존재하지 않는다. 그렇기 때문에 요즈음 서양에서 도덕성 운운하는 자는 기독교 원리주의자 아니면 파시스트 혹은 극우파로 몰릴 위험이 있다. 사실 오늘날 서양에서 가치를 부여할 수 있는—가치 판단의— 근거를 찾는다면, 그것은 오직 '양적인 다수'라고 할 수 있다. 우리가 알고 있는 근대 민주주의의 '다수결의 원리'는 철학적으로 바로 이러한 맥락에 기초하고 있다. 따라서 그것이 동원에 의해 이루어진 것이건 매수나 선동에 의한 것이건, 다수가 결정한 것은 모두 정당한 것이 된다. 그런데 불행하게도 전체주의적 나치스 정권은 이러한 다수결의 원리하에서 출현하였으며, 공산주의 국가에서도 형식적으로나마 예외 없이 다수결의 원리가 존중되었다.

여기서 도덕성에 어떻게 가치를 부여해야 하는가의 문제가 제기된다. 만일 도덕의 기준도 다수결에 의해 정해지는 것이라면, 그 사회는 민주주의라는 미명하에 다수에 의해 모든 가치기준이 설정되는 '민주적 전체주의' 사회가 될지도 모르기 때문이다. 더욱이 다수에게 의식(conscience)이 결여되어 있다면, 그 사회는 매우 불안정해질 것임이 분명하다. 이것이 바로 '본질'로서의 현대 서양철학과 그것의 '외형'인 민주주의라는 사회체제가 겪고 있는 위기의 단면인 것이다.

본서는 이러한 서양문명의 한계를 극복하기 위한 철학적 시도로서, 무너진 상태에서 더 이상 재고조차 되지 않고 있는 '도덕의 기초'를 한층 더 공고하고 논리적으로 타당한 차원에서 찾아보는 데 목적이 있다. 진보적 철학자인 저자는 현대사회의 도덕 문제를 해결하기 위한 하나의 방법으로, 우리에게 너무나도 잘 알려져 있는 유학(儒學)의 대이론가인 맹자(孟子)의 사상을 서양 근대철학의 대표자 격인 루소,

칸트, 니체와 비교하고 있다. 어떻게 서양의 진보적 철학자가 우리에게는 고루하고 보수적이며 반개혁적이라고까지 비난받는 유가(儒家) 사상을 위기에 처한 현대철학에 다시 활력을 불어넣을 수 있는 요소로 평가하였을까? 본서에서 우리는 줄리앙(Jullien) 교수의 예리하고 심층적인 분석을 통하여 우리가 지금까지 인식하지 못하고 있었던 맹자사상의 심오함을 발견하게 될 것이다.

이천 년 가까이 우리의 사유와 존재양식에 뿌리를 내린 유학(儒學)의 원리는 사상적으로 그 발생지인 중국보다도 한국에서 더욱 개화하였고, 문화적으로도 우리의 생활 곳곳에서 숨쉬고 있다. 서양 학자들은 동양 3국 중 한국이 유학을 가장 잘 보존하고 있다고 평가하지만, 요즈음 우리는 서양의 근대성 또는 탈근대성의 문화가 압도하는 현실 속에서 살고 있다. 역자로서는 이 책이 우리가 서구적 사유와 가치를 일방적으로 추종하는 것에서 벗어나, 균형적인 감각을 갖는데 조금이나마 기여했으면 하는 바람이다. 그럼으로써 우리의 정체성을 되찾고, 우리의 문화 안에 무궁한 가치가 담겨 있다는 사실을 재발견하는 계기가 되었으면 한다. 이것이 점점 흔들리고 있는 우리 사회의 균형을 회복하는 길이며, 나아가 서세동점에서 완전히 벗어나는 첫걸음이 될 것으로 믿는다. 우리가 성형수술을 통해 서양인이될 수 없듯이, 제도를 서양화한다고 해서 서양의 문화와 가치가 우리의 것이 될 수는 없는 것이다. 이제 우리가 지니고 있는 고유의 아름다움을 가꾸고 다듬어서 외부에 선보일 때가 되었다고 본다. 그러면 맹자가 어떻게 서양 근대철학의 대가인 루소와 칸트를 제압하는지, 그리고 어떻게 이천삼백여 년 전의 동양사상가가 현대철학과 만나게 되는지 알아보기 위해 그를 따라서 여행을 떠나보기로 하자.

끝으로 이 책의 한국어판을 내는 데 많은 기대와 관심을 보여주신 줄리앙 교수님께 감사를 드린다. 저자는 특히 한국의 유학 수준을 높이 평가하고 있으며, 한국 인문·사회과학의 발전에 대해서도 깊은 관심을 가지고 있다. 그리고 번역본의 출판을 쾌히 승낙해주시고, 좋은 책이 될 수 있도록 정성을 다해 도와주신 도서출판 한울의 김종수 사장님과 관계자 여러분께 다시 한 번 감사를 드린다.

2004년 3월

허경

도덕의 기초를 세운다는 것은 도덕의 원칙을 정하는 것이라기보다는, 도덕에 가능한 정당성을 부여하는 것이라고 할 수 있다. 다시 말해, 종교적 계율이나 도덕의 사회적 유용성을 떠나서 무슨 명목으로 도덕이 정당화될 수 있느냐 하는 문제인 것이다.

이에 대한 논의는 18세기에 유럽에서 매우 활발하게 전개되었다. 그것은 계몽사상가들이 종교형이상학의 그늘로부터 도덕을 분리시킨 이후이며, 또한 니체를 중심으로 한 비판철학자들이 도덕의 존재이유 자체를 무너뜨리기 이전의 일이다. 그런데 그 이후에는 아무도 이 문제에 대해 학술적으로 엄격하게 다루어보려고 하지 않았다. 왜냐하면 도덕이라는 주제는 자체적으로 너무 애매한 문제를 지니고 있으며, 그것은 또한 지나치게 단순하고도 어리석은 것으로 받아들여졌기 때문이다. 그렇다고 해서 철학자들이 이 문제를 완전히 해결해놓은 것은 아니었다. 우리는 인간이 도덕의식을 가지고 있다는 것을 부정하지는 않지만, 동시에 그것을 통한 사회적인 조작도 경계하고 있다. 그런데 이 막연하고 모호한 도덕이라는 관념은 유령으로 남아, 우리의 머리를 떠나지 않고 맴돌면서 철학적 이념 논쟁에 계속 영향을 미쳐왔던 것이다. 인류애, 사회연대 등 요즈음 우리들의 입에 오르내리는 말들은 과연 무엇에 기초를 두고 있는 것일까?

여기서 필자는 도덕의 문제를 다시 다루어보고자 한다. 그리고 이에 관해 유럽문명과는 전혀 관계를 가져본 적이 없는, 중국에서 발전한 거대한 도덕적 전통 ―맹자로 대표되는― 을 통하여 접근하고자 한다. 본서의 목적은 서양철학을 곤경으로부터 구하기 위한 새로운 대안을 모색하는 것이 아니며, 또한 계몽시대의 취향으로 되돌아가 중국식의 새로운 교리문답을 체계화하려는 것도 아니다. 오히려 철학적 사색의 토양을 바꿔보면서 차이를 발견하고, 또한 그것을 통하여 비교와 대조의 효과를 얻는 데 그 목적이 있다. 다시 말해, 서양철학을 다른 입장과 만나게 해봄으로써 그것에 다시 활력을 불어넣고, 새로운 가능성을 열어주고자 하는 것이다. 이 점에 있어서 우리는 중국이 유럽과 마찬가지로 경험에 기초한 사회라는 것을 잘 알고 있기 때문에, 양자를 매개하는 표상(représentation)의 설정은 필요로 하지 않는다.

모두가 아는 바와 같이, 철학을 주기적으로 위태롭게 하는 요인은 철학이 자체 논쟁 속에 자신을 가둬둠으로써 그 존재 이유를 상실하는 데 있다. 중국사상은 서양철학이 이러한 위기에서 벗어나 다시 시작하는 데 도움이 될 수 있다. 즉 중국문명은 우리가 한 발 물러서서 서양의 관점 '외부'에서 현상을 파악하는 데 매우 유용할 것으로 보인다. 그렇다고 해서 중국문명이 새로운 철학의 대상이 되는 것은 아니다. 그것은 단지 이론적인 도구가 될 뿐이다. 결국 중국학은 연구대상이라기보다는 하나의 방법론인 것이다. 이렇게 하여 중국문명은 우리가 새롭게 도덕의 문제에 접근할 수 있는 길을 열어준다고 할 수 있다.

손자병법에서도 권장하듯이, 필자가 상대의 '측면'을 공략하기로 한 —중국을 통해 도덕 연구에 접근해보는— 이유는 바로 도덕의 문제가 '정면'에 부각되도록 하기 위한 것이다. 그런데 우리가 의도적으로 이렇게 멀리 중국으로 떠나는 것은 단순한 이국(異國) 취향이나 '비교'의 매력 때문이 아니라, 철학적으로 숙고할 수 있는 여유 있는 공간을 확보하기 위해서이다. 다시 말해, 새롭게 출발함으로써 도덕이라는 주제에 혼란을 주고 도덕에 대한 올바른 이해를 방해해왔던 모든 요소들로부터 벗어나기 위한 것이다.

본서에서 필자는 요즈음 유행하고 있는 '윤리(éthique: 도덕 대신에 사용되고 있는 개념)'를 논하지 않을 것이며, 오로지 '도덕(morale)'에 대해서만 다루게 될 것이다.

차 례

제1부 도덕철학의 근본문제

    1. 양혜왕(梁惠王) 일화   2. 무관심할 수 없는 이유
    3. 인(仁)과 의(義)

    1. 서양철학에서 도덕기초의 문제
    2. 계몽철학 이후의 새로운 시도: 칸트와 니체
    3. 도덕의 종교성 탈피: 마르크스와 프로이트
    4. 중국과의 비교

    1. 동정심과 측은지심   2. 루소의 한계
    3. 쇼펜하우어의 대안   4. 맹자사상의 우월성

    1. 칸트 도덕철학의 기초   2. 맹자의 사단(四端)
    3. 도덕의 징표로서의 단(端)

제1부
도덕철학의 근본문제

■ 제1장 ■

측은지심(惻隱之心)의 발로

1. 양혜왕(梁惠王) 일화

한 제후가 자신이 백성들에게 선정(善政)을 베풀 수 있을지에 대해 의심하고 있었다. 그가 충분히 그럴 수 있다는 것을 설득하기 위해, 현인(賢人)은 이 제후가 우연히 겪게 되었던 일을 상기시킨다. 하루는 제후가 제사장(祭祀場)을 둘러보다가 제물(祭物)이 될 소가 끌려가는 것을 보았다. 도살장으로 끌려가는 죄 없는 소의 겁에 질린 모습을 보고, 애처롭게 여긴 제후는 그 소를 놓아주라고 명했다. 이에 제사장 관리가 "제사를 중단합니까?"라고 묻자, 제후는 "아니다. 그럴 수는 없다. 소를 양으로 바꾸기만 해라"라고 답했다.

이 일화를 통해 현인은 그 제후가 선정을 베풀 수 있다는 결론을 내린다. 그런데 이 사건은 처음에는 제후에게 불리하게 작용했다. 왜냐하면 소를 양으로 바꾸라고 지시한 것이, 백성들에게는 그가 너무 재물(財物)을 아껴서 그런 것처럼 보였기 때문이다. 제후는 이러한 백성들의 비난에 자신을 방어하려 하면서도, 한편으로는 자신의 경솔함을 인정하고 있었다. 과연 이 제후는 제사의 제물로 소보다 양을 선호해서 그렇게 했던 것일까? 아니면 양이 소보다 덜 불쌍해 보여서 그랬을까? 현인은 제후의 마음속에서 무슨 일이 일어났는지 설명해주게 된다. 사실 그것은 백성들이나 제후 스스로도 감지할 수 없었던 것이었다. 제후가 즉각 소를 양으로 바꾸라고 명한 이유는 그가 겁에 질린 비참한 소의 모습을 보았던 반면, 양의 실제 모습은 보지 않았기 때문이다. 결국 제후는 소가 느끼고 있던 공포를 직접 접했던 것이다. 그런데 이 소의 공포는 그의 눈앞에 느닷없이 나타났고, 제후는 이에 대비할 여유가 없었다. 이와는 반대로, 양이 겪게 될 상황은 단순히 관념의 세계에서만 존재하고 있었다. 즉 그에게 양의 모습은 추상적인 차원에 있었기 때문에, 그 희생이 부담 없이 당연한 것으로 받아들여졌던 것이다. 그래서 아무 거리낌 없이 양을 제물로 하여 제사를 마칠 수 있었다. 제물이 될 소를 본 것만으로도 제후의 마음은 흔들렸으며, 일시적으로 그는 심적인 혼란을 겪었던 것이다. 결국 제후가 애처로운 소의 모습을 보고 얼굴이 붉어졌다는 사실 하나만으로도 맹자는 그가 선정(善政)을 베풀 수 있다고 말하고 있다. 이 제후는 남이 고통을 겪는 모습을 보고 견딜 수 없었으며, 비록 그것이 짐승일지라도 방관할 수 없었다. 이처럼 남이 겪는 고통 앞에서 나타난 제후의 즉각적인 반응은 그의 인자한 성품을 충분히 보여주는 것이라고 할 수 있다.

2. 무관심할 수 없는 이유

이 일화는 기원전 4세기에 활약한 중국의 사상가 맹자(孟子)에 의해 인용된 것이다(『맹자』, 양혜왕, 上, 7).[*] 맹자는 이어서 말한다. "군자는 한 짐승이 살아 있던 것을 본 연후에는 그 짐승이 죽어가는 모습을 차마 보지 못한다." 필자는 잠언집의 한 이야기를 기억한다. 그것은 『맹자』에 나오는 이야기와 매우 비슷하기 때문에, 서양인들이 맹자의 사상을 이해하는 데 많은 도움을 준다. "새끼 오리들을 가져와 물통에 넣어두고 기르게 되었다. 우리는 오리들이 자라면서 뛰어노는 모습을 즐겁게 바라볼 수 있었다. 그런데 어느 날 개가 오리들을 해쳤다. 우리는 죽은 오리들을 차마 식용으로 쓸 수는 없었다." 왜 그랬을까? 무엇이 그들로 하여금 그렇게 하지 못하게 했으며, 무엇이 그들의 행위에 한계를 짓게 했을까? 맹자는 계속해서 "군자는 푸줏간을 멀리 한다(도살장과는 거리를 둔다)"고 말한다. 이러한 맹자의 지적은 엘리트적인 편견으로 해석될 수도 있지만, 그

---

* 『맹자(孟子)』의 서양어 번역판으로는 19세기 말에 세라팽 쿠브뢰(Séraphin Couvreur)가 프랑스어와 라틴어로 번역한 *Cathasia, Les Belles Lettres*가 있으며, 영문 번역판으로는 제임스 레그(James Legge)의 *The Chinese Classics*이 있다(이 책에서 『맹자』 원전의 출처를 밝힐 때에는 편의상 책 이름 『맹자』는 생략하고, 괄호 안에 각 편의 제목—양혜왕(梁惠王), 공손추(公孫丑), 등문공(滕文公), 이루(離婁), 만장(萬章), 고자(告子), 진심(盡心)—과 수록 권수—상(上), 하(下)—및 절(節)의 번호만 기재하였다— 역자 주).

렇지 않다. 인간이 한 존재 ─그것이 동물일지라도─ 와 관계를 맺고, 그 상대와 한번 시선을 마주친 후에는 앞과 같은 상황에서 무감각한 채로 남아 있을 수만은 없게 되는 것이다.

앞에서 제시된 맹자의 예는 삽화 수준에서 단순히 무엇을 설명하는 데 그치지 않는다. 그것은 서양철학에서 지금까지도 답을 구하지 못한 도덕의 초석으로 사용될 수 있다. 왜냐하면 오랫동안 논의되어왔던 도덕의 문제에 있어서, 결국 경험적 차원만이 도덕의 근거를 제공해줄 수 있다는 사실이 밝혀졌기 때문이다. 그러기 위해서는 실제 경험을 완전히 이해해야만 하며, 주어진 현상에 대해 이론(異論)의 여지가 없어야 한다. 그래서 맹자는 조심스럽게, 전형이 될 수 있는 좀더 일반적인 예를 들고 있다. "어린아이가 비틀거리면서 우물에 떨어지려 하는 것을 보았을 때, 누구나 깜짝 놀라면서 그 아이를 구하려고 달려든다."(공손추, 上, 6) 그런데 "이것은 아이의 부모와 교분이 있어서도 아니며, 이웃이나 친지들로부터 칭찬을 받기 위해서도 아니다. 또한 아이를 그냥 떨어지게 내버려두면 주위 사람들로부터 비난받게 될 것이 마음에 걸려 그러는 것도 아니다." 즉 남의 불행 앞에서 생기는 이러한 측은지심(惻隱之心)은 어떠한 계산이나 심사숙고의 결과가 결코 아니다. 이 반응은 즉각적이며 자연발생적인 것이다. 다시 말해, 어떠한 이해관계도 없이 순수하게 상대를 구출하는 행위가 전개되는 것이다. 이러한 상황은 활용의 보기가 될 수 있다. 왜냐하면 그것은 이해관계를 완전히 떠나서 개인성을 뛰어넘는 모습을 보여주기 때문이다. 즉 갑자기 나는 더 이상 나의 의도나 나만을 위한 이기적인 목표의 주체가 아니게 된다.

여기서 나는 타인을 위해 싸우는 존재 그 자체인 것이다.

　이와 같이, 이성(理性)으로도 도저히 거역할 수 없는 상황이 전개될 수 있다. 그 증거로서 맹자는 먼 옛날에 있었던 관습을 하나의 예로 보여주고 있다(등문공, 上, 5). "예전에는 부모를 매장하지 않는 사람들이 있었다. 그들은 부모가 죽게 되면, 그 시체를 구렁에 내버리는 것으로 충분하다고 믿었다. 그런데 어느 날 자식들이 그곳을 지나가다가 여우와 살쾡이가 부모의 시신을 뜯어먹는 것을 보았고, 또한 파리와 구더기 떼들이 시신에 모여드는 것을 보았다. 그들은 이마에 식은땀을 흘리면서 눈을 돌렸고, 차마 그 장면을 더 이상 바라볼 수 없었다." 자식들의 이마에 난 식은땀은 결코 다른 사람들이 이 상황을 볼까봐 긴장하여 생긴 것이 아니라고 맹자는 말한다. 그것은 마음속 깊이 존재하는 불편함이 겉으로 드러난 것이다. 즉 이러한 반응은 단순히 시신을 걱정해서가 아니라, 그들의 마음속 깊은 곳에서부터 우러나왔다는 것이다. 그래서 자식들은 급히 삽과 바구니를 가져와 흙으로 시신을 덮게 되었다. 이렇게 흙으로 잘 가려서 매장을 하게 된 이유는 어떤 관례나 인습 때문만은 아니라고 맹자는 강조한다. 이것은 비록 시체일지라도 결코 파괴될 수 없는, 존재와 존재 간의 연계(連繫)를 보여주는 것이라고 할 수 있다. 맹자는 또 다른 좀더 도덕적인 차원의 예를 들고 있다. "두꺼운 관을 써서 부모의 시체가 흙이 될 때까지, 다른 흙이 부모의 피부에 닿지 않게 하는 것은 자식 된 자에게 기쁨이 된다. 군자는 부모에게는 결코 재물을 아끼지 않는다고 하였다."(공손추, 下, 7)

3. 인(仁)과 의(義)

우리는 이러한 예(例)로부터 원칙적인 보편성을 찾는 시도를 해볼 수 있다. "모든 사람들은 남에게 무슨 일이 일어나면 견디기 어려운 데가 있다[人皆有所不忍]. 사람은 모두 '불인(不忍)의 마음'을 가지고 있다."라고 맹자는 추론하여 말한다. 이 '불인의 마음'을 확대하면 인간을 사랑하는 마음이 되는 것이다[達之于其所忍, 仁也: 진심, 下, 31]. 즉 사람은 남의 불행 앞에서 무관심한 채로 있지 못하며 이에 반응하게 된다. 무관심할 수 없다는 것은 남의 불행 앞에서 결코 우리의 마음이 편할 수 없음을 의미한다. 이미 공자(孔子)에게서도 마음의 '불안(不安)'이라는 개념이 제시되고 있다.[1] 이렇게 중국에서는 도덕성이 종교적 차원의 청원을 구하지 않으며, 명령적인 계명이나 행동규칙도 동반하지 않는다. 그것은 인성(人性)의 연장일 뿐이다. 다시 말해, 도덕성은 어떤 한 비참한 인간 앞에서 전개되는 '불인의 반응'인 것이다.

마찬가지로 사람에게는 '하지 않는 것'이 있다. 어떤 이가 자기가 해서는 안 된다고 생각하는 것을, 그렇게 느끼지 못하는 사람에게 전달하는 것이 바로 '의(義)'이다. 그렇지만 조그마한 구멍 하나 뚫지 않으며 도둑질하기 위해 담을 넘지 않는 자라도, 바른 것을 뒤로 하고 출세를 위해 군주의 마음에 들고자 할 수도 있는 것이다. 이러한 부정직성은 파렴치한 방법으로 저지르는 도둑질과 같은 부류의 것이다. 이와는 반대로 도둑질을 못하게 말리는 마음을 정점으로 끌어올릴 수 있는 자에게는 '의'가 결코 쇠(衰)하지 않는다.

도덕성 자체가 지니고 있는 확산의 힘은 두 가지 차원에서 실현된다. 첫번째는 우리 내부의 차원인데, 그것은 타인의 비참함 앞에서 느끼는 측은한 심정을 일상생활에서 실현하는 것이다(사랑하지 않는 자도 사랑하는 자에 대한 마음으로 대한다: 진심, 下, 1). 두번째는 우리 외부의 차원이다. 도덕의 확대는 가까운 이웃이건 먼 이웃이건 모범이 되는 것들을 사람들에게 전파함으로써 전개된다(군주가 되는 자가 먼저 이렇게 해야 한다: 양혜왕, 上, 7). 전개하고, 확대시키며, 전파하는 것. 이것이 맹자에서의 도덕기능의 열쇠이다. 도덕은 '불'과 같은 것이어서 한번 타기 시작하면 '샘'처럼 확산되는 힘을 가지고 있기 때문이다(공손추, 上, 6). 그래서 제물로 끌려가던 겁에 질린 소를 보고 양혜왕이 경험했던 단순한 '불인(不忍)의 반응'만 가지고도 ─그것이 완전히 발휘되기만 한다면─ 한 나라를 충분히 평온하게 만들 수 있는 것이다.

제2장

도덕의 기초를 세우기 위한 비교

1. 서양철학에서 도덕기초의 문제

맹자에서는 (중국사상의 일반 전통에서도 그렇듯이) 타인의 위험 앞에서 나타나는 '불인(不忍)의 반응'이 도덕의 기초를 세우는 근거가 된다. 우리는 여기서 '기초를 세운다'는 표현을 잘 이해해야 한다. 그리고 '도덕의 원리'와 '도덕의 기초'를 명확히 구분해야 한다. 도덕의 원리란 쇼펜하우어가 말하는 도덕의 첫째 명제이다. 그것은 도덕이 규정한 행위를 가장 잘 설명해놓은 것이며, 덕성(vertu)에 대한 가장 일반적인 서식(書式, formulation)인 것이다. 반면에 도덕의 기초란 도덕이 추천하고 있는 덕행의 이유(le pourquoi)이며, 도덕적 의무의 동기가 되는 것이다. 쇼펜하우어는 모든 도덕철학자들이 원

칙적으로 이 정의에 동의하고 있다고 믿는다. 그러나 도덕의 원리
는 아직도 우리가 찾고 있는 도덕기초의 결과일 뿐이며, 도덕성의
동기만이 "윤리의 진정한 기초를 세울 수 있다"고 그는 덧붙인다.[2]
왜냐하면 우리는 항상 미사여구를 써가며 도덕에 설교적인 내용을
부여해왔기 때문이다. '도덕의 기초를 세우다.' 이것은 엄밀히 말하
면, 인류가 수천 년 동안 찾아 헤매온 철학의 주춧돌인 것이다.

　문제는 분명히 존재한다. 요즈음 도덕에 대한 논쟁이 줄어들기는
했지만, 아직 어떠한 결론도 내리지 못한 상태에 있다(도덕의 교리적
원리가 사라지게 되면서부터, 도덕에 대한 문제 제기는 오히려 우리의 원
칙적인 입장을 약화시키게 되었다). 따라서 다시 한 번 도덕에 관심을
기울이고, 도덕의 애매모호한 점들을 줄이기 위해서는 몇 가지 기
준을 설정해놓을 필요가 있는 것이다. 도덕의 문제가 아무리 영원
성―내세(來世)―의 가정하에서 제기된다고 하더라도, 그것은 역사
의 산물일 뿐이다. 사실 이 문제에 대해 서양인들이 관심을 갖게 된
것도 그렇게 오래된 일은 아니다. 고전 시대(l'époque classique) 내내
도덕은 종교적인 차원에서 생각되었다[17세기 말에 도덕은 말브랑슈
(Malebranche)의 도덕론처럼 개론적인 수준에서 다루어지고 있었다]. 도덕
은 절대자인 신(神)의 계명으로 인식된 채, 직접 신에게 그 권위를
부여하고 있었다(신이 나에게 무엇을 해야 한다고 말했다). 또한 도덕은
계시록의 필수적인 부분이었기 때문에 어떠한 정당화도 필요로 하
지 않았다. 여기에서 우리가 유의해야 할 점은 이러한 기독교전통
이 고대 그리스의 철학전통을 그대로 이어받은 것에 지나지 않는다
는 것이다. 예를 들어 플라톤의 '선(善) 이데아'는 기독교에서는 '신

(神)'으로 탈바꿈한다. 서양에서 도덕은 신학의 연장으로서, 신학적
인 차원을 떠나서는 결코 성립될 수 없었다. 다시 말해, 왜 그렇게
행동해야 하는지는 설명하지 않고, 오로지 무조건 그렇게 해야 한
다고만 강요했던 것이다.

이러한 독단주의는 너무나도 강해서 일종의 회의주의(scepticisme)
를 불러일으킬 정도였다. 이후 회의주의가 서양철학 안에 항상 잠
재하면서 도덕에 대한 신뢰를 서서히 무너뜨리게 된다(사실 이것은
이미 에피쿠로스 학파에서부터 시작되었다). 과연 우리는 도덕 규범이
이성에 기초해 세워졌다는 사실을 당연한 것이라고 믿어야만 하는
가? 도덕 규범이 다양한 형태로 이 세상 어디에나 존재하고 있다는
사실을 통해, 우리는 도덕이란 오히려 잘 세워진 습관에 지나지 않
는다는 것을 알게 된다. 몽테뉴(Montaigne)가 지적하듯이, 사람들은
보통 자신이 가지고 있는 선입관을 합리적인 것으로 생각하는 경향
이 있다("우리들이 자연의 소산물이라고 보고 있는 도덕법은 관습에서 비
롯되는 것이며, 모든 사람들은 자기 주위에서 받아들여지고 인정되는 행동
양식을 따르게 되어 있다. 그런데 우리가 양심의 가책 없이는 도덕법으로
부터 결코 벗어날 수 없다고 하더라도, 내가 도덕을 행한 것에 대하여 다
른 사람들의 찬사가 없다면 그것을 실천하게 되지는 않는다.": Montaigne,
Essais, I, 23 참조). 관습에 의해 야기된 이러한 문제점과 그것에 의한
현실왜곡을 폭로하면서 몽테뉴는 도덕의 허약한 기초에 관해 새로
운 방향을 제시하게 된다("도덕의 근원까지 더듬어 올라가 보니까 그 기
초가 너무나도 허약하다는 사실을 알게 되었다"). 결국 사회적으로 구축
된 관습들의 경우, 우리는 그것의 정당화를 위해 어떻게 해서든지

—그것이 오류에 빠지더라도— 그 기초를 세울 수는 있는 것이다. 도덕의 기초와 관련해 또 다른 중요한 문제가 제기될 수 있다. 만일 우리가 인간 세계를 힘의 관계라는 시각에서만 보게 되면, 도덕은 수단으로 전락하게 되어 오로지 전략적인 기능만을 수행하게 된다는 점이다. 우리는 이것을 마키아벨리를 통해 잘 알 수 있다. 마키아벨리에게서 '*virtu*'는 군주의 덕(vertu)이 아니라, 상황의 불안정한 상태를 보완해주고 우발적인 국면을 제압할 수 있는 개인적인 능력(virtuosité)인 것이다. 더욱이 그것은 세계의 흐름을 초월하는 절대자가 부재(不在)한 상태에서, 오로지 현실 세계에서 '운'과 투쟁하면서 전개된다. 또한 이제부터는 자기 자신이 인자해지기보다는 다른 사람들에게 그렇게 보이게 하는 것이 더 중요하다. 즉 인자(仁慈)하게 보이는 것이 실제로 인자한 것보다 우선시된다. 이제 종교형이상학적인 도덕의 버팀대는 무참히 무너졌다. 그런데 이 전통적인 기초를 잃어버리면서 도덕은 자체의 안전성까지도 잃게 되어, 논리적으로는 결국 '부도덕주의'로 전락하고 만다.

2. 계몽철학 이후의 새로운 시도: 칸트와 니체

여기서 도덕을 그 자체만을 기초로 하여 세워야 한다는 문제가 제기된다. 다시 말해서 도덕으로부터 출발하여 도덕을 구축하는 것이다. 그렇게 하지 않는다면 계몽철학자들이 도덕을 종교의 지배로부터 해방시키면서 전개한, 낡은 독단주의에 대한 비판은 아무런 의미를 가질 수 없게 된다. 이제 도덕은 더 이상 형이상학이라는 기둥을 필요로 하지 않는다. 형이상학 없이도 도덕은 자신만의 힘으로 절대적 차원에 도달할 수 있다. 즉 또 하나의 새로운 형이상학에 의존하지 않으면서 도덕은 자체적으로 존립할 수 있는 것이다. 이것이 바로 칸트가 『도덕 형이상학의 기초(Fondements de la Métaphysique des Moeurs)』에서 내세우는 입장이다. 칸트는 다음과 같이 말한다. "도덕이 이해관계에 의존하거나 외부적 원리 —예를 들어 신, 자연, 과학, 집단적 이해 등등— 에 의해 만들어진다면, 그것은 더 이상 도덕이 아니다." 그런데 칸트는 도덕은 경험적인 것이 아니라 이성적인 것이며, 또한 선험(先驗)적인 것이라고 주장한다. 그리고 그는 도덕이 이성을 통해 '규칙' —정언적 명령(impératif catégorique)으로서 보편성과 필연성을 갖는— 을 만들어내는 기능을 가지고 있다고 본다. 결국 종교와 도덕의 기존의 역할과 양자간의 관계는 뒤바뀌게 되었다. 즉 종교가 도덕의 기초로 사용되기보다는 도덕 자체가 형이상학적 신념의 기초가 될 수 있으며, 또한 도덕은 이러한 신념을 정당화시켜줄 수 있다.

이 몽타주는 우리가 의문을 제기하기에는 너무나도 성공적이다. 그런데 논리의 전환이 너무나 쉬웠던 것 같기도 하다. 종교와 도덕 간의 역할 교환이 이렇게도 쉽게 이루어지는 과정에서 과연 우리는 마술적인 신비나 속임수가 없었다고 확신할 수 있을까? 자기 자신을 기초로 하여 해방자로서 완강하게 구축된 대리석과도 같은 도덕성은 이성으로부터 나온 새로운 우상은 아닐까? 결국, 비판의 시대와 이성이 승리한 시대 이후에는 '의문의 시대'가 도래하게 된다.

이 의문은 역사의 이름으로, 생의 이름으로 전개되었다. 왜냐하면 도덕이 인류역사의 산물이라는 것을 깨닫게 되면서, 철학자들은 도덕의 절대적 필요성에 대해 의문을 제기하기에 이르렀기 때문이다. 또한 도덕이 중요성을 부여해왔던 '본능'에 여러 가지가 있을 수 있다는 사실은 도덕이 매우 다양할 수 있다는 것을 보여주는 증거가 되는 것이다. 그래서 우리는 도덕의 보편성을 믿기 어렵게 된다. 니체는 도덕을 세운다는 환상을 갖기보다는 도덕의 근원에 주의를 기울이는 편이 더 낫다고 보고, 도덕형이상학 연구 대신 도덕의 계보학(généalogie)에 관심을 기울였다. 마찬가지로 그는 합리적 존재라는 추상화를 유형학(typologie)으로 대치시켰다. 그런데 바로 유형학이 도덕이 오랫동안 숨겨왔던 것들을 드러나게 해주었다. 도덕은 원한이나 복수의 본능을 보상해주는 것이었기 때문에 근본적으로 부도덕한 것이었고, 이것은 결국 도덕 자체에 부여된 이상(理想)에 배치되는 것이었다(원한과 복수의 본능은 상층계급의 지배에 저항할 수 있는 하층계급의 본능이었다). 도덕은 순진한 담론이나 이성을 유지시키는 것이기보다는 항상 욕망의 숨겨진 언어였으며, 특히 생생한 지배욕의 언어였던 것이다.

결과적으로 칸트가 시도했던, 도덕과 종교형이상학 간의 관계를 뒤집는 시도는 불필요한 일이 되어버렸다. 이 관계는 이미 형이상학이 시작되던 초기에 전복되었다고 니체는 지적하고 있다. 그러나 철학자들은 이러한 사실을 한번도 고백하지 않았으며, 그들의 도덕적 의도(아니, 오히려 '부도덕한 의도'였을 것이다. 왜냐하면 실제로는 그들의 본능적인 위계화 작업이었기 때문이다)는 어느 시대에나 하나의

씨앗(근원)으로서 감추어져 있었던 것이다. 여기서부터 그들의 초월
적인(transcendant) 주장들이 만들어지게 되었던 것이다. 정숙한 자태
로 그 본질을 숨긴 채, 도덕은 항상 최고의 영감을 주는 것이었다.
그리고 형이상학적인 정당화는 그 이후에 이루어진다.

3. 도덕의 종교성 탈피: 마르크스와 프로이트

서양의 근대사상은 이러한 전복을 통해 이루어진다. 제1막은 도덕
의 기초를 세우는 것이다. 이 원칙은 도덕이 종교형이상학의 지배로
부터 벗어나는 18세기에 와서 공공연하게 확인되었다. 이 작업의 주
도자는 루소와 칸트이며, 쇼펜하우어에서 절정을 이루다가 쇠약해진
다. 제2막은 도덕을 붕괴시키는 것이다. 이 해방적인 외침은 니체가
자신의 학문적 스승인 쇼펜하우어를 살해하면서 시작되었다. 이 외
침은 당시 도덕에 의문을 품고 있었던 모든 철학자들에게 반향을 일
으켰으며, 이후 그들은 각자 나름대로 '탈신비화' 작업을 시도하게
된다. 마르크스는 도덕에 내재하는 숨겨진 노예적 성격을 고발하였
다. 그는 도덕이 지배계급이 종교라는 도구를 통해 기존질서를 공고
히 하는 데 이용되었다고 주장했다. 한편 프로이트는 도덕성을 그것
의 근원이 될 수 있는 '심리적 구조'로 회귀시키고 있다. 프로이트에
게 도덕의식은 유년기에 부모나 그 대리자의 이상화된 형상이 투사
작용을 통해 나타나는, 초자아(surmoi) 형성의 결과일 뿐이다.
  우리 시대에도 도덕은 매우 많은 의문점을 던지게 하고 있다. 왜

냐하면 도덕은 칸트가 시도한 것처럼 '자유'라는 개념과 어깨를 나
란히 하기보다는 강압적인 면을 많이 가지고 있기 때문이다. 즉 도
덕은 니체에게서처럼 양과 같은 민중들 위에 군림하는 전제(專制)적
인 것이거나, 아니면 마르크스에게서처럼 지배계급에 의한 대중착취
적인 면을 띠고 있다는 것이다. 한발 더 나아가 도덕은 프로이트에
게서처럼 ('초자아'를 통해) 문명에 의해 부과된 '욕구불만(frustration)'
이기도 하다. 마찬가지로 도덕은 도덕 자체가 주장하는 이해관계를
거부하기는커녕 위선적이며, 선(善)에 대한 거짓말을 하고 있다. 사
실, 도덕이 권장했던 내용들은 우리로 하여금 '힘의 의지(volonté de
puissance)'나 혁명에 대한 욕구를 단념시키기 위한 것이었다. 그렇다
면 우리가 지금까지 도덕의 본질이라고 믿고 있었던 것은 결국 불결
하고도 음흉한 가장(假裝)에 지나지 않는다는 것을 알 수 있다. 그리
고 타고난 것으로 여겨왔던 인간의 '감정'이라는 것도 단지 하나의
'내면화의 과정'일 뿐이다(이것은 강자에 대해 느끼는 증오감의 내적인
정당화 과정인데, 이 증오감이 전도되면서 '사악한 자아'나 이상적 '금욕주
의'가 나타나게 된다). 이처럼 우리는 도덕의 기초를 찾아 떠났지만,
도덕으로부터 발견한 것은 결국 소외밖에는 없는 것 같다.

4. 중국과의 비교

「도덕의 자연사에 관한 기고」에서 니체는 도덕주의자들에게 그들
의 입장을 바꿀 것을 권유하고 있다(Nietzsche, *Par-delà le bien et le mal*,

186). 도덕주의자들은 실패를 거듭하면서 도덕의 기초를 세워보려 하기보다는 겸손하게 여러 가지 도덕성에 대해 관심을 갖고 전념하는 편이 더 나았을 것이다. 왜냐하면 철학자들이 "도덕의 기초를 세운다"라고 했던 것이나 그 이름하에 그들 스스로에게 강요했던 것은, 군림하고 있는 도덕에 대한 순진한 신앙의 지적(知的)인 형태에 지나지 않기 때문이다. 결국 이것은 도덕이 하나의 문제로 다뤄질 수 있다는 것을 부정하는 것이 된다. 그들에게는 어떤 행위에 대한 도덕적인 판단을 할 수 있는 다양한 예(exemple)가 없었기 때문에 천박한 환상 속에서 오랫동안 갇혀 있어야만 했다. 도덕철학자들은 그들 자신의 기후, 환경, 시대, 종교, 신분에 적합한 도덕규범에 따라서만 행동하였다. 그들은 도덕에 대해 잘못 인식하고 있었으며, 더욱이 다른 민족이나 역사에 대해서도 관심이 없었기 때문에 도덕의 진정한 문제점들을 분간해낼 수도 없었다. 왜냐하면 도덕의 문제는 니체가 주장하듯이 여러 가지 상이한 도덕 간의 비교를 통해서만 해결이 가능하기 때문이다. 따라서 '잘못된 기초'라는 막다른 골목에서 벗어날 수 있는 최선의 방법은 다른 문명에 존재하고 있는 도덕을 살펴보는 것이다. 다시 말해, 도덕철학자들이 빠진 함정을 피하려면 생물학자들처럼 표본 채집을 하기 위해 가능한 한 멀리 떠나야만 한다. 우리가 이미 앞에서 본 바와 같이, 이러한 시도는 몽테뉴에 의해 이루어졌다. 그는 이 세상―여러 인류 문명― 에 다양한 관습들이 존재한다는 사실을 발견함으로써, 도덕을 인식하는데 있어 독선적인 최면상태에서 벗어나는 데 성공하였다. 실제로 여러 나라의 서로 다른 도덕을 비교해보지 않는다면, 보편성의 원

리는 언제나 오류에 빠질 위험을 안고 있는 것이다. 왜냐하면 도덕
철학자들은 이미 그들 자신의 언어와 이념의 올가미 속에 빠져 있
기 때문이다. 그렇다고 해서 도덕에 대한 연구가 인류학적인 접근
을 해야 한다는 것은 결코 아니다(칸트는 너무도 명확하게 이 두 분야
를 구분하여 정의하고 있다). 다만 우리가 도덕에게 새로운 지평을 열
어주기만 하더라도 그것을 침몰의 위기에서 구해낼 수 있다는 것이
다. 바로 이것이 맹자로의 접근을 정당화해주는 근거가 된다. 서양
인들에게 중국은 너무도 멀고, 또한 많은 차이를 느끼게 한다. 우선
언어에 있어서 중국어는 인도유럽어족에 속하지 않으며, 철학적으
로도 중국은 종교적 '계시'와 같은 것을 경험하지 않은 상태에서 결
코 절대자로서의 신(神)을 사변의 대상으로 삼지 않았다. 중국문명
은 유럽문명의 영향권 밖에 있는 문명 중에서 가장 오래되고 발전
된 문명이다. 그래서 중국은 하나의 대안으로서는 최적의 예가 될
수 있다고 본다. 요컨대 중국문명의 여러 국면은 도덕 연구에 있어
서 매우 이상적이라 할 수 있다. 이미 파스칼은 "모세가 아니면 중
국이다"라고 하면서 중국이 서양철학의 이론적 대안이 될 수 있다
고 지적했다[여기서 모세는 중국이라는 전혀 다른 세계에 대한, 유일신
(唯一神)교 설립자로서의 의미이다]. 따라서 중국은 우리의 연구에 전
략적인 기능을 충분히 발휘해줄 것이다. 맹자(孟子)는 중국에서 처
음으로 도덕에 관해 논리적인 윤곽을 만들어 제시한 사상가이다.
필자가 맹자의 사상을 연구하게 된 동기는 지금까지 자신의 역사
속에 은폐되어왔던 서양의 도덕 연구에 대조의 기회를 주기 위해서
이다.

일반적으로 비교 연구는 방법론적으로 많은 장점을 가지고 있다는 것을 우리는 잘 알고 있다. 우리가 다루게 될 두 입장은 서로가 마주하면서, 자신의 입장이 밝히고 있는 내용에서만이 아니라 밝히지 않는 것에서도 우리에게 많은 시사(示唆)점을 제공하게 될 것이다. 그런데 여기서 각 입장이 밝히려 하지 않는 것들이 있다면, 그 이유는 그것을 숨기려 하든가, 당연시하든가 또는 논리의 정당화가 어렵기 때문일 것이다. 이러한 서로간의 만남과 서로 다른 입장에 대한 반응을 통해 양쪽 모두 자신이 생각하는 바를 명확히 할 수 있을 뿐만 아니라, 사고의 출발점을 어디에 두어야 하는지를 발견하게 될 것이다.* 이러한 이점(利點) 외에도 우리는 또 다른 중요성을 발견할 수 있다. 그것은 동·서양철학의 공통문제로서, 도덕의 기초라고 할 수 있는 '보편성'의 문제이다. 맹자의 사상은 우리가 그 것을 조금만 취해보는 것으로도 서양의 시각에 큰 반향을 일으킬 수 있다. 그리고 양쪽의 입장이 유사하건 다르건 간에, 이러한 시도는 우리로 하여금 이 문제에 관해 계속 생각하게 할 것이다. 그렇기 때문에 여기에서 비교는 '대화'로 전환된다. 그리고 이 '대화'는 서양에서 도덕의 문제를 가장 진지하게 제기했던 계몽철학자들과 이

---

* 동·서양 철학의 비교는 고전인 『맹자(孟子)』에게는 특별한 중요성을 갖는다. 왜냐하면 이 고전이 외부의 관점(서양철학의 시각)에서 다뤄지지 않는다면, 중국학 연구자들이 이미 지적한 바와 같이 별로 큰 관심을 끌지 못할 수 있기 때문이다. 우리가 시도하는 이 비교 연구는 서양인들에게는 『맹자』가 잘 알려져 있지 않고, 반면에 중국인들에게는 맹자의 사상이 너무나 당연한 것으로 받아들여지고 있으므로 더욱 요구되는 것이다. 『맹자』를 중국 내부의 관점에서 접근한다면, 중국이 맹자의 사상에 많이 동화되어 있기 때문에 새로운 면을 발견하기가 어려울 것이다. 그러나 이것을 외부에서 바라보게 되면, 사상의 새로운 지평을 여는 데 많은 도움이 될 것으로 본다.

루어지게 될 것이다. 물론 이미 말브랑슈가 기독교철학자로서 중국 철학과 문화적인 주제로 대화를 가져본 적이 있다. 그런데 필자는 여기에서 좀더 구체적으로 대화를 진행해 보면서, 서양과 동양의 시각의 차이에서 도덕을 구할 수 있는 마지막 기회를 가져보고자 하는 것이다.

빈정거리는 니체의 표현을 빌리면 "칸트는 쾨니히스베르크(Kö nigsberg)의 중국인"이었다. 아마도 니체는 자신이 느끼고 있었던 것보다 더 정확히 알아맞힌 것인지도 모른다. 니체는 도덕의 기초를 세우려는 쇼펜하우어나 그 이전 시대의 도덕철학자들의 의도는 잘 못된 것이라고 지적하면서, 오직 겸허하게 비교에 착수하자고 제안하였다. 우리는 이 연구를 통하여 도덕의 개념에 대한 중국과 유럽의 '대화'를 시도해보고, 이러한 비교가 도덕의 올바른 기초를 세우는 데 도움이 되기를 기대하는 것이다.

제3장

동정심의 신비

1. 동정심과 측은지심

직접적인 대화는 가능하다(여기서 '직접적'이라는 것은 일상적으로 해왔던 매개적인 해석의 과정을 거치지 않는다는 뜻이다). 왜냐하면 우리의 대화 상대자 ―맹자― 는 우리와 마찬가지로 경험으로부터 출발하고 있기 때문이다. 여기서 경험은 타인의 위협 앞에서 우리가 느끼는 마음의 동요이다. 맹자가 제시하고 있는 '차마 참을 수 없는 [不忍] 반응'은 서양전통에서 동정(pitié)으로 인식되었던 것에 해당된다. 이것은 인간에게 도덕성이 존재한다는 것을 보여주기 위해 루소가 자주 다루었던 동정심의 감정(sentiment de pitié)과 유사하다. 바로 이 동정심이 우리로 하여금 재고의 여지 없이 고통받는 자를 구제하게 만든다는 것이다. 동정심은 너무나도 '보편적'인 것이어서 인간의 모든 사고작용에 앞서 나타나게 된다(Rousseau, D.O., p.43).[*]

맹자가 든 '우물에 떨어지려는 아이'의 예는 루소가 말하는 '벌들의 우화'의 경우와 비교될 수 있다. '벌들의 우화'는 매우 감동적인 (pathos) 면을 가지고 있다. 중국전통에는 존재하지 않는 이러한 '파토스'는 고대 사회 이래로 서양인들에게 비극적인 감정을 풍부하게 해주었다. 이 우화는 감금된 한 인간이 겪는 감동적인 상황을 그리고 있다. 그는 한 어머니에게서 아이를 채어가는 맹수를 목격하게 된다. 여기서 루소는 맹자와 같이, 동정심에 민감한 사람은 이러한 상황에서 조금도 개인적인 이익을 추구하지 않는다고 말한다. 루소에게 타인에 대한 배려는 자신이 죽음에 이르게 될 때까지 발휘될 정도로 맹자의 입장과 매우 유사한 면이 있으며, 그 이상이라 해도 과언이 아니다. 왜냐하면 루소의 '배려'는 동물에게까지 그 범위가 확대되고 있기 때문이다. "동물들은 같은 유(類)의 동물 시체 옆을 지날 때, 아무렇지도 않게 지나가지 않는다. 어떤 동물들은 장례를 지내기까지 한다"고 루소는 말한다. 결국 즉각적인 반응, 현상의 보편성, 이해관계의 배제 등은 서양의 관점이나 중국의 관점 모두에 공통적으로 적용되는, 천부적인 것으로서의 '경험'에 관한 문제

---

* 이후 표기될 참고서적의 축약어의 본래 책명은 다음과 같다.

Rousseau, D.O. : *Discours sur l'Origine et les Fondements de l'Inégalité Parmi les Hommes, Œuvres Politiques*, Paris: Garnier, 1989.

Rousseau, E. : *Emile ou de l'Éducation*, Paris: Garnier, 1961.

Kant, M.M. : *Fondements de la Métaphysique des Moeurs*, Victor Delbos(trans.), Paris: Delagrave, 1967.

Kant, R.P. : *Critique de la Raison Pratique*, J. Gibelin(trans.), Paris: Vrin, 1965.

이다.

인간의 경험이 천부적이라는 것은 두 가지 의미를 가지고 있다. 우선, 경험의 자연발생적인 면이 보여주듯이 그것은 이미 우리들 내부에 존재하고 있다. 동시에 경험은 도덕성의 기초가 됨으로써 이외의 모든 도덕적인 삶은 그 결과가 되는 것이다. 다시 말해, 경험은 인간 도덕성의 출발점이며, 도덕을 성립시키기 위한 충분한 그리고 결정적인 기초가 된다. 이처럼 경험은 결코 마르지 않고 끝없이 흘러나오는 샘의 근원인 것이다. 맹자에서 '불인(不忍)의 반응'은 인간을 사랑하는 마음의 기초이며, 이것이 바로 도덕성의 축도인 것이다. 한편 루소는 도덕회의론자들을 비난하였다. 그들은 사회적인 덕행을 인간에게 기대할 수 없다고 주장한다. 회의론자들은 덕행이 동정심이라는 인간의 성향에서 비롯된다는 점을 인식하지 못하고 있는 것이다. 요컨대 '관대함'이나 '인류애'와 같은 덕목은 약자나 범죄자, 그리고 보통 사람들에 대한 동정심의 발현에 지나지 않는다. 루소에 이어 쇼펜하우어는 도덕성의 첫번째 현상인 동정심이 바로 '도덕 의무'의 기초인 동시에 '준법 의무'의 기초라고 하였다.

이렇게 인간의 행동에 영향을 미치는 '마음의 동요'를 인식하는 방법에 있어서, 루소와 맹자는 유사한 면이 있다. 루소는 마음의 동요가 모든 사람들에게 확대되면서 사회정의로의 문을 열어준다고 한다. 중국에서는 도덕[仁]과 사회정의[義]가 나란히 함께 중요시되었고, 이 전통은 지금까지 이어져 내려오고 있다. 이와 유사하게 루소는 동정심이 '나약함'으로 전락하지 않도록 하기 위해서, 정의(正

義)를 실현하는 차원에서만 동정심을 전개해야 한다고 주장한다 (Rousseau, E., p.303). 왜냐하면 주위의 한 사람에 대한 동정보다는 인류에 대한 동정이 더 바람직하기 때문이다. 그런데 남을 배려하는 마음을 아무리 확대하고 일반화한다 하더라도 그 본질이 변해서는 안 된다. 마음을 자극하는 강도는 유지되어야 한다. 다만 조정이 요구될 수 있다. 맹자(孟子)사상에서는 이러한 마음의 자극과 조정의 두 차원이 서로 대응하면서 어울리고 있으며, 그것이 하나가 되어 확대됨으로써 불인(不忍)의 마음은 결국 사회의 기초가 된다.

2. 루소의 한계

이처럼 시대와 문화, 그리고 환경의 차이는 중요하지 않게 된다. 동양과 서양의 두 시각이 수렴되면서 새로운 관점이 성립할 수 있기 때문이다. 우리는 두 시각 모두가 도덕의 기초를 체험에 둘 수 있다는 사실을 알게 되었다. 이러한 판단은 두 시각이 동일한 기준을 가지고 있으며, 또한 같은 상황의 예를 들고 있기 때문에 가능한 것이다. 요컨대 보편적인 '인간'이 발견되었다고 할 수 있다. 이것은 우리가 인간의 가면을 벗기고 겉모습을 드러내 보임으로써 찾아낸 결과이다. 루소는 바로 자신이 그렇게 했다고 단언한 바 있다. 그는 이 작업을 철학적 궤변이나 불필요한 논증 등을 피하면서 진행하였다. 그리고 루소는 '자연적 인간'과 '사회적 인간'을 구분하는 데 성공했다고 주장하였다. 그 결과, 그는 가장(假裝)되고 왜곡된

문명 속에서 다시 진정한 인간을 발견하게 된다. 그런데 루소가 자신도 모르고 있었던 고대 중국의 시각에 이처럼 자연스럽게 정확히 접근할 수 있었다는 사실은 크게 놀라운 일은 아니다.

그러나 인간에 대한 이러한 독창적인 발견은 유럽에서는 문제가 될 수 있는데, 우선 그것이 가진 지나친 명료함은 오히려 의문점을 남기고 있다. 만일 동정심이 부정할 수 없는 도덕적인 체험이라는 것이 분명하다면, 왜 우리는 도덕성의 이러한 국면을 이해하기 위해 루소까지 기다렸어야만 했을까? 게다가, 그 이후 루소의 입장은 왜 서양철학자들에게 설득력을 잃게 되었을까? 결국 우리는 『에밀』에서 다루어진 동정심에 대한 루소의 입장이 매우 모호하다는 것을 발견하게 된다. 우선, 동정심은 어떻게 생기는 것일까? 이에 대해 루소는 고통을 겪는 사람의 입장이 되어봄으로써 동정심을 느낄 수 있다고 말한다. 왜냐하면 "내가 보고 있는 고통은 내 안이 아니라 상대방 내부에 존재하기 때문이다."(Rousseau, E., p.21) 그러나 무엇이 나로 하여금 상대방의 입장이 되게 하며, 내가 그 사람과 동일하다고 느끼게 하는 것일까? 이 질문에 대해 루소는 그것은 다름 아닌 우리의 '상상력'이라고 답한다. 그런데 이 답은 우리가 처음에 세운 논리와 모순이 될 수 있다. 왜냐하면 인간 마음속에 본래 존재한다는 루소의 동정심은 결국 우리에게 상상력을 요구하기 때문이다("상상력이 동원되지 않으면, 아무도 동정심을 느낄 수 없다.": Rousseau, E., p.261). 그렇다면 상상력 역시 자연적으로 발휘되어야만 하는데, 불행하게도 결코 그렇지는 않다. 비참한 광경을 보는 것이 너무 일상화되면 우리는 더 이상 상상력을 가질 수 없게 되며(왜냐하면 무엇이

나 너무 자주 겪게 되면, 익숙해져서 상상이 잘 안 되기 때문이다), 그렇게 되면 더 이상 측은한 마음도 생기지 않게 된다(Rousseau, E., p.273). 그래서 루소는 에밀이 풍부한 상상력을 가지도록 하기 위해서는, 비참한 광경을 자주 보게 하면 안 된다고 말한다. 더욱이 우리의 상상력은 사춘기 이후에나 효과적으로 발휘될 수 있으므로, 논리적으로 보면 아이들은 동정심을 느낄 수 없다고 말할 수 있다(Rousseau, E., p.245 참조).

우리는 앞에서 동정심은 이해관계를 떠나서 존재하기 때문에, 그것이 유일하고도 진정한 도덕적 감정이 될 수 있다고 공언한 바 있다. 그런데 루소는 두번째 준칙으로 에밀에게 다음과 같이 말한다. "사람들은 자신에게도 생길 수 있는 불행에 대해서만 타인의 입장이 되어 동정심을 느낄 수 있다."(Rousseau, E., p.263) 다시 말해 타인에 대한 동정심은 그 사람이 겪는 비참한 일이 나에게도 일어날 수 있다고 믿는 경우에만 생길 수 있다는 것이다. 이처럼 우리가 이타주의로 보고 있는 동정심은, 논리적으로는 '이기주의'로 귀착하게 된다. 루소도 '동정심의 달콤함'이라는 표현을 통해 이것을 인정하고 있다. 동정심은 이처럼 달콤한 것이다. 왜냐하면 고통을 겪는 자의 입장이 되면서도, 자신은 그 사람의 고통을 느끼지 않아도 되는 쾌감을 맛볼 수 있기 때문이다(Rousseau, E., pp.259~260). 즉 고통을 겪고 있는 상대방을 보는 것만으로 자신은 그가 겪는 고통에서 벗어날 수 있기 때문이다. 결국 나는 상대방의 고통을 보면서 '사디즘적 쾌감(plaisir sadique)'을 느낀다고 결론지을 수 있지 않을까? 왜냐하면 그것은 나 자신으로 하여금 상황의 차이를 느끼게 하여, 고통을 겪고 있는 자보다 내가 얼마나 행복한지를 비교·측정하게 해주기 때문이다(Rousseau, E., p.270 참조). 여기서부터 루소는 그가 어떤 방법으로 자신의 동정심론을 정당화한다 하더라도, 논리적으로는 이기주의의 포로로 남게 된다. 『에밀』에서 루소는 다음과 같이 말하고 있다(Rousseau, E., p.278). "내가 동정심을 통해 타인을 나처럼 생각하게 되는 이유는, 사실은 내 마음이 고통을 느끼지 않기 위해, 상대방이 고통스러워하는 모습을 보지 않으려 하기 때문이다." 결국은 내가 고통을 겪지 않기 위해서인 것이다. 다시 말해, 내가 타인에게 보이는 관심은 오로지 나 자신을 위한 것이 된다.

참으로 묘한 동정심이다. 이렇게 모호한 동정심으로부터 도덕의 기초가 되는 감정을 찾을 수는 없을 것 같다. 루소보다 한 세기 앞서 동정심을 비판한 라 로슈푸코(La Rochefoucauld)는 동정심이란 우리가 겪을 수 있는 불행에 대한 예측일 뿐이라고 했다. 즉 사람들은 보통 다른 사람에게 먼저 도움을 주는데, 그 이유는 후에 그들의 도움이 필요할 때를 대비해 미리 그들을 자신에게 구속시키기 위해서라는 것이다. 루소는 이러한 라 로슈푸코의 입장에 반대한다고 했지만, 결국 그의 논리에서 벗어나지 못하고 있다. 단지 루소는 라 로슈푸코보다 덜 회의적이고, 인간의 착한 심성을 좀더 긍정적으로 보고 있을 뿐이다. 루소는 가능한 모든 논증을 시도해보았지만 새로운 것을 찾아내지 못한 채, 원점에서 맴돌기만 했다. 왜냐하면 루소처럼 인간을 자애심(自愛心)의 기초 위에서 인식하게 되면, 동정심은 자애심의 변이에 지나지 않게 되기 때문이다. 그렇지 않다고 하더라도 동정심은 기껏해야 자아(自我)라는 바탕에 도금된 첨가물로

서나 존재할 뿐이다(Rousseau, D.O., p.43). 그런데 루소도 지적하고 있
듯이, 이미 채택되어 일반화된 관점 -개인주의- 을 문제로 제기할
수는 없는 것이다. 개인주의 관점에 따르면, 인간은 자신의 개인성
에서 시작하여 모든 존재를 인식하게 되어 있다.

결국 루소는 자신이 판단한 것과는 달리 그리고 루소 이후의 철
학자들이 인정한 것과는 달리, '진정한' 인간을 발견하지는 못했던
것이다. 단지 루소는 감성적 인간 또는 감수성이 예민한 인간을 찾
아냈을 뿐이다. 그는 타인에 민감한 인간을 묘사할 수는 있었지만,
어떻게 인간이 자아를 넘어서 -자기 자신과의 관계를 떠나서- 다른
사람에 대해 민감해질 수 있는지에 대해 설명하지 못했다. 루소는
동정심이라는 것이 우리가 느끼기에 얼마나 '달콤한' 것인가를 보
여주면서 우리를 사로잡았다. 그러나 동정심이 도덕의 기초가 될
수 있는 최초의 감정이라고 보기에는 아직 미흡한 점이 있다.

3. 쇼펜하우어의 대안

쇼펜하우어는 동정심을 통해 도덕의 기초를 세우려고 많은 노력
을 기울였다. 우선 도덕의 순수성을 유지하기 위해, 그는 도덕을 엄
격하게 '이타주의'에 연결시킨다. 따라서 쇼펜하우어에게는 자아의
완성을 위해서나 천당에 가기 위해서 선행을 하는 것은 이기주의에
지나지 않는다. 둘째로 그는 동정심이 인간의 상상력에서 비롯된다
는 주장을 완강히 거부한다. 왜냐하면 쇼펜하우어에 따르면 인간은

고통받는 상대를 명확히 그리고 자주 보게 되기 때문이다.[3] 그런데 주어진 이 주의사항을 한번 지나쳐버리면, 동정심에 의해 제기되는 문제는 우리를 더욱 당황하게 만든다. 어떻게 나의 것이 아닌, 그것도 나와 관련되지 않은 고통이 성립될 수 있다는 말인가? 어떻게 남의 고통이 나에게 직접 영향을 미쳐서 자신의 고통처럼 느끼게 되는 동기가 될 수 있다는 것인가?(Schopenhauer, 1991: p.182)

결국 동정심이 제기하는 문제는 나와 타인 간의 동일화 문제로 귀착된다. 왜냐하면 동정심은 나와 타인 사이에 존재하는 모든 차이의 소멸을 가정하고 있기 때문이다[어느 정도까지는 '비(非)자아(non moi)'는 '자아(moi)'가 될 수 있다(Schopenhauer, 1991: p.156)]. 그럼에도 불구하고, 내가 타인의 몸 속으로 스며들 수는 없다["내가 만일 타인의 고통을 느낄 수 있다면, 그것은 나의 신경조직이 내 몸 속에 있기 때문이다" (Schopenhauer, 1991: p.183)]. 가능한 출구는 동정심을 더 이상 상상력에 의존하지 않으면서 인식의 차원에 기초하여 파악해보는 것이다. 다시 말해, 내가 다시 일어설 수 있는 유일한 길은 바로 이 상태에서 나 자신이 갖는 인식, 즉 내 스스로 만들어낸 논리―나 자신이 상대방을 대신한다는― 를 적용시켜보는 것이다. 여기서 내가 상대방을 대신하게 되는 이유는 우선 그 사람과 나를 동일화하기 위한 것이며, 또한 나의 행동 속에서 마치 나와 그 사람 간에 차이가 없는 것처럼 보이게 하기 위한 것이다. 그러나 우리는 아직 루소가 부딪힌 문제에서 충분히 벗어나지는 못한 것 같다. 그 이유는 동정심이 자연발생적인 것이면서, 동시에 어떻게 그것을 통해 내가 상대방을 대신할 수 있는지에 대해 충분히 설명하지 못하기 때문이다.

결국, 쇼펜하우어 역시 동정심 현상의 즉각성을 강조하면서 루소와 유사한 곤경에 처하게 된다. 그로서는 이러한 어려움으로부터 빠져 나오기 위해 '신비성'에 호소하는 길밖에 없었다. 왜냐하면 동정심 은 이성만으로는 설명할 수 없는 것이며, 동정이라는 체험의 기초 가 무엇인지도 알 수 없기 때문이다. 바로 여기에 도덕의 신비성이 존재한다고 말할 수 있다. 이러한 신비성은 도덕의 원초적 현상이 면서 표지석(pierre de borne)이라고도 할 수 있는 것이다.

사실 도덕의 신비성을 고백한 이후, 쇼펜하우어는 하나의 해결책 을 찾을 수 있었다. 동정심만으로는 나와 타인 간에 존재하는 울타 리를 일시적으로라도 제거할 수 있다는 것을 설명할 수 없기 때문 에, 이 울타리는 꾸며진 것이며 자아는 하나의 환상이라고 가정할 수밖에 없게 된다. 그리고 진정한 체험으로서 동정심의 중요성에도 불구하고 '개인주의'가 그것을 느끼는 것을 방해하기 때문에, 우리 는 동정심을 위해서 이 개인주의 원리를 반드시 포기해야만 한다. 이렇게 동정심을 느끼면서 나는 상대방이 남이 아니라는, 또한 그 와 나는 '하나'라는 사실을 체험하게 된다. 그래서 나는 상대방의 고통을 나의 고통만큼이나 직접적으로 느낄 수 있게 되는 것이다. 결국, 심리학적인 분석에 의해 발견된, 동정심에 대한 여러 가지 모 호한 점들은 형이상학적 해결책을 통해 제거될 수 있다. 이것은 '외 형(外形)'과 '실체(實體)' 간의 전통적인 이원화(二元化) 과정을 되풀 이함으로써 충분히 가능한 것이다. 시·공간 속에서 지각의 틀에 의 해 선험적으로 인식되는 자아나 개인 등은 사물의 외형일 뿐이다. 그리고 동정의 체험이 우리들에게 보여주는 세계의 '현실'은 바로 만물의 '통일체'인 것이다. 옛 속담으로 말하면, 이것은 '하나와 전체' —하나는 곧 전부이다— 인 것이다. 이와 같이, 쇼펜하우어는 칸트를 베다(Vedas)에 맞춰보기 위해 그를 왜곡시켰다. 또한 그는 동정심이 도덕의 기초적 경험이 된다는 사실에 만족하지 않고, 그것을 진리에 도달하는 수단으로까지 사용하고자 했다.

4. 맹자사상의 우월성

우리는 여기에서 하나의 모순점을 발견하게 된다. 쇼펜하우어가 동정심이 도덕적 행위의 근거라고 확신하지 못하면서도 그것만이 유일한 가능성이라고 보는 것은 하나의 역설이다(Schopenhauer, 1991: p.152). 이것은 결국 동정심에 신비적인 면이 존재한다는 것을 인정하는 것에 지나지 않는다. 쇼펜하우어는 동정심을 인간의식의 의심할 수 없는, 그리고 가장 보편적인 현상이라고 파악했다. 또한 동정심은 철학적 개념, 종교, 교리, 신화, 교육 등과 같은 어떤 조건들에 의존하지 않는 자연의 산물이며 언제 어디서든지 나타날 수 있는 것이라고 그는 지적한다(Schopenhauer, 1991: p.162). 이 문제에 있어서 쇼펜하우어는 서양철학자 중에서 최초이다[여기서 루소는 제외하기로 하자. 그는 자연으로부터 나온 사상가가 아니었던가? (Schopenhauer, 1991: p.204)]· 동정심은 그것이 직접적이며 감성적인 체험이라는 의미에서는 분명히 존재하고 있지만, 해결할 수 없는 모순을 안고 있다. 게다가 '나'와 관련된 어려운 문제들을 풀기 위해서 사실은 '나'를

완전히 부정해야만 한다. 즉 개인주의라는 자물쇠를 열어보려 하기
보다는 그것을 완전히 파괴해야만 하는 것이다. 그리고 중국에는 어
떠한 대가를 치러서라도 관념론적인 형이상학을 다시 세워보는 것
이라 할 수 있다.

이처럼 대안은 과격하면서도 희생이 따른다. 왜냐하면 그것이 논
리적인 만큼이나 경험과의 연계성을 포기해야만 하기 때문이다. 여
기에서 필자는 맹자의 '불인(不忍)의 반응'이라는 개념을 제시하고
자 한다. 이 반응은 경험에 기초하고 있음에도 불구하고, 결코 서양
의 동정심이 안고 있는 문제들에 부딪히지 않는다. 맹자는 다른 고
대 중국사상가와 마찬가지로 개인의 존재를 부정하지 않으면서, 동
시에 형이상학적 이원론(二元論)의 입장을 취하지 않고 있다. 또한
그는 동정심의 특징인 '자연발생성'과 '무조건성' ―이해관계에 의존
하지 않는― 도 수용하고 있다. 맹자는 서양철학이 동정심으로 인식
하는 것을 단지 '참을 수 없는 반응'으로 이해하고 있다. 그가 느끼
는 개인성은 나와 타인 간의 상호작용의 수준에서 결코 벗어나지
않는다. 그래서 개인은 존재하지만, 그것은 '주체로서의 자아'라는
고립된 차원에서가 아니라 '관계의 일부'로서 인식된다.*

이렇게 하여 우리는 개인주의적 관점에서 자유로워질 수 있게 된
다. 왜냐하면 맹자의 '차마 참을 수 없는 반응'의 개념은 서양철학의
동정심과는 달리, 이론적인 틀에 어떠한 무리를 가하거나 모순을 만

---

* 여기서 관계적 국면이 우선시된다는 것은 매우 중요한 의미를 갖는다. 이러한
  인식은 중국에서는 일반적이다. 예를 들어 서양인들이 '사물(chose)'이라고 하
  는 것을 ―사물은 개체의 차원이다― 중국인들은 '뚱시(東西)'라고 하고, '풍경
  (paysage)'을 '상시아(上下)', 또는 '산수이(山水)'라고 한다.

들어내지 않으면서 현실에 잘 부합하기 때문이다. 우리는 이 반응을 최선의 선택이라고까지 말할 수 있다(이 책에서 우리는 세계의 움직임을 이해하기 위해 적극적인 자극 변수로서 '참을 수 없는 반응'이라는 개념에 많이 의존하게 될 것이다). 중국인들은 정신(ame)이나 절대자로서의 신(Dieu)과 같은 일원적이며 고립된 차원에서 세계를 보기보다는, 만물(萬物)을 양극 —음(陰)과 양(陽)— 의 관점에서 인식하면서 모든 현상을 상호작용의 결과로서 나타나는 현실화(actualisation)의 과정으로 이해하였다[이 상호작용은 『주역(周易)』이나 『역경(易經)』과 같은 고전에서 이미 형식화된 바와 같이 하늘과 땅, 음과 양 사이의 관계뿐만 아니라 내가 바라보고 있는 외부와 느끼고 있는 내부라는 두 축 사이의 움직임을 말한다]. 마치 흐름과도 같은 이 세계는 상호적이며 지속적인 격동인 것이다. 즉 세계의 진행은 서로 다른 국면들간에 쉬지 않고 일어나는, 그리고 확대되면서 현실에 직접 영향을 주는 자극에 의해서만 이루어진다. 이것은 고전적 의미의 감통(感通)에 해당하는데, 이러한 자극의 속성은 그것이 스스로 전개되도록 하면서 사물을 움직이게 하는 것이다. 맹자의 '불인(不忍)의 반응'은 바로 이러한 맥락에서 이해될 수 있다. 그런데 이 반응은 서로 다른 상황에 있는 나와 타인 간에 일어나는 상호작용 속에서 나타나게 된다. 상대방으로부터 받은 자극은 나의 감정 속에서 확대되면서 즉시 (나의) 반응을 불러일으킨다. 이 반응을 특징지어주는 것은 감동인데, 이 감동의 힘은 나로 하여금 어떠한 이해관계나 심사숙고의 차원을 뛰어넘게 해준다. '불인의 반응'은 고립된 객체로서의 '나'로부터 생기는 것이 아니라, 행위를 일으키는 현상 자체에서 비롯된다. 그렇기 때문에 주어진 상황에서 나는 침착하게 자세를 가다듬기에 앞서 내 바깥세계로의 진행을 서둘러야 함을 느끼는 것이다(예를 들어 우물에 떨어지려는 아이를 구하기 위해 달려들게 된다).

이처럼 중국의 관점은 세계를 나로부터 인식하는 '개인주의'의 입장에 서 있는 것은 아니지만, 그렇다고 해서 '개인성'을 완전히 부정하지도 않는다. 왜냐하면 중국인들에게서 현실화(actualisation)는 개인의 연계(連繫)를 통해서 이루어지기 때문이다. 즉 중국인들은 '개인횡단적(transindividuel)'인 면을 가지고 있다. 전체로서의 한 존재는 자신 속에서 지속적으로 상호작용과 의사소통을 진행한다. 그래서 '동정심'은 그들에게는 '개인횡단성'과 '감동연계성(transé motionnel)'의 발현에 지나지 않는다. 또한 중국사상에서는 서양철학이 겪는 어려운 문제들은 발견되지 않는다. 왜냐하면 개인으로서의 '나'는 선험적으로 자율적인 기체-주체(其体-主体, substrat-sujet)로 간주되지 않으며, 또한 동정심의 경우에서처럼 어떻게 하면 '나'로부터 빠져나갈 수 있을까 하는 고민이 요구되지도 않기 때문이다. 즉 '나'의 상대는 객체로서 존재하는 것이 아니므로, 상상력과 지식을 동원해 상대와 '나'를 동일화하려고 노력하지 않아도 된다. 이처럼 심리학적 차원의 모순 ―매개성과 즉각성, 나의 내부와 상대의 내부― 들은 모두 제거되기 때문에, 동정이라는 현상이 내 안에서 일어나는지 아니면 타인으로부터 발생하는지 알아볼 필요가 없게 된다. 이와 관련하여 서양 철학자들은 매우 복잡한 표현을 쓰고 있다. 루소는 "다시 말하면, 내가 타인 속에 존재하고 있는 것을 느낀다"라고 했으며, 쇼펜하우어는 "나와 타인 사이의 모든 장벽이 최소한 어느 정도까지는 사라진다"라고 말했다. 왜냐하면 실제로 동정이라는 현상은 상호작용의 장에서 본질이 되는 두 사람 '사이(entre)'에서 일어나기 때문이다. 동정심이 우리에게 보여주는 것은 바로 인간은 근본적으로 자신의 '존재성'을 통해 의사전달을 하고 있으며, 나와 타인은 모두 이 존재성에 연결되어 있다는 사실이다. 상호 공통인 존재성을 위해 타인이 위험에 처하게 되면 나는 (안에서부터) 반응하게 되는 것이다. 이러한 존재의 '개인횡단성(transindividualité)'은 서양철학에서의 근대적 개념인 '상호주관성(intersubjectivité)'보다도 동정심의 현상을 더 잘 설명해준다('상호주관성'은 타인을 하나의 사물적인 객체로 보지 않기 위해 만들어낸 개념이다). 왜냐하면 '개인횡단성' 속에서 나는 인간으로서 동물에 대해서도 동정심을 느낄 수 있기 때문이다(우리는 제물이 될 소에 대한 양혜왕의 반응을 기억하고 있는데, 쇼펜하우어 역시 이러한 측면을 강조하고 있다). 그러나 인간은 동물과의 관계에서는 상호주관성을 기대할 수 없다. 인간 사이를 연결시켜주는 것은 존재성에의 공동참여인 것이다. 이렇게 하여 생명의 넘침이 우리의 마음을 가로지르면서 우리를 감동시키게 되는 것이다.

상호작용의 한 과정이라는 관점에서 동정심을 (자극적이며 확산되는) 개인횡단적 현상으로 파악하면서, 중국의 인식방법은 우리에게 동정심에 대한 이해를 한층 더 쉽게 해준다. 그렇다고 해서 '불인의 반응'이 동정심에 대한 서양철학의 문제점을 완전히 해결해 준다고는 볼 수 없다. 왜냐하면 맹자의 사상은 서양철학과 같은 이론적 도구를 사용하고 있지 않기 때문이다. 그렇지만 최소한 동정심이 가지는 문제점을 분해시킬(dissoudre) 수는 있다. 이렇게 하여 동정심은 이론적인 차원에서 더 쉽게 파악될 수 있을 뿐만 아니라, 이념적인 차원에서도 명확해질 수 있게 된다. 사실, 서양의 동정심론은 인간의 '비참'이라는 관점에 사로잡혀 있었다(루소는 "우리의 마음을 인간애로 이끌어주는 것은 바로 우리가 공유하고 있는 비참함이다"라고 하였다: Rousseau, E., p.259). 또한 동정심론에는 고통에 대한 허무주의적 찬사도 포함되어 있다[쇼펜하우어는 "고통은 좋은 것이다"라고 말했다(Schopenhauer, 1991: p.159)]. 그래서 니체는 '동정이라는 종교'로부터 인간을 해방시키고자 했다. 그는 종교적 설교는 '자아에 대한 멸시'로 가득 차 있다고 지적한다(Nietzsche, *Gai savoir*, §222). 여기서 니체는 '동정이라는 종교'가 미화시킨 인간의 허약함에 대해 의문을 제기하고, 이타성을 지니고 있는 도덕 원리를 거부하기에 이른다. 『도덕의 계보학*(Généalogie de la morale)*』저문(§6)에서 그는 다음과 같이 말하고 있다. "동정심의 실체에 대한 문제 제기를 누가 시작할지 모르지만, 그 사람 앞에 '새롭고도 방대한 시야'가 열릴 것이다." 그런데 맹자의 '불인(不忍)의 반응'은 동정심과는 달리 비참의 논리를 가지고 있지 않다. 그것은 불행을 전혀 운명적인 ─타고난─ 것으로 보지 않으며, 인간의 고뇌가 자신에게 유익할 수 있다는 입장을 취하지도 않는다.

'불인의 반응'은 결코 허약함이 아닌 것이다. 그것은 타인이 위협받는 상황에서 불쑥 나타나면서, 갑자기 우리에게 존재공동체를 상기시켜준다. 그것은 '나와 타인' ─우리─ 사이를 다시 활기 있게 만들어준다. 인간의 삶은 바로 이러한 연계(連繫, lien)인 것이다.

▊ 제4장 ▊
도덕심의 징후(徵候)

1. 칸트 도덕철학의 기초

칸트는 처음에는 루소의 생각에 매료되었다. 그에게 루소는 인간 본성론에 있어서 뉴턴(Newton)과도 같은 사람이었다. 뉴턴이 최초로 자연으로부터 물리적 질서와 규칙을 발견한 사람이었다면, 루소는 인간으로부터 진정한 본성을 찾아내었기 때문이다.[4] 칸트는 샤프트베리(Schaftbury), 허치슨(Hutcheson), 홈(Home)과 같은 영국의 심리학자들에게서 감성이 덕행(德行)의 기초가 된다는 생각을 빌려왔다. 그리고 그는 인간이 본래 선(善)하다는 입장에 있어서 루소와 의견을 같이하였다. 이것은 칸트가 살았던 시대, 특히 1762년부터 1765년 사이에 유행하고 있었던 낙천주의적 경향과도 무관하지 않다.

칸트에게 도덕은 외부적인 강제에 의해 이루어진 것이 아니라, 인간이 본래 가지고 있는 자연적인 성향(tendance spontanée)의 표현인 것이다. 이것은 바로 인간 본성의 개화(開花, épanouissement)라고 할 수 있다.[5]

그런데 칸트의 이러한 입장은 그렇게 오래 지속될 수 없었다. 칸트는 인간의 첫번째 도덕적 성향인 '동정심'을 분석하면서부터 자신의 입장에 의심을 품게 된다. 타인에 대한 뜨거운 연민의 정으로 탈바꿈하게 되는 이 '마음의 성향'은 그것이 아무리 아름답고 다정스러운 것일지라도 맹목적인 이끌림에 지나지 않으며, 거기에는 보편성이 결여되어 있다고 칸트는 지적한다.[6] 도덕적인 사람은 과연 타인의 불행 앞에서 슬픔에 빠진 채 눈물만 흘리는 그런 사람일까? 특히 칸트는 동정심이 지니고 있는 모호성에서 모든 감성적 성향의 문제인 '순수성의 결핍'을 발견하게 된다고 말하고 있다. 아무리 감성적 성향이 우리로 하여금 의무에 맞게 행동하게 하고, 또한 우리 스스로가 허영심이나 개인적 이익에 대해 어떠한 충동도 느끼지 않는다 하더라도, 어떤 의무 때문에 우리가 행동했다거나 우리의 행위가 진정한 도덕적인 가치를 갖는다는 것을 입증할 수는 없다. 결국 칸트는 자신의 명예를 지키기 위해 도덕으로부터 경험에 근거하는 모든 요소들을 제거하기에 이른다. 그리고 도덕성을 인간 본성으로부터 떼어놓고 별도로 ―독립적으로― 인식하게 된다. 따라서 칸트에게 인정되는 인간 본성의 유일한 측면은 오로지 '이성적'인 성향뿐이다. 동정심은 다른 모든 인간의 기본성향처럼 자극적인 감성의 차원으로 쉽게 혼동될 수 있기 때문에, 도덕의 기초를 세우기 위한 칸트의 입장은 결국 도덕을 고립시키는 쪽으로 선회하게 된다. 그것은 도덕법에 당위성을 부여하기 위하여, 도덕으로부터 인류학적인 그리고 신학적인 모든 흔적을 제거하는 작업이다. 이렇게 하여 칸트는 동정심은 그 자체가 모호할 뿐만 아니라, 그것의 발현이 동정심을 베풀어야 한다는 당위적인 판단에 앞설 경우에는 우리를 혼란에 빠뜨리게 한다고 지적하고 있다. 그래서 그는 동정심을 통해서는 결코 도덕을 생각할 수 없다고 결론짓는다(Kant, R.P., p.133).

여기서 도덕의 '동기'에 대한 문제가 제기된다. 왜냐하면 이성의 차원에서는 도덕이 정의(定義)될 수 있지만, 인간의 차원에서는 무엇이 인간을 도덕적으로 행동하게 만드는지 더 이상 알 수 없기 때문이다. 게다가 도덕을 인간의 경험으로부터 분리시키고, 도덕이 순수하기만 −도덕의 선험성(先驗性)− 을 기대하면서 오직 인간의 이성에만 집착한다면 다른 문제가 생길 수 있다. 다시 말해, 어떻게 도덕법이 인간행위의 동기가 될 수 있으며, 또한 어떻게 도덕법이 인간의 의지를 결정할 수 있느냐는 것이다. 한편 지상명령으로서의 도덕은 이해관계로부터 자유로워야 한다(그렇지 않으면 그것은 더 이상 도덕이 될 수 없다). 그런데 무엇으로써 도덕이 나 자신에게 유익하다는 것을 보장할 수 있을까? 사실 칸트의 장점은 도덕의 선험성 속에서 도덕이 요구하는 것이 무엇인지를 가장 엄격하게 정의했다는 데 있으며, 그래서 그는 도덕 논의에 있어서 중심축으로 남아 있게 된다. 그렇지만 칸트는 도덕으로부터 모든 감성적인 면을 제거하였기 때문에, 도덕을 더 이상 인간의 경험 차원에 연결시킬 수 없게 되었다. 또한 그는 도덕을 인간의 본성과 무관하게 인식하였기 때문에, 인간의 본성을 통하여 인정(人情, 또는 너그러운 마음)에 대해 설명할 수도 없었다. 따라서 칸트는 법(法)을 존중할 수 있는 '인간의 마음'(또는 감수성)에 도덕이 영향을 미친다고 주장하면서, 억지로 인간 본성과 도덕을 연결시켜보려고 노력하였다. 결국 그는 『도덕형이상학의 기초』의 마지막 부분에서, 도덕성의 동기는 우리가 이해할 수 없는 차원의 것이라고 말하고 있다[왜냐하면 도덕의 동기는 단순한 생각, 즉 감성적인 면이 완전히 배제된 의무적인 생각(idée)이기 때문에 우리가 그것을 이해하지 못하는 것은 당연하다]. 그러나 이러한 논리는 '사변적(思辨的) 이성(raison spéculative)'의 시각에서는 정당해 보일 수 있지만, 인간 행위의 관점에서 보면 결코 그렇지 않다. 도덕법을 단순히 이성의 한 결과라고 보는 것도 바람직하지 않으며, 더욱이 도덕법을 정당화하기 위하여 완전히 이성적인 또 다른 '나'를 상정한다는 것은 터무니없는 일이라고 할 수 있다. 한편 칸트는 『도덕형이상학의 기초』에서 도덕에 관한 루소의 입장에 대하여 루소가 결코 도덕의 문제를 해결할 능력이 없었다고 지적하고 있다 (Kant, M.M., p.123, p.204). 특히 이 책 말미의 과다한 주석은 루소의 취약점과 한계를 여실히 보여주고 있다.

　도덕의 기초를 동정심에 두면서, 다시 말해 도덕성을 인간의 본래 성향으로 인식하면서 루소는 인간이 (자연발생적 반응처럼) 자신의 의지(volonté)를 동원할 수 있다고 보았다. 그렇지만 그는 도덕성을 '자애심(amour de soi)'의 관점에서 벗어나게 할 수 없었으며, 도덕의 기초가 되는 동정심으로부터 진정한 '이타적 감정'을 만들어내지도 못하였다. 이렇게 루소는 도덕의 동기를 명확히 제시하지 못한 채 도덕성을 확실히 보장하는 데 실패하고 만다. 이와는 반대로 도덕을 선험적인(a priori) 의무로 보면서, 이성 —도덕법— 에 기초하여 도덕을 세워보려 했던 칸트는 도덕성에 해(害)가 되는 모든 요소들을 애초부터 제거해버린다. 그러나 그는 어떻게 하면 인간에게서 도덕성을 이끌어낼 수 있는지 설명하지 못하고 있다. 다시 말해 도덕은 뒤섞인 상태로 남은 채, 그것의 순수성에도 불구하고 우리를 감동시키지 못하게 된다. 그 결과, 도덕은 그 내용과 탄력을 잃어버리고 만다. 이처럼 인간의 '본성'에서 출발한 루소는 어떻게 하면 도덕으로부터 의도성을 배제할 수 있는지에 대해 설명하지 못한 반면, '의무'에서 출발한 칸트는 도덕의 존재이유를 설명하지 못하고 있다.

이 문제는 쇼펜하우어 이래로 칸트주의(Kantisme)에 대한 비판의 중심주제가 되어왔다. 의도(intention)의 순수성 —선함— 을 지키기 위해서는 어떠한 요소도 의지(volonté)를 결정하는 데 개입되어서는 안 된다. 그런데 문제는 이러한 순수성만 가지고는 의지를 결정지을 수 없다는 것이다. 이것은 결국 도덕법의 근거에 의문을 제기하게 만든다. 왜냐하면 "그것이 도덕법인가?"라는 질문이 과연 우리 머릿속에 떠오를 수 있는지를 확인해보아야 하기 때문이다.[7] 다시 말해 인간이 도덕법을 추구한다는 사실을 어떻게 해서든지 정당화시켜야 한다는 것이다. 실제로 도덕법은 인간의 본성에서 유래하는 것도 아니며 인간의 체험으로부터 생기는 것도 아니기 때문에, 칸트는 그것을 다른 데서 찾아야만 했다. 그런데 그 다른 곳은 바로 칸트 자신이 완전히 벗어났다고 생각하고 있었던 낡은 종교적 기초 —기독교— 였던 것이다. 결국 칸트의 연구는 신(神)의 계율 —십계명— 을 세속화하는 수준에서 그치고 만다. 이렇게 칸트는 도덕법을 만들기 위하여 다시 신학자(神學者)가 되어야만 했던 것이다. 그러나 우리는 칸트에게서 두 가지 업적을 인정할 수 있다. 하나는 (도덕의 기초에 대한 문제를 제기할 수 있는) '순수이성비판'을 통하여 기존의 사변적인 신학을 완전히 붕괴시킨 것이고, 다른 하나는 도덕성을 '행복'이라는 고정관념으로부터 벗어나게 하면서 도덕을 명확히 정의하는 데 성공한 것이다. 쇼펜하우어는 자신의 『도덕형이상학론』에서 이와는 다른 방법으로 도덕의 기초를 찾아보려고 애썼다. 그의 노력은 도덕 문제를 신학의 차원으로 다시 회귀시킬 수도 있는 합리주의(rationalisme)의 함정을 피하면서, 도덕이 자연발생적인 것이 될 수 있는 가능한 기초를 만들어내기 위한 것이었다. 그런데 쇼펜하우어가 발견한 도덕의 기초는 전혀 새로운 것이 아닌, 바로 '동정심'이었다. 이것은 결국 우리를 다시 루소로 되돌아가게 하고 있다.

2. 맹자의 사단(四端)

의무일까, 동정일까? 이제 도덕의 기초에 대한 대안은 최종적으로 제시된 듯하다. 대립되는 두 개의 축 —감성과 이성— 사이에서 서양 철학은 흔들리면서 제자리걸음을 하고 있다. 결국 두 입장이 동시에 도달한 지점은 더 이상 탈출구를 찾을 수 없다는 사실이며, 결국 도덕에 대한 논의는 매몰되고 만다. 따라서 이제부터 우리는 도덕의 기초를 이성의 강제성에서 찾아야 하는지 아니면 인간의 본성에서 찾아야 하는지, 그리고 도덕은 절대적으로 요구되는 것(nécessité incondtionnée)인지 아니면 자연발생적인 것(tendance spontanée)인지를 알아보아야 한다. 그런데 만일 우리가 법의 절대성을 내세우게 되면, 신(神)에 대한 의존으로부터 벗어나지 못하게 되는 위험을 안게 된다. 반면에 체험에 기초하게 되면, 도덕성에 대한 불확실성의 문제라는 또 다른 위험에 직면하게 된다. 다시 말해서, 도덕적 감정의 모호성을 극복하기 어려워진다. 이 문제는 필자에게도 다시 의문을 제기하고 있다. 그것은 우리가 도덕에 대한 논의를 시작할 때 예로 들었던, '우물에 떨어지려는 아이'와 '겁에 질린 소'의 이야기와 같은 구체적인 경우에 의거하여 도덕을 설명한다는 것이 과연 정당화 될 수 있느냐 하는 문제이다.

이처럼 대안은 실패하였고 더 이상 논의를 진행할 수 없게 됨에 따라, 우리는 이제 어떠한 것도 기대할 수 없게 되었다(이미 쇼펜하우어 이후에 니체와 함께 도덕의 몰락을 경험한 적이 있다). 그렇기 때문에 논의의 방식을 바꾸지 않는다면, 우리는 결코 논리적인 궁지에서 빠져나올 수 없을 것이다. 그렇다면 문제를 다른 관점에서 파악하면서 새롭게 출발하여야만 한다. 그래야만 도덕에 관한 논의가 재개될 수 있는 것이다. 이것은 앞에서 제기된 도덕의 문제에 대한 해결책을 중국에서 찾아보자는 것이라기보다는, 일단 이 문제를 어려움에서 벗어나게 하면서 다시 분석해보자는 것이다. '우물에 떨어지려는 아이'의 이야기에 이어서 맹자는 다음과 같이 말한다. "이렇게 본다면 남의 위험을 보고도 마음이 불편해지지 않는 자는 사람이 아니다. 마찬가지로 자신이 저지른 잘못에 대해 부끄러움을 느끼지 못하는 자나 누군가의 나쁜 행동을 보고도 그것을 미워하지 않는 자는 사람이 아니다. 또한 윗사람이나 병약자에게 사양하는 마음이 없는 자, 선(善)과 악(惡)을 구별할 줄 모르는 자는 사람이 아니다."(공손추, 上, 6) 여기에서 도덕심의 네 가지 차원이 나타나게 된다[맹자는 이것을 상징적으로 사지(四肢)에 비유하고 있다]. 측은지심(惻隱之心: 불쌍히 여기는 마음)은 인(仁)의 단(端: 실마리)이고, 수오지심(羞惡之心: 부끄러워하고 악을 미워하는 마음)은 의(義)의 단이며, 사양지심(辭讓之心: 사양하는 마음)은 예(禮)의 단이며, 끝으로 시비지심(是非之心: 옳고 그름을 판단하는 마음)은 지(智)의 단이다(고자, 上, 6 참조).

이 대목에서 필자가 주목하게 되는 것은, 맹자에게는 그가 제안하는 만큼 —또한 사단(四端)의 순서가 명시되는 만큼 — 의 도덕목록표가 존재하지 않는다는 점이다. 사실 맹자는 의식의 형태 자체가 도덕성을 만드는 것이 아니라, 도덕성은 단지 우리 마음속에 단(端)으로서만 존재한다고 말하고 있다. 주희(朱熹)는 이 '단'은 실패의 속처럼 내부 깊숙이 있기 때문에 외부로 노출되어야만 보이게 된다고 말한다. 이 구조를 자세히 살펴보게 되면, 우리 마음속에서 자연발생적으로 나타나는 동정심이나 수치심과 같은 감정은 결국 도덕성의 출발점으로서 하나의 '단' —실마리— 에 지나지 않는다는 것이다(고자, 上, 6 참조). 만일 인간이 타인의 위험 앞에서 이러한 급작스러운 반응을 하지 않는다면, 인간은 결코 도덕의식을 가질 수 없게 된다. 다시 말해, 이 자연발생적인 반응은 바로 도덕의식의 '징표'가 되는 것이다. 이 반응은 우리에게 도덕심이 있다는 것을 깨닫게 하며, 또한 그것을 발견하게 해준다. 즉 우리가 동정심이나 수치심의

반응을 보이면, 도덕성은 바로 경험의 차원으로 나타나게 되는 것
이다. 이 도덕성은 순간적으로나마 의심의 여지가 없는 것이며, 결
국 우리는 숨겨진 도덕성의 본질에까지 도달할 수 있게 된다. 이렇
게 맹자가 제시하고 있는 동정심과 수치심의 반응을 통하여 우리의
도덕의식은 잠재적 수준에서 깨어나게 되며, 또한 우리는 그것의
함축된 의미를 즉시 감지할 수 있는 것이다 [네 가지 기관의 기능—
입(味), 귀(聽), 눈(視), 심장(理): 고자, 上, 7 참조]. 그런데 도덕성을 자극
하는 단(端)은 단지 기폭제로서 도덕의 실마리에 지나지 않는다. 다
시 말해, 동정심이나 수치심의 반응이 나타나는 것은 잠재적인 도
덕성의 출발점일 뿐이다. 그것은 계속 전개되어야 한다. 결국 이러
한 반응은 그 자체가 도덕이 되는 것은 아니며, 단지 도덕적이 될
수 있는 가능성을 보여주는 것이라고 할 수 있다.

3. 도덕의 징표로서의 단(端)

이렇게 하여 우리는 시야에 선명히 나타나는 단(端)으로부터 숨겨
져 있는 도덕심의 근원에까지 도달할 수 있다. 다시 말해, 본심(本
心) 속에 존재하고 있는 의식의 뿌리가 동정심이나 수치심의 반응에
대응하게 되는 것이다. 이 '마음[心]'의 개념이 맹자에서의 이론적인
혁신점이며, 그것은 루소에서의 '의식(conscience)'과도 일치하는 것이
다.루소는 몽테뉴의 회의적 태도(scepticisme)를 비판하고 있다. "인간 정신의
깊은 곳에는 정의심과 덕행에 대한, 천부적으로 타고난 원칙이 존재하고 있

으며 … 나는 이것을 의식(conscience)이라고 부르고자 한다": Rousseau, E., p.352]. 그런데 필자는 맹자의 이러한 입장이 루소에 대한 칸트의 비판에 의해 격하된다고는 보지 않는다. 칸트는 동정심이 맹목적인 것이라고 주장하였다. 물론 맹자도 이 점을 부정하지는 않을 것이 다. 왜냐하면 양혜왕이 제물이 될 소를 양으로 바꾸라고 명한 것에 대해, 그가 무의식적으로 이러한 행동을 했다는 사실을 맹자는 잘 알고 있었기 때문이다. 맹자는 이것을 부정할 수 없는, 마음속으로 부터 우러나오는 요구(exigence)로 보고 있다. 칸트는 동정심이 보편 적인 도덕원리의 기초가 되기에는 부적합하다고 하면서 다음과 같 이 말하고 있다. "좀더 자세히 검토해보면, 동정심만으로는 도덕의 차원에 도달할 수 없음을 알 수 있다. 고통스러워하는 아이이건 불 행한 젊은 여인이건, 이들은 모두 우리에게 슬픔을 안겨준다. 그런 데도 우리는 수많은 죄 없는 사람들이 전쟁터에서 엄청난 고통 속 에 희생되었다는 소식은 냉정하게 받아들일 수 있기 때문이다."[8] "많은 군주들이 불행한 사람들을 보게 되면 눈을 돌리면서 서글퍼 하지만, 그들은 종종 하찮은 이유 때문에 전쟁을 선포하곤 한다"고 칸트는 덧붙인다. 그런데 이것은 바로 맹자가 양혜왕에게 이어서 말하는 내용과 일치한다. "왕께서는 제물이 될, 겁에 질린 소를 보 고 견디기 어려워하셨습니다. 그렇지만 군대를 동원하여 당신의 병 졸들과 장수들을 위험에 처하게 하는 일에는 주저함이 없으시군 요."(양혜왕, 上, 7) 여기서 맹자의 지적은 겁에 질린 소에 대한 제후 의 반응이 도덕의 징표가 될 수 없다는 것이 아니라, 이러한 인자한 마음이 제후의 생활 일반에 나타날 수 있도록 그 자신이 그것을 확대하여 지속적으로 전개하지 못하고 있다는 것이다. 결국 동정심의 반응은 우연한 것이기 때문에 '인(仁)'의 출발점이나 실마리에 지나지 않는다. 그리고 이 '인'이 완전히 전개되어야만 비로소 보편성에 도달하게 되는 것이다.

실제의 예를 통하여 도덕을 설명하는 것은 바람직하지 않다는 칸트의 지적은 옳다고 볼 수 있다(Kant, M.M., p.115). 왜냐하면 실제 예(例)는 체험에만 한정되고 감수성에 의존하는 측면이 있으므로 (보편성에 합치되는) 일반성을 가진다고는 볼 수 없기 때문이다. 그래서 도덕의 표본(modèle)으로 삼기 어려운 것이다. 맹자가 예로 든 '우물에 떨어지려는 아이'나 '겁에 질린 소'의 이야기는 도덕의 표본으로 사용하기 위한 것은 결코 아니다. 그것은 도덕의 징표로서만 의미가 있으며, 경험과 감수성 수준에서 나타나는 하나의 실마리에 지나지 않는다. 그럼에도 불구하고 그 논리는 경험의 차원을 뛰어넘는 것이며 감수성에 의해 제한받지 않는, 인간이 본래 타고난 '의식(conscience)의 논리'인 것이다. 그런데 실제의 예를 통하여 제시된 상황은 우리에게 도덕성을 판단하게 해주는 기준이나 그것을 정의할 수 있게 하는 개념을 제공한다고는 볼 수 없다. 단지 우리는 실제 경험을 통하여 의심의 여지 없이 도덕의 징후를 감지할 수 있는 것뿐이다. 즉 앞에서 인용한 예들은 도덕적 규범이나 행위의 원칙으로 사용하기 위한 것이 아니라, 오직 도덕성이 우리 내부로부터 요구되고 있다는 사실을 증명해주는 것이라고 할 수 있다.

한편 동정심과 수치심의 반응은 인간의 본래 성향에 따라 저절로 나타나는 것이지만, 그렇다고 해서 결코 감수성의 차원으로 전락하지는 않는다. 이 반응은 칸트가 말하는 '비정상적인 것(le patho-logique)'으로 분류될 수는 없다(칸트의 이 '비정상적인 것'은 원칙적으로 도덕성과 관련시킬 수 없으며, 오히려 그것은 도덕성을 혼란에 빠뜨리게 한다. 왜냐하면 '비정상적인 것'은 도덕법을 위해서가 아니라, 어떠한 목적 — 즐거움이나 만족 — 달성을 추구하는 인간의 '의지'에 영향을 주기 때문이다). 이렇게 하여 동정심의 반응은 '이성'과 '감정'의 전통적인 대립으로부터 벗어날 수 있게 된다. 왜냐하면 동정심의 반응은 경험적으로 정의된 —개인적인 이해관계가 존재하는— 동기로서가 아니라 인간이 본래 가지고 있는 타인과의 연계성에서 비롯되는, 경험의 초기에 나타나는 '의무감의 신호'로서 가치가 있기 때문이다. 이러한 동정심과 수치심을 통하여 인간은 스스로 사회공동체에 뿌리를 내리게 되며, 이러한 소속감이 자기 내부에서 작용하여 마음을 뒤흔들어 놓게 된다. 결국 칸트가 도덕의 근거를 경험에 두는 것을 거부하면서, 도덕성이 인간의 본성에 기초한다는 주장에 반대하였던 것은 정당하다고도 볼 수 있다. 여기서 우리는 본성에 대한 맹자의 입장에 주의를 기울일 필요가 있다. 맹자가 파악한 인간의 본성은 도덕의 기초를 세우는 데 있어 매우 유용하다. 왜냐하면 그것은 '인류학' 차원에서의 본성이 아니라 '절대성'에 기초하고 있는 본성이기 때문이다.

앞에서 우리는 칸트와 루소에게서 도덕적 명령이 인간 본성에서 비롯되는지 아니면 이성에서 비롯되는지, 그리고 그것이 감정의 명령인지 또는 의무의 명령인지를 구분하여야만 했다. "의식! 의식! 신성한 본능, 무한한 신(神)의 소리(부름)"라고 루소는 말하고 있다

(Rousseau, E., p.354). 칸트는 루소가 말한 하늘의 소리(Voix céleste)를 '이성의 소리(voix de la raison)'로 간주하면서, 그것은 가장 파렴치한 악한에게까지도 영향을 줄 수 있다고 주장한다(Kant, R.P., p.49, p.92). 게다가 이러한 '의식(conscience)의 소리'는 인간에게 공통적인 것인 만큼 우리들에게 당연한 것으로 여겨질 수 있으며, 따라서 현실로 인식될 수 있다. 그러나 맹자에게 '의식의 소리' 따위는 존재하지 않는다. 여기서 우리는 서로 대립하는 루소와 칸트의 철학적인 대안을 한번 뛰어넘어보는 기회를 가져야 한다. 그리고 우리의 연구 대상과 좀더 거리를 두면서 외부에서 관찰해보는 것이 문제를 해결하는 데 도움이 될 것이다. 왜냐하면 불행하게도 칸트가 제창한 '이성의 소리'에서, 우리는 너무도 쉽게 성경(聖經)에 나오는 '양치기'와 '양'의 관계 -신(神)과 인간(人間) 간의 지배·복종의 관계- 를 발견할 수 있기 때문이다. 이에 반해 중국의 '하늘'은 서양의 신(神)과 달리 '말'이 없으며, '의식(意識)' 또한 '소리(voix)'를 가지고 있지 않다. 중국에서의 '의식'은 '우물에 떨어지려는 아이'를 황급히 잡아주는 것과 같은 '자연발생적' 반응을 통하여 직접 우리에게 나타난다. 그런데 이러한 반응은 인간이 본래 타고난 것이라고 볼 수 있다. 왜냐하면 그것을 종교적 신념의 내면화(intériorisation)가 만들어낸 결과라고는 생각할 수 없기 때문이다. 이 반응은 니체에서의 약자에 대한 '애도'의 산물도 아니며, 마르크스가 말하는 '계급이익'이나 프로이트에서의 '아버지 역할'의 결과도 아니다. 그것은 이념적으로 순수하며 결코 소외를 동반하지도 않는다. 그래서 이 반응은 도덕의 초석으로 사용될 수 있는 것이다.

이러한 '자연발생적 반응'은 우리의 도덕의식을 확고하게 해줄 수 있다. 그러나 그것은 단지 우리에게 실마리를 풀어주는 것뿐이다. 즉 이 반응은 도덕성을 느낄 수 있게 해줄 뿐이고, 그것을 우리가 더욱 깊이 파고들어야 하는 것이다. 왜냐하면 이 반응은 우리로 하여금 경험의 차원을 뛰어넘게 해주면서, 우리의 '개별적 감정'을 '현실 전체논리'의 구성에 연결시켜주기 때문이다. 결국 이 반응은 '감정'과 '현실 논리'를 대립시키기보다는 양자를 서로 통하게 해준다. 나아가 우리는 이렇게 고무된 '감정'으로부터 그것을 정당화시켜주는 '이성'에 도달할 수 있게 된다. 다시 말해, 발현된 '감동(émoi)'에서 시작하여 우리 고유의 '본성'에 이르게 되는 것이다.

제2부
인성론(人性論)

▌제5장▐

인간 본성(本性)에 대한 논쟁

1. 맹자 이전 시대의 본성론(本性論)

이제 도덕심이 선천적으로 타고나는 것인지, 아니면 후천적으로 형성되는 것인지에 대한 논의가 필요하다. 만일 도덕에 대한 요구가 인간의 마음속에 본래 존재하지 않는다면, 도덕은 사회적 차원에서만 정당화될 수 있다. 그럴 경우, 도덕은 인간의 욕망이나 야심을 제어하는 역할만 하게 될 것이다. 그렇다면 결국 도덕은 인간의 목표가 되기보다는 인간이 가지고 있는 이기적인 성향을 제한하는 수단이 될 뿐이다. 왜냐하면 두 차원 —도덕의 선천성과 후천성— 은 서로 대립하기 때문이다. 다시 말해, 도덕은 사회적으로 유용한 것이 되든가(이 경우에 도덕의 가치는 상대적이다), 그렇지 않으면 절대적인 이상(理想)으로서만 존재하여야 한다. 도덕의 기초를 세우는 것은 도덕적 경험 이전에 존재하는 도덕의 근거를 찾아내는 일이며 동시에 도덕을 경험으로부터 독립시키는 작업이다. 예를 들어 루소에서 인간 본래의 성향(penchant)이라든가 칸트에서 실천이성의 '선험적 추리(à priori)'가 여기에 해당한다. 이 문제에 있어서 맹자도 같은 입장에 서 있다. 맹자는 중국에서 최초로 천부성 ―타고나는 것― 의 범주(catégorie)를 정의한 사상가이다. "배우지 않고도 할 수 있는 것이 타고난 능력[良能]이다." 마찬가지로 "생각해보지도 않고 아는 것은 타고난 지혜[良知]라 한다."(진심, 上, 15) 부모에 대한 자식의 효성처럼 천부적으로 부여된 지혜와 능력은 인간사회 전체에 퍼져 있으며, 그 예외는 있을 수 없다. 동정심이나 수치심의 반응을 통하여 우리는 인간에게 도덕성에 대한 소질(prédisposition)이 있다는 것을 알 수 있다. 칸트가 말하는 '불멸의 도덕적 사명'은 이러한 인간의 소질에서 비롯된다고 할 수 있다. 그렇기 때문에 맹자는 인간이 본래 가지고 있는 선(善)한 면을 논리의 기초로 삼고 있는 것이다(등문 공, 上, 1 참조). 그런데 이러한 맹자의 생각은 그 시대에는 매우 드문 입장이었다. 일반적인 유가전통에서도 인간의 본성은 선(善)하기도 하고 악(惡)하기도 하다는 주장이 있었다[性有善有惡].[9] 여기에는 크게 두 가지 입장이 있는데, 하나는 사람에게는 선함과 악함이 동시에 존재한다는 것이고 다른 하나는 선한 사람이 있는가 하면 악한 사람도 있다는 것이다. 이러한 유가전통을 떠나서도 이미 맹자는 인간의 본성을 자신이 겪은 인생 과정과 동일시하는 자들―대표적인 예로는 양주(楊朱)가 있다―과 격론을 벌여야만 했다. 그레이엄

(A.C. Graham)[10]은 중국사상에서 '본성'의 개념은 이미 고정된 능력
이라는 차원에서보다는, 잠재력이 개발되는 것과 같은 성숙의 관점
에서 이해되어야 한다고 지적하고 있다. "본성은 바로 '생(生)'이다
[生之謂性]"[11]라는 표현은 맹자시대에 활동한 해방론자(libérateur)들
이 내걸었던 새로운 구호였다(고자, 上, 3 참조). 인간에게 가장 먼저
요구되는 것은 '식욕과 성욕의 해결'이다[食色, 性也: 고자, 上, 4]. 격
심한 혼돈시기에 기존의 봉건구조 ―주(周)왕조― 를 붕괴시킬 수 있
는 자연주의(naturalisme)가 대두한 것이다. 자연주의자들은 인간의
본성을 생명을 보존하게 해주는 능력으로 착각하였기 때문에, 그들
의 눈에는 인간의 관심거리란 오로지 자신의 생명을 부양하고 유지
하는 것으로 보였다. 그러기 위해서는 어떤 외부적인 요소―특히
공공영역에 의한 강제나 구속― 도 개인의 삶을 방해해서는 안 되며,
또한 무엇을 위해서도 ― 특히 정치적인 이해관계 ― 개인생활이 침해
되어서는 안 되는 것이었다. 자연주의자들에게는 삶을 영위하는 것
이나 재물을 아끼는 것, 건강을 보존하는 것만큼 중요한 것은 없었
다. '생'의 보존만이 그들의 유일한 가치이므로 자연주의자들은 가
능한 한 최고의 삶을 영위하는 데에만 정열을 쏟았다[養生, 全生]. 그
래서 인생의 끝까지 최상의 요법을 통하여 조금도 손상됨이 없이
'생'의 욕구를 만족시켜야만 했다. 이러한 생각은 기존의 전통을 파
괴할 만큼이나 매우 과격한 것이었다. 그런데 만일 '생'을 부양하는
것이 본성의 사명이라고 한다면, 왜 도덕성이 생을 부양하는 것보
다 더 중요할 수 있을까? 또한 고자(告子)의 견해처럼 인간의 본성
이 삶의 과정에 따라 변하는 것이라면 결국 그것은 선하지도 악하

지도 않은, 도덕적으로 중립의 차원에 있게 된다. 그렇게 되면 도덕성의 전달방향(orientation)은 인간의 외부에서 시작하여 내부로 진행하는 것이 되어, 도덕은 우리에게 강제로 부과되는 것이라는 논리가 성립될 수 있다.[12]

기원전 4세기 말, 맹자가 살았던 시대에는 인간 본성의 문제가 논쟁의 주제가 되고 있었다. 이것은 중국에서의 첫번째 사상(思想) 논쟁이었고, 이후 중국사상은 철학적인 체계를 갖추게 된다. 여러 학파들은 대립하면서 각각 자신의 논리를 전개하였고, '옳고 그름[是非]'의 문제까지 논의되기에 이르렀다(고자, 上, 6 참조). 그 중에 인간의 본성은 선(善)하지도 악(惡)하지도 않다고 주장하는 이들이 있었다. 이들에게 인간의 본성은 도덕성과 무관한 것이 된다. 한편 인간의 본성은 환경의 영향을 받아 선할 수도 있고 악할 수도 있다는 입장도 있었다. 예를 들어 선한 군주 밑에서는 백성들이 선행(善行)에 열중하지만, 사악한 군주의 지배하에 있는 백성들은 혼란에 빠질 수 있다는 것이다. 마지막으로 인간의 본성은 선하기도 하고 악하기도 하다고 보는 입장이 있었다. 즉 선한 군주 밑에서도 악한(惡漢)이 나올 수 있고, 악한 군주 밑에서도 군자(君子)가 나올 수 있다는 것이다. 이렇게 인간 본성에 관한 여러 가지 논리와 입장이 체계적으로 정립되면서 각각의 주장들은 서로 대립하였고, 가능한 모든 경우가 검토되기에 이르렀다. 당시 이 문제는 여러 학파들 간 논쟁의 중심주제였다. 맹자는 철학적인 논쟁을 좋아하지는 않았지만, 그렇다고 해서 이러한 논쟁을 외면할 수도 없는 상황에 있었다(등문공, 下, 9 참조). 지식인들은 이미 이치를 따지는 것을 즐기고 있었으

며, 겸허한 충고만으로 맹자의 뜻이 충분히 전달되기에는 부족하였
다. 각 학파들은 끊임없는 반론을 전개하였고, 논쟁은 궤변의 수준
에까지 다다랐다. 그 결과, 옛 성현들의 가르침은 위험에 처하게 되
었으며 도덕의 기초를 세우는 것이 절실히 요구되었다.

2. 맹자의 반격

맹자는 완곡한 방법으로 논쟁을 이끌어나갔다. 논쟁이 진행되다
보면, 자신도 모르게 지덕(sagesse)은 사라진다는 사실을 그는 잘 알
고 있었기 때문이다(고자, 上, 1).[13] 맹자는 논쟁의 상대에게 반론을
펼 때에도 성현들 —요(堯), 순(舜), 문왕(文王), 공자(孔子)— 의 예를 들
면서 자신의 입장을 전개하였다. 그렇게 함으로써 그는 자신의 논
리적 지표가 되는 가치를 보존하고자 했다. 이렇게 하여 맹자는 자
신의 논쟁 상대가 제기한 문제에 대하여 은유적인 방법으로 반박하
면서 상대를 제압하곤 하였다. 어느 논쟁자가 말하기를, 인간의 본
성은 마치 '버드나무'와 같으며 의(義)는 '버드나무로 만든 바구니'
와 같다고 했다. 그리고 인간의 도덕성은 본성으로부터 얻어지는
것인데, 그것은 버들가지로 바구니를 만드는 것과 같다고 했다. 다
시 말해, 인간의 본성은 기초적인 재료이며, 도덕성은 이 기초 재료
에 더해진 작업의 결과라는 것이다. 이에 대하여 맹자는 상대의 입
장을 반박하기보다는 상대의 논리가 모호함을 지적해주고 있다. 맹
자는 우선 바구니가 과연 버드나무의 성질에 따라서 만들어지는 것

인지 그렇지 않은지를 확인해보라고 한다. 만일 그러하다면 어떤 부정적인 결과가 야기되는지를 맹자는 지적한다. 예를 들어 우리가 바구니를 만들기 위해서는 힘을 가해 버들가지를 접어야만 한다. 그렇다면 사람들에게 도덕성을 갖게 하기 위해서도 강제력을 동원해야 한다는 논리가 성립될 수 있다. 그럴 경우, 사람들은 도덕적이되기를 원치 않을 것이다. 이에 덧붙여 맹자는 우리가 도덕성에 도달하기 위해서는 약간의 작업이 요구된다고 말한다. 그것을 위해 노력은 필요하겠지만, 이 노력이 우리의 타고난 소질을 자연스럽게 전개하는 정도를 넘어서는 안 된다고 지적한다. 다른 예를 들어보기로 하자. 고자(告子)가 인간의 본성은 빙글빙글 돌면서 흐르는 물과 같다고 하였다. 그리고 물은 동쪽으로 열면 동쪽으로 흐르고, 서쪽으로 열면 서쪽으로 흐르게 된다고 말했다. 사람의 본성도 물과 같기 때문에, 물이 동서(東西)의 방향과 무관하듯이 본성도 선악(善惡)과 무관하다고 그는 주장했다. 이에 대해 맹자는 다시 한 번 고자(告子)가 든 예를 이용하여 그의 논리가 잘못되었음을 지적한다. "물이 동쪽으로 흐를지 서쪽으로 흐를지 알 수 없다는 것은 분명히 옳은 말이다. 그러나 물이 위로 흐를지 아래로 흐를지도 알 수 없다는 말인가? 사람의 본성이 선(善)하다는 것은 마치 물이 아래로 흐르는 것과 같다. 만일 물을 손으로 쳐서 위로 튀게 한다면, 물은 높이 튀어오를 것이다. 그러나 이것은 물의 본래 성질로 인해 그런 것이 아니라 외부적으로 가해진 힘에 의해 그렇게 되는 것이다. 사람의 본성도 이와 같은 이치를 따른다. 사람이 때때로 옳지 않은 일을 하는 것도 그의 본성이 악(惡)해서 그런 것이 아니라 외부로부터 가

해진 압력의 결과인 것이다."(고자, 上, 2)

　이제 개념적 수준에서 구체화해보기로 하자. 이견(異見)이 있을 수 있기 때문이다. 우선, 인간이 스스로 자신의 본성을 이해할 수 있다는 것은 일반적인 관점에서일까 아니면 개별적인 특수성의 관점에서일까?(맹자는 인간에게는 본래 도덕의식이 있다고 은연중에 암시하고 있다. 고자, 上, 3) "만일 고자(告子)가 말한 바와 같이 깃[羽]의 흰색을 희다고 하는 것이 눈과 옥의 흰색을 희다고 하는 것과 같다고 한다면, 결국 개의 본성은 소의 본성과 같고 또한 사람의 본성과도 같다는 말인가?" 논쟁은 '의(義)'를 주제로 하여 더욱 심화된다. 고자(告子)가 말하기를 " '의'를 정하는 기준은 사람의 외부에 있기 때문에, '의'는 밖에서부터 온다고 할 수 있다. 그것은 한 물건의 색이 희기 때문에 내가 그것을 희다고 하는 것과도 같아서, 외부의 조건 —물건이 희다는— 에 따르는 것이다. 나이 든 사람을 어른으로 존경하는 것도 같은 이치이다." 즉 존경심의 근원은 인간 내부에 있는 것이 아니라는 주장이다. 이에 대하여 맹자가 반박하기를, "만일 흰색의 말을 희다고 하는 것이 사람의 흰 피부색을 보고 희다고 하는 것과 같다면, 늙은 말을 보고 늙었다고 생각하는 것과 마찬가지로 나이 든 사람을 보고 나이 들었다고 생각하여야 하겠는가? 그리고 어떤 어른의 '나이' 자체가 '의'라는 말인지, 아니면 내가 그를 어른으로 모시는 '마음'이 '의'인지를 명확히 해야 한다."(고자, 上, 4) 게다가 이 존경심은 상황에 따라서도 달라질 수 있다. 가령 "사람들은 보통 자신의 친형을 그보다 더 나이 든 손님보다 존중한다. 그러나 술을 권할 때는 자신의 형보다 그 손님에게 먼저 권하게 된다. 그렇다고

해서, 이것이 존경심은 외부에서 비롯된다는 것을 의미하는 것은
결코 아니다. 한겨울에는 더운물을 마시며 한여름에는 찬물을 마신
다. 그런데 마시는 자는 항상 나 자신인 것이다." 논쟁은 다음과 같
이 끝난다. "동정심이나 수치심의 반응으로 나타나게 되는 인간의
도덕성은 결코 외부로부터 오는 것이 아니다. 그것은 우리 안에 잠
재하는, 천부적으로 타고난 것이다."(我古有之 : 고자, 上, 5)

우리는 여기에서 인간의 본성에 관한 논쟁이 유추적 차원(analogie)
에서 진행되고 있음을 알 수 있다.[14] 특히 유(genre), 종(espèce), 본질
(essence), 속성(attribut), 주체, 객체 등의 논리적 도구를 사용하지 않
으면서, 결국 맹자가 밝히고자 했던 것은 다음과 같다. 만일 나이에
대한 존중이 객관적인 기준 —상대방의 나이뿐만 아니라 상황까지도 포
함하는— 에 부합한다면, 그러한 존중은 의무성을 띠는 가치판단
(jugement)인 동시에 나의 존경심이 발현되는 것[行吾敬]이다. 결국
이 두 차원은 실제로는 주관적인 성격을 가지고 있다. 여기서 '내
부'의 의미는 칸트가 말하는 '동기의 범주(catégorie du mobile)'나 '의
지의 범주(catégorie de la volonté)'에서 인식되어야 한다.[15] 요컨대 우
리가 '개인적인 동기'[16]를 정의하는 데 있어서 중국사상이 가지는
어려움은, 그것이 '존재'에 대하여 너무 쉽게 '개인횡단적(trans-
individuel)'인 사고를 할 수 있다는 데서 비롯된다. 그런데 동정심의
반응에서 살펴본 바와 같이, '나-주체'의 관점에서 시작하게 되면
'나'로부터 빠져나오기가 매우 어렵다는 것을 우리는 알고 있다. 반
대로 두 사람 간의 상호작용의 관점 —동정심의 반응을 더 쉽게 이해
할 수 있는— 에서 보게 되면, 내세(來世)와는 따로 존재하고 있는 현

세(現世)를 구체화하는 데 어려움이 생기게 된다. 이처럼 중국과 유럽의 두 시각은 각각 다른 곳에 초점을 맞추고 있다. 여기서 우리의 관심은 보편성이라는 종합점(synthèse)에 도달하기 위해 두 입장을 억지로 수렴시키는 데 있는 것이 아니라, 오히려 도덕에 대한 우리의 이해를 돕기 위하여 방법론상에서 드러나는 양자 간의 차이를 이용해보는 데 있다.

맹자는 '나-주체(moi-sujet)'라는 범주도 이용하지 않았으며 본성에 대한 신학적 존재론의 기준도 설정하지 않았기 때문에, '도덕의 보편성' 문제를 제기할 만한 상황에 있지 않았다. 그렇기 때문에 그는 계속해서 유추적으로 논리를 진행해나간다. "이렇게 사람에게는 시각이나 청각 차원에서 유사한 취향이 있는 것이다. 최고의 요리사가 만든 음식이나 유명한 음악가의 음악을 모두가 좋아하는 이유가 여기에 있다. 이와 마찬가지로 도덕심에 있어서도 사람들 간에는 닮은 점이 있는데, 옛 성현들이 이것을 먼저 발견하여 우리들에게 전해주고 있는 것이다."(고자, 上, 7) 이처럼 맹자는 단순하면서도 자연스러운 논리로 자신의 입장을 전개하고 있지만, 그의 비유는 우리를 놀라게 만든다. 맹자가 지적하기를 "마치 풀과 곡식을 먹고 자란 짐승의 고기가 나의 입맛에 잘 맞는 것처럼, 본성으로부터 흘러나온 도덕성[仁, 義]은 나의 마음을 만족시켜준다. 같은 이치로 누군가가 아무리 발의 크기를 알려주지 않고 짚신을 만들어 달라고 주문한다 하더라도, 최소한 나는 짚으로 바구니를 만들지는 않을 것이다. 그러므로 성현과 보통사람은 '동류(同類)'라고 감히 말할 수 있다. 우리들의 발이 닮은 것처럼 인간의 마음도 비슷한 것이다."

중국사상에서 인간의 본성은 어떠한 절대적 기준에 의해 정의되지 않는다. 그리고 도덕의식은 하나의 실체로서 어떠한 정신성에도 의거하지 않고 있다. 그렇기 때문에 맹자에게는 인간의 '도덕의식'을 동정심이나 수치심의 반응을 통하여 밝혀내는 것과 인간의 본성을 도덕성의 유일한 기초로 삼는 일이 더욱 중요했다.

3. 천(天)과 성(性) (본성은 타고나는 것)

맹자는 '전통'이라는 중요한 지원을 받고 있었다. 그가 당시의 여러 사상가들에 맞서 인간의 본성이 선(善)하다고 주장하는 데 있어서, 우주(宇宙)의 큰 흐름에 대한 긍정적인 인식이 그의 사유(思惟)의 배경으로 작용하였다. 춘추전국시대를 거치면서 중국사상은 크게 개화(開花)하고 있었으며, 지속적으로 발전하면서 성숙해갔다. 기원전 4세기에 맹자가 도덕을 정리한 것이 바로 그 결실이다.

도덕에 관한 문제에 있어서 공자(孔子)시대 이전까지는 '천도(天道)'라는 개념을 사용하고 있었는데, 그것은 어느 정도 종교적 의미를 내포하고 있었다. 당시에 '하늘'이 의미하는 바는 상고(上古)시대의 옥황상제(玉皇上帝)를 본뜬 인격신(dieu personnel)에 더 가깝다고 할 수 있다. 그리고 천명(天命)은 절대권자가 내린 명령으로 인식되었다[天道天命]. 그런데 중국의 '천도' 개념은 서양에서처럼 신학적 사고의 대상이 되기보다는, 점차 비인격화되면서 '발생 - 변화'라는 인식의 틀을 만들어내게 된다. 이렇게 하여 만물(萬物)을 천체의 운행과 계절의 변화에 따라 생성되고 거듭나는 것으로 보았다. 중국의 하늘은 종교적 숭배의 대상이 되기보다는 지속적인 '조화의 원리'와 같은 조정(régulation)의 관점에서 인식되었다. 왜냐하면 하늘은 결코 자신의 운행의 틀에서 벗어나지 않으며, 또한 이 운행은 힘이 다하여 중단되는 일 없이 쇄신을 거듭하기 때문이다. 나아가 '하늘'과 그 동반자인 '땅'은 한 쌍을 이루면서 두 가지 중심기능을 담당하게 된다[하늘은 모든 것을 주도하고, 땅은 그것을 실현한다: 양(陽)과 음(陰)의 기능]. 그러면서 이 두 축의 상호작용은 끊임없이 만물을 생성하며 동시에 현 세계의 운행을 촉진한다.[17]

이것을 유럽의 문화전통과 비교해보면 중국사상이 얼마나 독창적인지를 알 수 있게 된다. 중국사상은 이미 원시 수준의 우주론—종교의식의 첫번째 형태— 에서도 창조자로서의 신(神)을 가정하는 '신학적 존재론'의 형태로 결코 기울지 않았다. 오히려 중국사상은 원시적 우주론의 내용이었던 기능적인 사고를 발전시키면서, 주역(周易)이나 역경(易經)의 기초원리인 일관성과 연계성을 세련화시켜나갔다. 그렇다고 해서, 중국사상이 우주론(cosmologie) 수준에만 머물러 있었다고는 말할 수 없다(유럽에서 일반적으로 우주론은 정신성의 미(未)발달을 의미한다. 왜냐하면 우주론은 형이상학 —철학— 이전 단계이기 때문이다). 이와는 반대로 중국사상은 '조정된 과정(processus régulé)'이라는 관념의 틀을 형성하기 위하여 '화(化)'의 사상을 끊임없이 발전시켜나갔다. 중국사상은 이러한 기초 위에서 절대성을 파악하고 있다. 다시 말해, 중국의 하늘은 결코 자기 궤도에서 이탈하지 않으면서 현실세계를 생성·촉진시킨다. 그래서 하늘은 현실의 기초이자 도덕의 원천이 될 수 있는 것이다.

그런데 어떻게 인간이 감히 하늘과 어울릴 수 있다는 말인가? 공자(孔子)는 이 문제와 관련하여 소크라테스적인 입장을 취한다. 그는 세계의 흐름에 관하여 생각하기보다는 자신의 행실에 대해서 숙고하였다. 『논어』에 기록되어 있는 제자들과의 대화에서 공자(孔子)는 그들 자신 속에 이미 존재하는 '인(仁)'을 발견하게 하는 데 전념하고 있다. 동시에 그는 제자들에게 편파적이 되지 말고 균형적인 행실을 갖도록 고무하였다. 그 결과, 공자의 제자들은 일상생활 속에서 '인(仁)'의 전개를 통하여 절대성에 도달할 수 있었으며, 만물의 운행을 이해할 수 있었던 것이다. 공자는 자신을 가리키며 15세에 학문에 뜻을 두었고, 30세에 기초가 견고히 확립되었으며, 40세에는 사리판단에 흔들림이 없게 되었고, 50세에 하늘이 부여한 도리를 알게 되었다고 말하고 있다(『논어』, 위정, 4). 그런데 그의 한 제자가 말하기를 "선생님께서는 예(禮)를 완성해야 한다고는 자주 말씀하셨지만, 인간의 본성과 하늘의 도(道)에 대해서는 말씀이 없으셨다"고 하였다(『논어』, 공야장, 12). 그러나 논어의 주석자들이 일반적으로 지적하듯이, 공자는 사상적으로도 매우 어려운 주제인 인간의 본성과 하늘의 도(道)의 관계를 항상 함축적으로(implicitement) 설명하고 있다. 왜냐하면 그는 인간의 내면 깊은 곳에 존재하는 '인(仁)'을 찾아내어, 현실의 토대인 실재성의 원리에 인간을 연결시키고자 했기 때문이다. 공자는 제자들에게 균형 잡힌 생활을 하도록 고무하면서 '조정(régulation)'의 논리를 깨닫도록 권하였다. 그리고 그는 가장 정중한 자세로 하늘을 존중하였다. 그럼에도 불구하고,

공자는 군자의 경지에 이르러 하늘과 조화를 이룬 이후부터는 하늘과 거리를 두면서 하늘을 어려워하게 된다[畏天命].

인간의 본성에 대한 유가(儒家)의 입장은 크게 두 가지로 요약된다. 하나는 천명(天命)에서부터 인간의 본성을 생각하는 입장—이것은 『중용』과 『주역』에 나타나 있다—이다. 여기서 천명(天命)은 하늘이 절대자로서 인간에게 내리는 명령이 아니다. 그것은 현실이라는 큰 '과정' 속에서 지속적으로 나타나는 명령이며, 우리에게 하늘과 화합할 수 있는 길을 열어준다. 다시 말해, 하늘의 도[天道]는 우리 내부에 존재하는 것(immanent)이며, 우리는 본성이라는 권한을 부여받고 있는 것이다[天命之謂性]. 왜냐하면 인간의 본성(本性)은 '현실'이라고 하는 하나의 '대과정(大過程)'의 특별한 실현(actualisation)에 지나지 않기 때문이다[乾道變化, 各正性命]. 결국 인간은 본성을 통하여 자기 존재의 뿌리를 내리게 된다. 즉 현실이라는 대장정 속에서 우리의 본성은, 쉬지 않고 생(生)을 촉진하고 전개하는 것을 사명으로 삼게 되는 것이다.

또 다른 하나는 맹자의 입장이다. 맹자는 인간의 본성을 설명하기 위해 '하늘'에서 출발하지 않고, 인간의 '체험'과 그 체험이 밝혀줄 수 있는 것에서부터 시작한다. 왜냐하면 인간은 동정심과 수치심의 반응 깊은 곳에 자리잡고 있는 단(端)을 통하여, 무엇이 자신에게 주어진 천부적인 사명인지를 생생하게 느낄 수 있기 때문이다(그럴 수 없다면 최소한 그러한 것을 생각해볼 수는 있다). 이 본성이 우리 자신에게 (나와 타인 간의 이해관계의 차원을 뛰어넘어서) 존재의 '개인횡단성(transindividualité)'을 회복시켜주기 때문에, 우리는 단순한 감정의

반응만으로도 현실이라는 '대과정'으로서의 인간공동체 한가운데에
존재의 뿌리를 내리고 있다는 사실을 깨닫게 된다. 또한 동정심과
수치심의 반응은 어떠한 통제도 동반하지 않으면서 즉각적으로 나
타나는 것이기 때문에, 우리는 이 반응이 '자연발생적(spontané)'이라
는 사실을 부정할 수 없게 된다. 결국 이러한 반응은 도덕의식이 내
재적(immanent)이라는 사실을 보여주는 것이다. 다시 말해, 여기서
우리는 '도덕적 명령'으로서의 '타고난 본성'을 발견하게 될 뿐만
아니라 동정심이나 수치심의 반응을 통하여 현실이라는 '과정'의
근원이라고 할 수 있는 '천도(天道)'에까지 도달할 수 있게 된다.

제6장

인간은 선(善)한가, 악(惡)한가?

1. 선(善)·악(惡) 논쟁

칸트에 따르면, 인간이 본래 악(惡)하다는 생각은 (고대의 詩나 종교 교리의 내용을 통해 보면) 인류의 역사만큼이나 오래된 것이라고 한다.[18] 이와 반대되는 [인간이 선(善)하다는] 입장은 소수의 교육학자와 철학자들에 의해 제시되었다. 이들은 인간세계가 점차 긍정적인 방향으로 향상되고 발전되어왔으며, 인간의 본성 안에는 최소한 선해질 수 있는 소질이 있다고 보고 있다. 이것은 도덕주의자들이 경험적으로는 얻어낼 수 없는, 그야말로 대단히 '영웅적'인 입장이라고 할 수 있다. 왜냐하면 역사는 언제나 인간의 선한 면을 부인하여왔기 때문이다. 따라서 성선설(性善說)의 입장은 세네카 이후, 루소에 이르기까지 오직 하나의 호의적인 가정으로만 존재하고 있었다. 그것은 사실 우리 안에 잠재하고 있을지 모르는 선(善)의 싹을 지속적으로 자라게 해주기 위한 것이었다.

한편 우리는, 인간이 본래 선하지도 악하지도 않다고 보아 본성을 선(善)과 악(惡)으로 구분하는 이분법(二分法)적인 방법에 대해 의문을 제기할 수도 있다. 그래서 인간에게는 선한 면도 있고 악한 면도 있다고 가정할 수 있게 된다. 이러한 입장은 보다 덜 엄격하고 중도적인 것으로서 경험적인 차원에서 본성에 접근하는 것 같이 보이지만, 그것을 입증할 만한 증거는 찾을 수 없다. 칸트는 다음과 같이 말한다. 오로지 도덕법만이 '마땅히 그래야 하는 것처럼' 우리들의 의지를 결정하기 때문에, 도덕법 외부에 있는 모든 동기는 자체적으로 반(反)도덕적이며 필연적으로 나쁜 것이 된다. 이와 같이, 우리의 모든 의도는 결코 이해관계로부터 자유로워질 수 없는 것이다. 그런데 만일 부분적으로 인간에게 선한 면이 있다면, 그것은 인간이 자신의 준칙(maxime) 안에서 도덕법을 인정하기 때문이다. 그러나 도덕법은 보편성을 내포하고 있기 때문에, 도덕법에 부응하는 준칙이 개별성을 갖는다는 것은 모순이 된다. 따라서 인간은 선한 동시에 악할 수는 없는 것이다. 이제 우리는 어떠한 위험을 무릅쓰더라도 이 문제를 해결해야만 한다. 그렇지 않으면 우리의 도덕규범은 일관성을 상실하게 될 것이다. 그러면 이제부터 인간이 본래 선(善)한지 아니면 악(惡)한지에 대한 답을 찾아보기로 하자.

이와 같은 주제의 논의는 고대 중국에서도 있었다(기원전 4~3세기). 인간에게서 도덕적인 성향의 징표를 찾는 데 골몰했던 맹자에 이어, 몇 십 년 후에 한 반박자가 나와서 인간은 본래 악(惡)하다는 주장을 펴게 된다.[19] 그의 논박은 대단히 체계적으로 전개되었다. 전(前) 시대가 남긴 활발한 논쟁의 혜택을 받아, 이 반론은 논리적인 체계를 갖추면서 '철학'의 수준에까지 이르게 된다.

2. 순자(荀子)의 성악설(性惡說)

순자(荀子)는 인간의 본성은 악(惡)하다고 주장하였다. 인간은 태어나면서부터 당연히 자신의 이익을 추구하기 때문이다. 그래서 인간은 남을 시기하고 증오하게 되어 있다고 한다. 또한 인간의 본성은 욕구를 충족시키는 데 있기 때문에, 인간이 자신의 본성만을 따르게 되면 싸움과 약탈이 일어나 사회의 질서가 위협받게 된다고 한다. 그리고 순자는 맹자(孟子)가 인간의 본성이 선(善)하다고 생각했다면, 그것은 맹자가 선천적인 것과 후천적인 것을 명확히 구분하지 않았기 때문이라고 지적한다. 인간에게 그대로 주어진 것, 즉 학습이나 경험을 통하여 점진적으로 얻어질 수 없는 것이 바로 천부적인 성질[天性]이라는 것이다[天之就, 不可學, 不可事]. 감각기관의 기능이 그것의 좋은 예가 될 수 있다. 사람은 배우지 않고도 볼 수 있고 들을 수 있다. 이 능력은 관련된 감각기관과 결코 분리될 수 없다. 이렇게 천성(天性)은 배움을 통하여 이루어지는 것이 아니기 때문에 결코 잃어버릴 수 없는 것이다. 한편 후천성이란 타고난 본래의 상태에서 떨어져나오는 것을 의미하는데, 이러한 분리는 태어나면서부터 시작된다고 말할 수 있다[生而離其樸]. 이와 반대로 인간이 선하다는 맹자의 주장은 타고난 '본래 상태'에서 벗어나지 않은 채, 인간에게 장점을 찾아주자는 논리가 된다. 그런데 순자에 따르면 인간의 '본래 상태'와 인간의 '긍정적인 면'이 갖는 관계 —또는 인간의 마음과 도덕성의 관계— 는 감각기관인 눈과 눈이 볼 수 있는 능력의 관계 —또는 귀와 귀가 들을 수 있는 능력의 관계— 와는 달리 분리될 수도 있다는 것이다. 결국 오직 맹자의 경우에서만 '자극'의 효과에 의해 천성[그것이 선(善)하다면 도덕성]이 자연적으로 즉각 나타날 수 있게 된다[感而自然]. 그리고 이것만이 천성에 대한 유일한 정의가 될 수 있다.

순자에서는 인간이 본래 선하지 않기 때문에, 인간의 도덕심은 변형의 산물이며 인위적인 것[僞]이 된다. 즉 본능과는 달리 도덕성은 기술적인 창조에 의해서만 성립될 수 있는 것이다. 이와 함께 순자(荀子)는 도덕을 하나의 '도구'로 생각하기에 이른다. 그에게 도덕은 나무를 곧게 펴기 위해 동원되는 압력이나 무딘 쇠를 예리하게 만드는 숫돌과도 같은 것이다. 도덕이라는 도구는 선왕(先王)들에 의해 세워진 규범과 규칙들이다. 인간의 본성이 정직하지 못하고 사악하며 또한 이것이 안정보다는 무질서를 낳는 것을 보고, 선왕들은 인간의 비뚤어진 본성을 바로잡기 위해 도덕이라는 도구를 만들어내게 되었다. 그리고 그들은 생각을 거듭하여 만들어낸 도덕원리를 시행하게 되었던 것이다[積思慮習僞故]. 결국 이렇게 만들어진 도덕은 그것의 인위성 때문에 전적으로 인간 본성의 외부에 자리하게 된다. 마치 도기업자가 만든 기와가 도기업자의 본성과 무관하듯이 선왕(先王)들이 제정해 놓은 도덕규범 속에서 천부적인(inné) 측면은 전혀 찾아볼 수 없는 것이다.

한편 인간의 본성이 악(惡)하다는 것을 증명하기는 어렵지 않다. 그것은 군주가 행사하는 권력을 한번 정지시켜보고, 또한 모범이 되는 규범과 규칙, 범죄에 부과되는 징벌을 없애보는 것만으로 충분하다. 그럴 경우에 강자는 약자를 짓밟고 약탈을 일삼을 것이며, 다수가 소수를 억압하는 등 사회가 무정부상태에 빠지게 된다는 것을 쉽게 알 수 있다. 그리고 이러한 도구―도덕규범―가 이미 존재한다는 사실만으로도 우리는 역(逆)으로 도덕규범의 필요성을 충분히 입증할 수 있는 것이다. 나무를 펴기 위한 압력은 나무가 휘어져 있는 한에서만 그 힘을 발휘할 수 있다. 이와 마찬가지로 만일 도덕이라는 도구가 존재한다면 그것은 인간의 본성을 바로잡기 위해서 있는 것이므로, 결국 인간의 본성은 선하지 않다고 말할 수 있는 것이다. 게다가 도덕을 갈망한다는 사실 자체는 도덕성이 절대적으로 부족하다는 사실을 의미하고도 남는다 하겠다. 마른 사람이 살찐 사람을, 못난 사람이 잘생긴 사람을 동경하듯이 인간은 본래 도덕적이지 못하기 때문에 도덕을 갈망하게 되는 것이다. 이것은 부자(富者)가 부유함을 바라지 않으며, 귀족(貴族)이 작위를 필요로 하지 않는 것과도 같은 논리이다. 요컨대 인간은 자신이 충분히 소유하고 있는 것은 더 이상 구하려 하지 않는다. 따라서 만약 인간이 도덕적이 되기를 원한다면, 그것은 인간에게 본래 도덕심이 없기 때문이다. 결국 '도덕에 의한 인간 본성의 변형'이라는 논리만이 군자(君子)와 소인(小人) 간에 분명한 차이가 존재한다는 사실을 보여준다고 말할 수 있다. 따라서 우리가 선(善)에 도달할 수 있는 길이 있다면, 그것은 우리의 본성을 인위적으로 변화시키는 것이다. 그렇지 않고 본성에 따라서만 행동하게 된다면 인간은 항상 거친 상태에 남아 있게 된다. 이처럼 인간의 본성은 도덕적이지 않을 뿐만 아니라, 양자—도덕과 본성— 는 서로 양립할 수 없다는 것이 확인되었다.

3. 맹자(孟子)로의 회귀

일반적으로 순자(荀子)가 지적하고 있는 맹자(孟子)의 문제점은 그의 논리가 객관적 사실로서의 실제 경험과 조화를 이루지 못하고 있다는 것이다[有辨合, 有符驗]. 방법론적인 차원에서 순자는 다음과 같이 말하고 있다. "우리가 어떤 주장을 내세우려면, 그것이 현실적으로 입증되어야만 한다." 따라서 우리가 인간 본성의 흐름에 관하여 얘기할 때에도, 그것이 인간의 수준에서 파악되는 경우에만 타당한 것이다. 왜냐하면 오직 이러한 조건하에서만 이론은 성립될 수 있으며 또한 현실에 적용될 수 있기 때문이다. 순자에 따르면, 성선설(性善說)은 이들 중 어느 요건도 충족시키지 못하기 때문에 실제 사실을 검증하기란 매우 어렵다는 것이다. 그런데 만일 우리가 검증을 해본다면 과연 어떠한 검증을 해야 하는 것일까? 그리고 '사실(fait)'이란 정확히 무엇을 의미하는 것일까? 혹시 순자가 제시한 경험론적인 시각은 그것이 논리적임에도 불구하고 인간의 경험 자체를 자연스럽지 않게 만들고 있으며, 또한 순자 자신을 자승자

박하는 것은 아닐까? 사실 순자는 중국역사상 처음으로 '과학적 방법'의 범주를 직감하고 있었던 사람이었다. 이러한 그의 직감이 과연 도덕문제에도 적용될 수 있는지 살펴보기로 하자.

현실주의의 이름으로 가해진, 맹자에 대한 순자의 비판이 맹자에게는 별로 큰 타격이 되지 않는다는 것을 보여주기는 어렵지 않다(그렇다고 해서 순자를 이상주의자라고 보아서는 안 된다). 결국 우리는 순자가 자신의 이론을 전개하면서 자기도 모르게 맹자의 입장으로 되돌아가는 것을 느낄 수 있다. 나아가 그는 처음의 입장을 부정하기에까지 이르게 된다. 그것은 무엇보다도 순자가 도덕성의 개념을 너무 협소하게 잡고 출발하였기 때문이다. 순자에게 선(善)이란 사회적 차원의 공공선(公共善)이나 정리된 질서 정도였기 때문에 의식[心]의 개념이 나타날 자리가 없었다. 따라서 그는 계속해서 기술적인 유추(analogie)를 반복해야만 했으며, 그 속에 스스로를 가둬버린다. 그리고 종국에 가서는 이 기술적인 유추 자체가 자신의 유일한 논거(argument)가 되고 만다. 가령 도덕은 맷돌이나 기계의 고정판과 같으며, 그것이 만들어낸 결과는 도기업자가 만든 기와가 그러하듯이 항상 인간의 외부에 있게 되는 것이다. 그런데 맹자도 도덕의 공공(公共)적인 차원을 생각하고 있었으며 나아가 그것의 물적 조건까지도 강조하고 있었다. "만일 백성들이 너무 가난하여 삶의 유지도 어려운 상황이라면 어떻게 도덕에 대해 생각해볼 여유가 있겠느냐"며 맹자는 조금도 주저함이 없이 제후에게 말하고 있다(양혜왕, 上, 7). 그럼에도 불구하고, 맹자에서는 도덕의 사회적 차원이 개인적 차원을 배제하지 않는다[仁義, 禮義]. 따라서 '경험'만을 유일한 '객관성'으로 보는 것은 잘못이라고 할 수 있다. 요컨대 도덕이란 무엇보다도 의식(意識)의 '내적 현상'이며, 사회의 정돈된 질서는 도덕의 '연장선'에서 인식되어야 한다.

맹자에 대한 순자의 반박은 너무도 축약되어 있으며 단순하다. 그는 맹자가 인간에게 '천부적'으로 부여된 것과 배워서 취득할 수 있는 '후천적'인 것을 명확히 구분하지 않았다고 지적하였다. 왜냐하면 선천적으로 타고난 것으로부터는 그것의 성질상 어떠한 향상이나 발전을 기대할 수 없기 때문이다. 그런데 맹자는 인간의 자아형성이나 자기 노력의 중요성에 대한 의문을 제기하지 않으면서, 인간에게 도덕성의 향상이 가능하다는 것을 설명하고자 하였다. 이것은 선천적인 것과 후천적인 것 사이에 존재하는 모순을 줄이기 위해, 양자를 연결시켜줄 수 있는 잠재적인 도덕적 단초를 끌어들임으로써 가능하게 된다. 예를 들어 동정심과 수치심의 반응이 보여주는 도덕성의 단초는 자연발생적인 것으로서 인간이 천부적으로 타고난 것이지만, 도덕성이 우리의 모든 행실에 확대되기 위해서는 노력을 통해 이러한 단초를 전개시켜나가야 한다는 것이다. 다시 말해, 선(善)은 오직 하나의 소질(prédisposition)로서 타고난 것이기 때문에 그것이 아무리 천부적인 것일지라도 단지 잠재적으로만 존재하는 것이다.

그렇지 않다면 모든 사람들이 도덕성에 도달할 수 있다고 생각할 수 있을 것이다. 그 증거로서 순자는 자신의 입장에도 불구하고, 인간이 본래 가진 능력을 거론하게 된다. 어떻게 거리의 걸인(乞人)이 덕행의 표본이 될 수 있느냐는 질문에 순자는 다음과 같이 대답한

다. 도덕성에는 그 자체의 논리가 있는 한편, 모든 사람에게는 도덕
성을 이해하고 실천할 수 있는 능력이 있다는 것이다. 만일 인간이
본래 이러한 능력을 가지고 있지 않다면, 부모에 대한 효성과 군주
에 대한 충성과 같은 가장 근본적인 인간의 도리까지도 무시되어야
만 하기 때문이다. 그런데 인간이 이러한 도리를 깨닫고 있다는 것
은 그 자신에게 이러한 소질이 내재되어 있음을 의미한다. 맹자를
반박했던 순자 역시, 결국에는 도덕심의 천부성을 가정하기에 이른
다. 이와 동시에 순자는 '잠재성' ―도덕의 단초― 의 개념까지도 받
아들이게 된다. 그리고 그는 원칙적 가능성(可以)과 실제적 가능성
(可使)을 구분해야 한다고 주장한다. 즉 인간은 모두 도덕적이 될 수
있지만, 그렇다고 모든 사람이 도덕성을 실천하지는 않는다는 것이
다. 원칙적으로는 마치 우리가 직업을 바꿀 수 있는 것처럼 모든 사
람이 군자가 될 수 있다(물론 그 반대도 성립된다). 그러나 실제로는
꼭 그렇게 되지만은 않는다고 한다. 맹자라면 이에 대해 다음과 같
이 말할 것이다. 인간은 모두 타고난 능력을 가지고 있지만, 소수의
몇 사람만이 이 능력을 효과적으로 발휘할 수 있다.

　맹자에 대한 순자의 비판이 점점 빗나가게 되어 자신이 목표했던
바에 도달하지 못한 것은 어떻게 보면 당연하다고도 할 수 있다. 순
자는 선(善)의 개념을 공공선(公共善)으로 엄격하게 정의하고 논의를
시작하였다. 그러나 그는 불쑥 '내적인 도덕성[仁]'의 개념을 끌어들
이게 된다. 과연 이 '내적인 도덕성'은 도덕 논의에 있어서 불가피
한 개념인 것일까? 그런데 순자는 논리적인 한계에 부딪히게 되면
서부터 인간의 본래 성향은 참으로 흉측한 것이라고 단정짓는다.

그러면서 오직 군자만이 그렇지 않다고 말한다. 군자는 '예외적으로' 선(善)을 가지고 태어난 사람이라는 것이다. 그렇다면 원칙적으로 제기된 인간 본성의 보편성은 어떻게 되는 것일까? 여기에서 순자는 한 발 뒤로 물러서고 있다. 아무리 군자가 선천적으로 선(善) —도덕성— 을 타고난 사람이라 하더라도, 그 역시 본보기가 될 만한 스승을 찾아야 하며 귀감이 될 만한 친구도 있어야 한다는 것이다. 그런데 이것은 바로 맹자의 입장과 정확히 일치한다. 모범이 되는 스승이나 주변에 있는 덕(德) 있는 사람들이야말로 우리 마음속에 잠재하고 있는 도덕성을 개발하는 데 있어서 많은 도움을 줄 수 있는 자들이다. 그럼에도 불구하고, 우리는 도덕성에 있어서 우리가 본래 가지고 있는 '소질'을 인정해야만 하는 것이다.

4. 순자(荀子)와 홉스(Hobbes)

인간은 본래 악(惡)하다고 보는 입장은 이렇게 해서 꺾이고 말았다. 처음에 제기된 가설은 이제 잊혀질 정도가 되었다. 순자(荀子)는 변증법적인 새로운 기술을 사용하였으며, 즉각적(immédiat)인 것이나 자연발생성(spontanéité)의 차원을 설명하기 위해서 여러 가지 가공된 개념을 사용할 정도였다. 그럼에도 불구하고, 맹자의 입장은 전혀 손상받지 않았다. 이러한 순자의 실패는 필자에게 매우 중요한 의미를 갖는다. 왜냐하면 맹자에 대한 순자의 반박은 이념적인 수준을 뛰어넘는 것이었기 때문이다. 결국 그것은 우리들에게 왜 도덕의 사회적 유용성이 정당화될 수 없는가를 가르쳐준다(이것은 논리적인 차원에서도 밝혀졌다). 다시 말해, 도덕성을 설명하는 데 있어서 왜 '실정주의(實定主義)'가 실패할 수밖에 없는지를 설명해주기 때문이다[여기서 '실정성(實定性)'은 필요에 의해 설정된 것을 의미하며, 그것은 어떤 의미에서 '자연성(自然性)'에 대립된다]. 이것은 결국 '도덕'과 '법'을 구분하는 문제로 귀착된다고 말할 수 있다.

이에 대해서는 우리의 논의를 확대할 가치가 충분히 있다고 본다. 맹자는 타인의 비참함 앞에서 즉각적으로 나타나는 반응에 의거하여 도덕의 기초를 세워보고자 했다. 루소는 『두번째 담론(le second Discours)』에서 홉스(Hobbes)가 동정심에 중요성을 부여하지 않은 것에 대하여 비판하였다("다른 사람이 고통스러워하는 모습을 혐오하는 타고난 심성"). 결국 맹자를 반박한 순자와 루소가 반박한 홉스 사이에는 유사성이 존재한다고 볼 수 있다. 두 사람은 모두 경험적인 측면에 초점을 두면서, 자신들의 논리에 확신을 가지고 있었다. 그들은 인간의 내면에는 정신성이라든가 타고난 올바른 이성(홉스의 경우) 또는 도덕심(순자의 경우) 따위는 존재하지 않는다고 보았다. 따라서 순자와 홉스는 인간의 욕구(desir)에서 출발하여 본성을 정의하게 된다. 이렇게 하여 그들은 순수한 '자연상태[先而己, 'etat de nature]'의 차원에 합류한다. 실제로 서양사상에서 홉스의 독창성은 사회생활 자체가 인간 본성의 일부라고 믿고 있었던 전통 — (인간은 사회적 동물이라는) 아리스토텔레스의 입장 — 으로부터 벗어난 데 있다. 홉스는 다음과 같이 말한다. "인간은 무엇보다도 욕구로 이루어져 있다. 그리고 인간의 욕구는 동일한 대상을 목표로 하고 있기 때문에, 인간은 자

연히 '만인에 대한 만인의 투쟁' 상태로 가게 되어 있다." 다시 말해
서, 인간에게서 화목한 사회 생활을 할 수 있는 성향을 찾아보기는
어려우며 오히려 전쟁이 바로 인간 본래의 상태라는 것이다. 이것은
결국, 우리가 이미 살펴본 순자의 입장―인간의 욕구는 자연히 인간들
간의 경쟁과 무정부상태를 만들어낸다― 과 같다는 것을 알 수 있다. 이
렇게 두 사람은 '경험'의 차원에서 출발하여 같은 논리를 만들어내
었으며 또한 인간의 '감정'에 대한 분석을 통하여 동일한 결론에 도
달하게 되었다. 만일 정치권력이나 규범에 의한 사회 통제가 일시에
멈춘다면, 즉시 폭력이 난무할 것이라고 순자는 말한다. 또한 홉스
는 다음과 같이 지적하고 있다. 법이 존재함에도 불구하고 사람들은
자기 집의 문을 철저히 잠그면서 타인으로부터 자신을 보호하려고
하는데, 법이 없어진다면 사회가 어떻게 될지는 쉽게 짐작할 수 있
는 것이다(Hobbes, *Leviathan*, 13 참조).

　사실, 순자와 홉스가 타고난 거친 상태로부터 벗어날 수 있는 힘
을 인간의 고유한 능력으로 인식한 점은 논리에서 벗어나지는 않는
다. 이처럼 인간은 자신이 가지고 있는 소재(matière)를 변형시켜 하
나의 작품을 만들 수 있는 공예가가 되는 것이다. 다시 말해, 인간은
자연상태를 떠남으로써 사회적인 '인(仁)'―이것은 인위적으로 만들어
지는 것이다― 을 갖게 된다. 두 사람은 이것을 같은 방법으로 정당
화하고 있다. 사회에 의해 만들어진 '규범'의 영향을 받아야만 인간
은 본래 타고난 혼란의 상태에서 벗어날 수 있는 것이다.

　여기서 순자의 논리에 하나의 중요한 문제가 제기될 수 있다. 만
일 인간의 본성이 악(惡)하다면, 옛날의 현제(賢帝)들은 어디로부터

도덕성을 얻을 수 있었을까? 이 점에 대하여 순자는 아주 간단명료하게 답한다. 지혜를 축적하여 도덕원리를 만들어냈다는 것이다. 그렇다면 그들은 (마음속으로 도덕의 필요성을 확인해보지 않은 한, 즉 타고난 도덕적 성향이 없는 한) 어떻게 하여 도덕적 해결이라는 생각을 가질 수 있게 되었으며, 또한 무슨 명목으로 백성들에게 도덕규범을 부과하였는가 하는 문제가 제기된다. 이와는 달리, 홉스는 자연상태로부터 벗어나야 하는 필요성을 구체적으로 설명하고 있다. 그것은 바로 '만인에 대한 만인의 투쟁'이라는 상태를 상상해보면 느낄 수 있는, 지극히 자연스러운 감정인 두려움 때문이다. 이 두려움이 바로 인간으로 하여금 자신의 기본적 권리를 단념하고, 그것을 군주나 의회에 양도하게 하는 요인으로 작용한다. 그리고 이것은 합리적인 계산에 의해 이루어진다. 다시 말해, 권리의 위임은 자신의 생명을 위태롭게 할 수 있는 폭력에 대한 두려움 때문이다. 결국 인간은 사회라는 틀 속에서 자신의 안전보장을 위해 공권력(公權力)에 복종하게 된다. 다만 한 가지 조건이 있다면, 모든 사회집단들 간의 합의가 있어야만 한다. 이것이 바로 홉스에게서 시민상태를 성립시키는 '계약(pacte 또는 contrat)'인 것이다. 그러나 순자에게는 이러한 논리가 전혀 발견되지 않는다. 필자가 보기에는 이러한 사회계약적 사고의 부재(不在)가 순자사상의 실패원인인 것 같다. 이렇게 하여 맹자에 대한 그의 비판은 빗나가고 만다.

홉스의 사상은 (사회적 동의에 따라 자유를 제한시키면서) '사회계약'을 통하여 '법(法)'을 생각하게 해주었고, 또한 이 '계약'을 사회생활의 기초조건으로 인식하게 하였다. 따라서 '계약'은 그 자체로서 정당한 것이며, 그 덕분에 조정자 격인 '국가(國家)'라는 기관이 '법(法)'에 근거하여 성립하게 된다. 그러나 순자는 도덕이라는 범주에서 벗어나지 못하였다. 다시 말해, 맹자에 대한 그의 반박은 '법사상'이나 '권리 이론'으로 발전하지 못하였다. 그렇다고 해서 순자가 어떠한 새로운 독창적인 시각에서 도덕문제를 다룬 것도 아니다. 결국 순자는 아무것도 구축하지 못한 채, 맹자의 논리로 돌아올 수밖에 없었다. 요컨대 순자의 맹자 비판은 법(法)적이고 정치(政治)적인 차원으로 진행하지 못하였기 때문에 합법적인 공공기관을 설립하기 위한 정당한 토대를 만들어낼 수 없었던 것이다.

그런데 중국문명은 항상 이러한 문제를 안고 있었던 것 같다. 중국에서 정치권력은 단순히 도덕의 연장으로 인식되었거나[예(禮)를 중시하는 유가(儒家)의 입장] 그렇지 않으면 도덕과 완전히 대치하곤 하였다[중국적 전체주의라고 할 수 있는 법가(法家)의 입장]. 사실 순자는 이렇게 상반되는 두 입장을 종합해보려고 하였는데, 바로 이러한 의도가 그의 이론이 실패하게 되는 원인이 되었다고 볼 수 있다. 중국문명에는 도덕이라는 '자연성(自然性)'—중국사상이 크게 발전시킨—과 시민사회라는 '제도(制度)'—사회계약이나 법에 의거하는— 간의 보완이 부족하다(이것은 현대중국에서도 변함이 없다). 루소는 이 두 영역이 동시에 유지되도록 하는 데 있어서 서양문명에 크게 기여하였다. 요컨대 둘 사이의 보완이 이루어지지 않으면 권력은 정치제도의 공백을 이용하여 타락할 수 있으며 또한 법에 의한 권력통제도 불가능하게 된다.

제7장

잃어버린 본성(本性)을 찾아서

1. 본성(本性)을 잃어버리다

인간의 본성이 선(善)하다고 단정짓게 되면, 본성은 악(惡)하다는 논리에서도 그만큼 벗어나기 어려워진다. 왜냐하면 그것은 확실한 사실이기보다는 하나의 가설이기 때문이다. 하나의 행위에 대하여 그것이 절대적으로 선하다고 단언하기는 어려운 —칸트는 불가능하다고 한다— 반면에 그것이 악하다고 말하기는 쉽다. 따라서 도덕에 대한 현실적인 —순수한 유용성 차원의— 정당화에만 집착하지 않기 위해서 인간은 본래 선하다고 주장한다면, 어떻게 인간이 타락하지 않으며 사악해지지 않을 수 있는가를 설명할 수 있어야 한다. 이 질문에 대한 답은 널리 알려져 있다. 만일 인간이 사악해졌다면, 그가 자신의 본성에서 벗어나 그것을 잃어버렸기 때문이라는 것이다. 이것이 바로 아담의 이야기에 집착하였던 기독교적인 답이다. 파스칼의 '신(Dieu)'은 다음과 같이 말한다(Pascal, *Pensées*, Brunschvicg, 430). "너는 더이상 내가 너를 만들었을 때의 네가 아니다. 나는 인간을 '성스럽고, 악의 없고, 완벽하게' 창조하였다. 그러나 인간은 자만하여 나로부터 벗어나고자 했으며, 그때부터 나는 인간을 버리게 되었다." 이후 인간은 '두 가지 본성'을 가지게 된다. 하나는 신(神)으로부터 부여받은 것으로서 '위대함'의 근원인데, 그 덕분에 인간은 아직도 선을 추구할 수 있다. 다른 하나는 인간의 타락에서 비롯된 것으로, 이것은 '인간 비참'의 근원이며 인간을 악으로 유혹한다. 결국 이러한 이중적인 측면은 인간에 내재하는 '엄청난 모순'을 설명해주는 것이다.

  아무리 칸트가 '단순한 이성의 범위' 내에서 종교를 생각해보려고 하였더라도, 그도 역시 종교적 해결책을 따를 수밖에 없었다. 다시 말해, 인간에게 존재하는 악의 근원에 대하여 '납득할 만한 원인'을 찾지 못했기 때문에 칸트는 성경(聖經) 구절에 다시 신세를 질 수밖에 없었다.[20] 악으로 기울어지기 이전에 인간은 죄 없는 상태에 있었다. 그런데 감각적인 충동을 그대로 내버려둔 채, 법에 의거하는 사회에 한번 발을 내딛으면 인간은 범죄를 저지르게 된다. 인간의 타락(혹은 인간성의 실추)은 바로 이렇게 시작된다. 그런데 인간은 타락하면서도 마음속에는 선한 의지를 지니고 있다. 루소는 그의 시대에 주류를 이루고 있었던 '원죄론(原罪論)'에 대한 비판에 동의하면서도 원죄론의 도식에서 벗어나지 못하였다. 그렇지만 그는 이것을 세속화함으로써 사회적 진화에 따르는 두 가지 인간 본성을 상정하게 된다. 그리고 엄밀히 말해, 인간의 추락은 사회의 출현에 기인한다고 보았다. 루소에게 최초의 인간은 죄가 없었다. 왜냐하면 당시의 사람들은 평등하고 자유롭게 살고 있었기 때문이다. 이후 이성(raison)이라는 것을 만들어내면서 인간은 스스로를 손상시키게 되었다. 인간은 사회적이 되면서 사악해졌다(Rousseau, D.O., p.50). 루소에 따르면, 인간은 본래 선하며 지금도 그러하다. 그러나 사회가 인간을 타락시키고 있다. 악(惡)의 원천은 사회가 만들어낸 편견과 선입관인 것이다(Rousseau, E., p.281).

이 문제에 있어서는 맹자에게도 별다른 해법이 없었다. 이미 우리는 순자가 인간의 본성이 본래 악하다는 것을 증명하기 위하여 인간은 도덕적으로 서로 다르며, 도덕규범을 통하여 거친 본성은 변화될 수 있다고 주장했던 것을 기억한다. 그런데 맹자는 이와는 정반대의 입장을 가지고 있었다. 맹자는 인간이 선함을 포기할 수 있고 또한 선하게 행동하지 않을 수 있다는 것을 설명하기 위해, 인간은 본성을 상실할 수도 있다고 말한다. 오로지 군자(君子)만이 자신이 타고난 본성에 완벽히 일치하는 행실을 가질 수 있다(진심, 下, 33). 그래서 본성을 잃어버린다는 것은 충분히 있을 수 있는 일이다. 왜냐하면 그것은 다름 아닌 본래의 마음[本心]을 상실하는 것뿐이기 때문이다[맹자에서 '마음'은 인간의 '인(仁)'의 기초인데, 그것을 우리는 어린 시절부터 내면 깊숙이 간직하고 있다: 고자, 上, 10, 이루, 下, 12]. 따라서 도덕성이란 크게 어려운 것이 아니며 어떠한 특별한 능력을 요구하지도 않는다. 그것은 매우 간단한 것이다. 그러면서도 도덕성은 인간을 회복시킬 수 있는 엄청난 것이다. 결국 우리가 도덕적이 되기 위해서는 잃어버린 마음을 되찾아야 한다(생각하는 것은 심장의 기능이다. 고자, 上, 13, 15, 17). 인간에게 잘못이 있다면 단지 자신에게 이러한 마음이 존재한다는 것을 모른 채 자주 그것을 방치해두는 것이다. "사람들은 보통 자기가 기르는 닭이나 개를 잃어버리게 되면 그것을 찾아 나서지만, 자신의 마음을 잃어버리고 나서는 그런 줄조차 모르고 그것을 되찾으려 하지 않는다"고 맹자는 말한다(고자, 上, 11, 12). 우리가 배워야 하고 실천해야 하는 '도(道)' 역시 다른 것이 아니라 '잃어버린 마음'을 찾아나서는 것이다.

맹자는 다른 장에서도 다음과 같이 지적하고 있다. " '도'를 실제로 행하고 습관적으로 따르면서도 그것이 무엇인지 잘 모르는 것, 또한 한평생 '도'에 의거하여 살아왔음에도 불구하고 '도'를 명확히 이해하지 못하는 것보다 더 답답한 일은 없다."(진심, 上, 5) 요컨대 우리 주변에 가까이 있으며 우리에게 익숙한 것을, 의식을 가지고 실천하는 것만큼 어려운 일은 없다고 할 수 있다. 그러나 '도'를 단순히 하나의 대상으로 삼는 것은 잘못이다. 이 논리는 인간의 마음을 이끄는 '도' —도덕— 에 있어서도 마찬가지이다. 즉 도덕은 우리 마음속에 내재하는 본성을 통해서 성취될 수 있는 것이다.

2. 되찾은 본성(本性)

도덕에 대한 맹자의 입장은 루소와 칸트의 입장과 맥을 같이한다. 그러나 그것의 존재적 의미(signification existentielle)는 서양 계몽사상가들의 것과는 다르며, 이 차이점은 매우 중요한 의미를 갖는다고 할 수 있다. 맹자에서의 '본성 상실'은 성경에 나오는 최초의 인간에게서 비롯된 원죄(原罪)라는 공통된 '인간 조건'이 아니다. 그것은 예정된 것이 아니라 인간 개개인의 자세에 달려 있는 것이다. 또한 본성의 상실은 순간적인 것이지 결코 영구적인 것이 아니다. 본성은 개인의 노력에 의해 회복될 수 있는 것이다. 그러나 본성의 '상실'은 우리를 항상 위협하고 있다. 물론 칸트에서도 아담이 저지른 죄는 더 이상 우리에게 영원한 부담을 주는 '타고난 오점'이 아니라 우리가 일상적으로 자주 반복하는 행위에 지니지 않는다. 리쾨르(Ricoeur)가 지적하듯이, 인간은 아담'이어서'가 아니라 아담'처럼' 죄를 짓는다. 아담의 이야기는 우리에게 단지 '마치 그처럼'의 의미를 보여주는 것뿐인데, 이것을 잘못 이해하게 되면 우리는 '무고한 상태'에서 '원죄 상태'로 의식을 전환하여야만 한다.[21] 그런데 서양적인 사고에서는 '상실'이나 '추락'과 같은 표현을 쓴다 하더라도, '신화적(神話的) 차원'은 항상 유지되는 것이며 결코 '철학'에 의해 이 영역이 침해되는 것을 의미하지는 않는다. 이와는 달리 맹자에서의 '본성 상실'은 신화적인 기초를 가지고 있지 않다. 따라서 그것은 어떠한 설화의 소재가 될 수 없다. 또한 아무리 '본성 상실'의 이전 상태와 이후 상태를 구별하기 위해 최소한의 설화가 존재한다 하더라도, 그것은 결코 신화적 성격을 띠지는 않는다. 그렇지만 사람들을 이해시킨다는 것은 결코 쉬운 일이 아니기 때문에, 맹자의 설명은 유추(analogie)적인 설화의 성격을 띠면서 전개되고 있다.

"옛날에 우산(牛山)에는 나무들이 많이 있었다. 그런데 산 근처에

마을이 가까이 있었기 때문에 마을 사람들이 와서 나무를 남벌하여
갔고, 아름다운 산림은 사라지게 되었다. 하지만 나무의 생장력과
비와 이슬 덕분에 싹이 다시 나고, 잎이 자라게 되었다. 그러나 이
번에는 소와 양이 이것을 모두 짓밟고 뜯어먹었다. 그래서 다시 민
둥산이 되어버렸다. 사람들은 벌거벗은 산을 보고, 과거에 이 산에
산림이 우거졌을 것이라고 생각하지 않는다. 그런데 지금 나무가
없는 상태를 어떻게 이 산의 본래 상태라고 말할 수 있겠는가?"(고
자, 上, 8) 이 이야기가 주는 교훈은 아주 간단하다. 인간은 본래 도
덕심을 가지고 있다. 그러나 산림이 사라진 것처럼, 외부의 영향으
로 인해 도덕심을 상실할 수 있다는 것이다. 이 비유가 의미하는 바
는 여기서 그치지 않는다. 좀더 자세히 관찰해보면, 우리는 맹자가
무엇에 주의를 기울이고 있는지 알 수 있게 된다. 맹자의 비유는 우
리가 매일매일의 생활—존재양식의 차원—에서 본성을 잃어버리고
있다는 사실을 깨닫게 해준다. 나무의 진이 가지의 끝까지 순환을
계속하여 나무를 재생시키는 것과 마찬가지로 우리가 새벽의 적막
함 속에 잠에서 깨어나 이러한 생생한 유입(influx)을 통하여 마음이
정화되어 그 효과가 나타나게 되면, 우리의 본성은 (타인이 남이 아니
라 나와 다를 바 없다는 의식을 갖게 하는) 인간 사회공동체로 한 발 가
까이 다가서게 된다. 우리는 밤부터 아침까지 휴식을 취하면서 어
제의 고민과 걱정으로부터 벗어날 수 있고, 아직 내일의 일이 시작
되지 않은 상태에서 의식을 잘 가다듬을 수 있게 된다. 이러한 휴식
을 통하여 인간의 도덕적인 성향은 회복될 수 있는 것이대우리는
여기서 다시 한번 동정심과 수치심의 반응에서 보았던 단(端)의 의미를 발

견하게 된다]. 그러나 도덕적 성향은 새싹처럼 불안정한 상태에서 간신히 재현될 뿐이다. 하루의 일을 시작하게 되면서 그것은 또 다시 억눌리게 되기 때문이다. 이렇게 억눌리게 되면, 도덕적 성향은 휴식을 통해 얻어낸 교정효과의 도움을 받을 수 없게 된다. 게다가 이해관계가 얽혀 있는 일상생활은 우리로 하여금 본성에 부합하는 행실을 하기 어렵게 만든다.

앞에 소개된 내용은 우리에게 루소를 상기시킨다. 왜냐하면 원시상태에 투사된 공상적인 이론의 재구성에도 불구하고, 루소의 시각은 현상학(現象學)적인 직관에 더 가까우며 또한 인간 '의식(conscience)'의 연약함을 잘 인식하고 있기 때문이다. 루소는 경험의 중요성도 알고 있었다. " '의식'은 매우 조심스러우며 은둔과 평온함을 선호한다. 편협한 논리는 '의식'의 소리를 억누르며, 결코 우리가 그것을 듣게 내버려두지 않는다. 이렇게 '의식'은 거부되어 결국 꺾이고 만다. 따라서 '의식'은 우리에게 더 이상 말하지 않으며 대답도 하지 않는다. 그런데 '의식'에 대한 무시가 오랫동안 지속된 후에 그것을 다시 찾으려면, '의식'을 소외시킨 만큼의 대가가 요구된다."(Rousseau, E., p.355) 이처럼 맹자와 루소는 '의식'에 관하여 유사한 입장을 가지고 있다. 루소는 '의식'을 서양의 기독교전통인 신(神)과 양치기의 '목소리(voix)'에 연결시키고 있으며, 맹자는 중국 농경사회를 상징하는 생장하는 '식물'을 통하여 설명하고 있다. 한편 중국사상의 중심주제인 도(道) ─따라야 하는 길─ 와 관련하여 제기된 개념인 '장애'는 결국 의사방해(obstruction)를 뜻한다. 이것은 길을 뒤덮은 잡초가 통행을 막고 있는 것과 같은 의미를 갖는다. 만일 사람들이 그 길을 자주 이용하기만 한다면 산골의 조그마한 길도 쉽게 다닐 수 있지만, 잠시라도 다니지 않게 되면 잡초가 생겨 길은 막히게 되는 것이다. "지금 잡초가 당신의 마음을 막고 있다"가 바로 고자(告子)에 대한 맹자의 결론이다(진심, 下, 21).

3. 자명한 도덕성

서양의 기독교전통에서 보면 인간의 본성은 두 가지로 나뉜다. 하나는 '천부적인 본성'이고 다른 하나는 본성 상실 이후의 '타락한 본성'이다. 그런데 인간은 스스로의 힘만으로는 결코 본래의 상태로 돌아갈 수 없다고 한다. 아담의 실수를 회복하기 위해서 인간은 예수 그리스도의 중재가 절대적으로 필요하다. 이와는 반대로 맹자에서의 인간은 그 자신이 선(善)한 본성을 항상 지니고 있다. 인간은 다만 자신의 본성을 따르든가 아니면 그것을 잃어버리는 것이다(『중용』, 1 참조). 후자의 경우, 즉 우리가 도덕적으로 행동하지 않는 것은 결과적으로 자신에게 폭력을 행하는 것이며 또한 자기 자신을 저버리는 것이 된다(이루, 上, 10). 그리고 본성을 되찾는 것도 자신의 의지에 달려 있다. 결국 본성을 지키는 일은 항상 자신의 소관이며, 종교적 구원과는 전혀 다른 차원의 문제이다.

맹자는 이어서 다음과 같이 말한다. "사람들은 행해야 할 도(道)를 먼 곳에서 찾고 있다. 그러나 그것은 아주 가까운 곳에 있다. 그리고 우리가 해야 하는 일도 매우 쉬운 것인데 그것을 어렵게만 생각하고 있다."(이루, 上, 11)* "본성에 대하여 우리가 저지르는 실수는 무리하게 그것을 강요하는 데 있다."(이루, 下, 26) "무엇인가 숨겨져 있는 것을 찾으려고 비현실적인 것에 호소해서는 안 된다."(『중용』, 11 참조) 다시 말해 어떠한 계시(啓示)나 신(神)의 구원을 기다려서는 안 되며 오로지 자신의 능력을 최대한으로 전개해야 한다. 결국 우리가 본성을 상실하지 않으려면, 의식을 잃지 않으면서 그것을 유지하기만 하면 된다. 또한 맹자가 간략하게 지적하듯이 군자와 군자가 아닌 사람의 차이는 단지 자신의 마음 —의식— 을 보존하느냐 보존하지 못하느냐의 차이일 뿐이다[以其存心: 이루, 下, 29]. 그렇기 때문에 맹자는 '인식 차원'에서의 의식 —지(知)의 의미, Bewusstsein— 과 '도덕적' 의식 —루소의 개념, Gewissen— 을 구분하지 않고 있다. 왜냐하면 '나'는 '나 자신'이 도덕적이라는 사실을 반드시 인식하여야만 하기 때문이다. 즉 '나'의 의식이 존재하도록 해야만 한다. 요컨대 자신의 본성을 되찾음과 동시에 그 본성의 임무가 무엇인지를 알아야 하는 것이다.

따라서 맹자의 도덕은 규제적(préscriptif)이지 않다. 그것은 규율이나 계명(誡命)의 성격을 띠고 있지 않으며 일반적인 상식 수준을 벗어나지도 않는다. 만일 우리가 무엇인가를 해서는 안 된다는 것을 정

---

* 중국의 전략론에도 이와 같은 논리가 나타나고 있다(『손자병법』, 4장). 유능한 전략가는 항상 쉽게 작전을 전개한다. 그는 상황이 내포하고 있는 잠재력을 활용할 줄 알기 때문에, 적과 대전할 경우에 어떠한 것도 강제로 동원하지 않는다. 서양의 '서사적(敍事的) 영웅'의 문화전통과는 달리, '용이성(facilité)'에 대한 찬양은 중국문명의 일반적인 경향이다. 『노자(老子)』에서도 '현인(賢人)의 지혜'는 어떠한 뛰어난 행위에 있는 것이 아니라 모든 것이 스스로 자연스럽게 전개될 수 있도록 그것을 쉽고 순하게 대하는 데 있다(63장).

당화하기 위하여 "그것은 해서는 안 된다"라고만 단정하게 되면, 이틀에 박힌 문구는 그것이 진정 옳은지에 대한 판단을 할 수 없게 만든다. 그러나 맹자의 도덕은 의무가 아니라 현실 자체인 것이다. 그것은 어떠한 평가나 의지의 목적이 되는 대상물이 아니며 그 자체로서 명백한 것이다. 맹자의 논리를 문구에 따라 해석해보면, 우리는 그의 표현 속에서 도덕의 효과를 발견하게 된다. 예를 들면, "사람에게는 나쁜 일을 안 하겠다는 결심이 있어야만 실제로 큰일을 해낼 수 있다"라든가 "해서는 안 되는 일은 하지 않는다. 원해서는 안 되는 일은 바라지 않는다. 그것이 전부다"와 같은 표현들이다(이루, 下, 8; 진심, 上, 17). 중국학자 레그(Legge)는 이러한 문구를 올바로 이해하기 위해서는 많은 보충이 필요하다고 지적한다(Legge, p.457). 한편 쿠브뢰(Couvreur)는 위의 문구를 다음과 같이 해석하고 있다. "당신이 해서는 안 된다고 생각하는 것은 하지 마시오. 당신이 원해서는 안 된다고 믿는 것은 바라지 마시오."(Couvreur, p.614) 그러나 서양의 맹자해석자들은 이처럼 맹자의 문구를 보완하려 하면서도, 맹자도덕론의 본질을 제대로 파악하지 못하고 있다. 왜냐하면 그들은 맹자의 도덕개념을 규범론적 시각에서의 도덕, 즉 기독교적인 '의무(義務)로서의 도덕'과 명확히 구분하여 이해하고 있지 않기 때문이다.

사실 인간이 자신의 본성을 포기하지만 않는다면 (도덕성이 바로 본성 안에 있기 때문에) 도덕은 실제로 존재하게 된다. 그리고 도덕에 반(反)하는 것들은 먼저 제거하게 되어 있다. 그렇기 때문에 맹자의 표현에는 동어반복(tautologie)적인 경향이 ―예를 들면 "해서는 안 되는 일은 하지 않는다"― 있으며, 또한 약간의 의무적인 면 ―"그렇게 해야

한다"— 도 나타나고 있다. 요컨대 맹자는 인간의 행동을 규정하는
데 있어서 하나의 이상형을 통한 규격화를 거부하고 있다. 그는 도
덕에 관한 논의에 있어서, 인간이 가지고 있는 자명한 감정으로부
터 가능한 한 멀어지지 않으려고 노력하였다. 왜냐하면 감정은 인
간의식의 현실화이며, 또한 그렇게 함으로써 존재를 이끌어줄 수
있기 때문이다. 따라서 맹자는 단지 실제의 예를 들어 "이와 같다.
그것이 전부다"라고 하면서 현실적인 상황을 보여주는 데 그치고
있다.

우리가 맹자를 연구하는 데 있어서 이러한 측면에 주의를 기울이
지 않는다면, 결코 그의 사상에서 특별한 것을 발견할 수 없을 것이
다. "군자는 도덕성 —인(仁)과 의(義)— 을 자연스럽게 따르지 결코
억지로 행동에 옮기려 하지 않는다"고 맹자는 말한다(이루, 下, 20).
또한 주희(朱熹)는 다음과 같이 지적한다. "도덕성이 사람의 마음속
에 뿌리를 내리고 있듯이, 우리가 하는 모든 일도 마음에서 비롯되
는 것이다. 도덕이 아름답게 보여서 그것을 억지로 실천에 옮기는
것은 결코 아니다." 이것이 뜻하는 바는 좀 미묘하지만, 매우 중요
한 의미를 갖는다. '현명함'이란 우리가 이미 선하다고 정의한 본성
의 명령에 자신을 완전히 합치시키는 것뿐이다. 우리가 이러한 경
지에 도달하기만 한다면, 도덕성은 자신과 자신의 마음의 차이에서
오는 괴리감에 의해 방해받지 않게 된다. 따라서 도덕은 결코 이행
하여야 할 목표가 되지 않으며 의도적으로 세워진 계율의 성격도
갖지 않는다. 결국 도덕은 목적으로서 제기되기보다는 결과로서만
나타나는 것이다. 다시 말해, 도덕은 그 자체만으로써 얻어지게 되

는 하나의 효과이다(이루, 下, 11). 그것은 우리가 어떤 자세를 갖느냐
에 따라 본성으로부터 자연스럽게 흘러나오는 것이다(이루, 下, 14).
맹자가 덧붙이고 있듯이, "죽은 자를 보고 우는 것은 살아 있는 이
들을 위로하기 위해서가 아니라 그 사람의 죽음이 슬프기 때문이다.
또한 덕(德)을 항상 행하면서 조금도 간교하지 않은 것은 그렇게 함
으로써 녹을 더 받으려는 것이 아니다. 마찬가지로 자신이 한 말에
신용을 지키는 것은 올바르게 행동한다고 인정받으려는 것이 아니
다. 군자는 도덕을 실천하면서, 자신이 선행을 하고 있다고 생각하
면서 행하지 않는다. 그에게는 그러한 의도조차 없다. 즉 군자는 결
코 어떠한 목적을 가지고 행동하지 않는다. 단지 군자는 본성을 잃
지 않고 마음을 완전히 유지하여, 거기서부터 자연스럽게 도덕성이
흘러나오게 할 뿐이다."(진심, 下, 33)

4. 상황에 따르는 가치 판단

도덕심을 기르기 위해서는 본성을 따르는 것만으로 충분하기 때
문에 우리의 행동을 규정하는 외부적인 규칙이나 원리는 필요하지
않게 된다. 또한 우리 행동을 사전에 지시하는 그 어떤 것도 있을
수 없기 때문에 우리는 다양한 상황의 변화에도 불구하고 적절히
대응할 수 있게 된다. 그런데 우리는 도덕의 뼈대로 쓰였던 규칙이
나 원리들에 대하여 이중적인 결함을 발견하게 된다. 우선 이러한
규칙과 원리들은 도덕의식의 표본으로 사용되면서, 도덕의식과 도

덕성의 분리를 초래한다[도덕성은 저절로(*sponte sua*) 이루어지기보다는 오직 겨냥된 목표물이었다]. 다른 한편으로 규칙이나 원리는 주어진 상황을 넘어서는 엄격성을 내포하고 있기 때문에, 경우에 따라 발생하는 특수성을 고려할 수 없다. 결국 자아와의 관계, 세계와의 관계에서 이중적인 틈이 생기게 된다. 좀더 자세히 관찰해 보면, 규칙이나 원리의 중재는 도덕을 세우는 데는 오히려 장애물로 작용한다. 이러한 중재는 우리의 인식을 강요하고 억압할 뿐만 아니라 우리의 행위를 얼어붙게 한다. 그러나 세계는 쉬지 않고 변하는 것이며, 우리가 만나게 되는 상황들은 항상 새로운 것이다. 따라서 규칙과 원리의 개입은 그것의 일반성으로 인해 우리를 현실세계로부터 멀어지게 한다.

　유럽문화에서 '현인(賢人, sage)'과 '전략가'는 정반대의 위치에 있다. 서양사상은 인간의 의식과 세계의 거리를 점점 더 벌어지게 하였다. 이제 지상명령으로서의 칸트의 도덕에 반기를 들 수 있는 것은 더 이상 존재하지 않는다. 사실, 인간의 행동규칙이 주어진 상황에 따라 변할 수 있다는 생각은 지상명령으로서의 도덕에 위배되는 것이며, 이러한 생각은 칸트를 분개시키고도 남는다고 하겠다. 결국 그것은 기회주의라고밖에는 말할 수 없다. 그런데 중국사상은 이러한 기회주의를 긍정적인 차원에서 재검토해보는 데 도움을 준다. 중국문명에서 '지혜'는 인간이 가지고 있는 본성의 명령에 순응하는 것이며, 군자는 바로 본래의 자신으로부터 벗어나지 않는 자이다. 따라서 군자는 결코 만물의 고유한 원리와 단절하지 않으며, 그의 사명은 전략가의 경우와 마찬가지로 모든 상황에 최대한 맞춰나

가는 데 있다(만일 차이가 있다면, 군자를 움직이게 하는 것은 사적(私的)인 이익이 아니라 사회 전체의 공동 질서라는 점이다). 우리는 일반적으로, 기회주의가 타협을 통하여 상황을 이용하는 측면이 있다는 이유에서 그것을 비판한다. 그러나 만일 처음부터 규칙과 원리를 제정하지 않았다면, 어떤 일이 일어났을까? 아마도 타협은 더 이상 필요하지도 않았을 것이다. 따라서 도덕은 규칙이나 원리를 강제하는 것이 아니라, 단지 자신의 의식이 내리는 자연스러운 명령과 자신의 행위 속에 존재하는 세계의 흐름에 따르고 그것과 결합하는 것이라고 할 수 있다.

『맹자(孟子)』에는 옛날 여러 위인들에 대한 묘사가 있다. 백이(伯夷)는 자신이 섬겨야 한다고 생각하는 군주가 아니면 섬기지 않았고, 이끌어줘야 한다고 생각하는 백성이 아니면 이끌지 않았다. 그는 나라가 잘 다스려질 때에만 관직을 맡았으며, 나라가 어지러워지면 물러나서 은둔하였다. 이와는 반대로 이윤(伊尹)이라는 사람은 어떤 군주거나 섬겼으며 어떤 백성이거나 다스렸다. 나라가 평온할 때건 어지러울 때건 나가서 벼슬을 했다(공손추, 上, 2). 서로 반대되는 입장이긴 하지만, 두 사람 모두에게는 처세의 원칙이 있었다. 그러나 공자(孔子)는 그렇지 않았다. 그는 관직을 맡아야 할 때는 맡아서 수행하였고, 물러나야 할 때는 물러났다. 공자는 시간이 요구되는 일에는 시간을 가지고 기다렸으며, 급히 가야 할 경우에는 급히 움직였다. 이렇게 공자는 어떠한 고정된 원칙을 가지고 있지 않았으므로, 주어진 모든 상황에 자유로웠다. 그럼에도 불구하고 그는 무엇이 요구되든지 간에 어떤 상황에서도 항상 완벽하게 준비되어 있었다. 공자는 생활의 아주 작은 영역에서까지도 그렇게 행동하였다. 자신의 고향인 노(魯)나라를 떠나야 했을 때, 그는 미련을 가지면서 무거운 발걸음으로 떠났다. 그러나 제(齊)나라를 떠날 때에는 물에 담근 쌀을 건지듯이 빨리 서둘러서 떠났다(진심, 下, 17). 이와는 반대로 어떠한 규칙이나 원리에 얽매여 있는 자들은 어딘가에 항상 결함이 있기 마련이다. 또한 자신이 더럽혀질까 걱정하여 주위 사람들과의 협력을 거부하는 자나(등문공, 下, 10 참조), 타인과 자신을 철저히 구분하면서 아무리 다른 사람들이 타락했어도 자신만 도덕적이면 된다는 생각하에 어느 누구와도 협력하는 자[유하혜(柳下惠)가 그러하였다: 공손추, 上, 9]도 마찬가지로 문제가 있는 것이다. 전자는 너무 마음이 좁아 비타협적이며, 후자는 지나치게 자만하여 품위를 떨어뜨리게 된다.

유명한 변론가였던 순우곤(淳于髡)은 맹자(孟子)의 도덕론에 모순이 있다고 하면서 이의를 제기하였다(이루, 上, 17). "남자와 여자 사이에는 물건을 주고받을 때, 직접 손으로 건네지 않는 것이 예(禮)입니까?" 맹자가 대답하였다. "물론이지요." 순우곤이 되물었다. "그렇다면 형수 되시는 분이 물에 빠졌을 경우에 선생께서는 직접 손을 내밀어서 구제합니까?" 맹자는 항거하듯이 답하였다. "그렇게 하지 않으면 사람이 아니지요. 왜냐하면 첫번째 경우는 예법의 문제이고, 두번째는 상황에 따른 판단의 문제입니다." 여기서 상황적 판단—권장되는 도리—의 개념은 『논어』에서도 이미 중요한 위치를 차지하고 있다(『논어』, 자한, 29). 왜냐하면 최선의 해결점을 찾는 데 있어서 상황을 참작한 판단은 일반화된 원리와 원칙에 따른 판단보다 우월하기 때문이다. 우리는 학문에 대한 단순한 관심을 초월하여, 타인들과의 '관계' 속에서 도(道)를 따라야 한다는 것을 깨달아야 한다. 그리고 도(道)에만 집착하는 것이나 고집스럽게 항상 같은 입장만 견지하는 데에서도 벗어나야 한다. 그래서 공자는 자신의 생각을 고집하는 일이 없었으며 하나의 '고정된 입장'도 갖고 있지 않았다(『논어』, 자한, 4; 미자, 8).[22]

　이런 이유에서 공자(孔子)에 대해 명확히 정의한다는 것은 매우 어려운 일이다. 일반적으로 다른 성현(聖賢)들에 대해서는 그들 각자의 장점에 따라 이 분은 군자로서의 순수성이 있으며, 그 분은 책임감이 강하며, 또한 저 분은 인격이 좋다고 묘사할 수 있다. 그런데 공자에 대해서만은 특별히 쓸 말을 찾을 수 없다. 만일 한마디로 공자를 표현해본다면(물론 이것만으로는 불가능한 것이지만), 그것은 '시(時)'일 것이다[聖之時者也: 만장, 下, 1]. 군자로서의 공자에 대해서는 다음과 같이 정의할 수 있다. 지혜(sagesse)에 관하여 말한다면, 그는 시점(時点, moment)이다. 공자는 주어진 상황 자체가 내포하고 있는 것, 즉 각각의 경우가 그에게 요구하는 것에 따라 행동하였기 때문에 결코 하나의 정해진 노선을 제시하지 않았다. 바로 이것이 그를 완성된 군자로 볼 수 있는 근거이다. 공자(孔子)는 맹자(孟子)가 계승하여 발전시킨 모든 덕(德)의 통합체인 것이다. 공자의 마음은 그릇된 적이 없었으며 그의 행실 역시 그러하였다. 결국 그는 의도적인, '현명한' 기회주의자였던 것이다.

제3부
자아(自我)와 세계의 관계

제8장

인(仁)과 사회연대성

1. '인간적(仁)'이라는 것

문화와 시대적인 차이에도 불구하고, 서로 접촉이 없었던 유럽과 중국은 동일한 경험을 가질 수 있었다. 다시 말해, 맹자의 '측은지심(惻隱之心)'은 루소의 '동정심'과 매우 닮은 점을 가지고 있다. 그런데 양자간에는 유사성 이상의 것이 존재한다. 용어나 수사(修辭)의 방법, 철학적 해석의 차이에도 불구하고, 공통적인 기반이 발견되기 때문이다. 두 사람은 인간으로부터 같은 종류의 반응을 인식하였으며 또한 이것에 대하여 동일한 표현을 쓰고 있다. 이처럼 타인의 위험 앞에서 불쑥 나타나는 감동의 외침은 우리가 어떤 종류의 언어를 사용하건 간에 시·공간을 뛰어넘어 이 세상 어디에나 존재할 수 있는 것이다.

그렇지만 필자는 서로 다른 여러 문명들이 같은 뿌리를 가지고 있으며 또한 하나의 특정문명이란 단지 변형물에 지나지 않는다는 '문명동일론'적 입장에는 동의하지 않는다. 왜냐하면 맹자와 루소의 입장이 서로 닮은 것처럼 여러 사유체계간에는 유사성이 존재할 수 있지만, 그것만 가지고는 아무것도 단정할 수 없기 때문이다. 이것은 유럽과 중국을, 더구나 근대와 고대를 나란히 놓고 비교할 수 있어서가 아니며 우리에게 보편성을 주장할 권리가 있어서도 아니다. 나아가 시간과 공간상의 ─역사와 지리상의─ 차이를 제거할 수 있어서는 더욱 아니다. 다시 말해 '보편적 인간'이 발견되었거나 이념을 초월할 수 있게 되어서가 아닌 것이다. 하나의 규범을 세우기 위해, 공통분모를 가지면서 영원한 실체로 정의되는 '보편적 인간'이 존재한다고 주장하는 것에는 의문의 여지가 많이 있다. 왜냐하면 이와 같은 판단을 내리면서 우리는 '인간중심주의(humanisme)'가 항상 같은 원리 ─보편적인 인간이 존재하며, 따라서 추상적인 보편적 인간이 정의될 수 있다는─ 를 추구하여왔다는 사실을 잘 알고 있기 때문이다. 이 점에 있어서 우리가 어떠한 입장에 대하여 완전한 의견일치를 이루었다 하더라도 그것이 반드시 진리가 된다고는 보장할 수 없다. 문제는 만일 우리가 '보편적 인간'에 대한 정의를 내릴 수 없게 된다면 도덕의 기초를 세우는 일은 불가능해진다는 사실이다.

그런데 '동정심의 반응'에서 발견된 맹자와 루소의 유사한 인식이 바로 우리로 하여금 인간에 대한 일반적인 정의를 내리는 것을 유보하게 해주며, 또한 도덕을 체계화하는 데 쓰이는 모든 형식적인

규범을 부정할 수 있게 해준다. 그러나 우리는 최소한 '인간으로 회
복되는 것'이 바로 '인간다움(etre humain)'이라는 데에는 동의할 수
있다. 왜냐하면 이렇게 하여 우리는 '이념화—의미화—된 인간
(humain)'과 '자연적인 인간(homme)' 간의 차이를 최소한으로 줄일
수 있기 때문이다. 여기서는 하나의 대안을 제시한다든가 가치판단
이 개입될 여지는 조금도 없다. 이제 우리는 주어진 의미(sens)의 속
박에서 겨우 벗어날 수 있게 되었으며 나아가 정의(définition)의 일
반성(généralité)에서 비롯되는 위험을 줄일 수 있게 되었다. 이러한
단순한 변화는 인간을 새롭게 인식하는 데 충분하며, 또한 그것은
엄청난 힘을 발휘하게 될 것이다. 아직 필자는 어떠한 단정도 내리
지 않은 상태에 있다. 그러나 이미 모든 것은 밝혀졌으며, 문제 제
기는 완전하다고 할 수 있다. 아무리 우리가 '반복어법'의 방식을
택하였다 하더라도(humain, homme) 결코 같은 말을 반복하는 것은
아니기 때문이다. 다시 말해, '의미화된 인간(humain)'은 '자연적 인
간(homme)'의 개념을 단순히 반복하는 것이 아니라 전적으로 '자연
적 인간'에서 유래하는 것이다. '의미화된 인간'은 우리를 '자연적
인간'으로부터 떠나지 않게 하고, 본성으로 회귀시킴으로써—그러
나 본성에 대한 어떠한 정의도 내리지 않는다— 우리 자신의 임무를 발
견하게 해준다(그러나 결코 임무를 체계적으로 규범화해서는 안 된다).
인간의 모든 의무는 자신의 존재 안에 이미 자리하고 있으며, 여기
에 더 이상 더할 것은 없는 것이다. 이렇게 하여 우리는 인간에 대
해 내려진 판단의 이념적인 부분에서 벗어날 수 있게 되었다. 이제
우리는 어떠한 판단도 내리지 않으며, 어떠한 것도 강제하지 않는

다. 이와 같이, 어떤 고정된 입장에서 빠져나와야만 비로소 도덕에 대한 기본적인 입장을 확보할 수 있는 것이다.

인간은 인간다워야 한다는 주제 때문에 필자의 논리 진행이 중지되었는데, 사실은 이것이 내가 말하고자 하는 내용의 전부이다. 이제 사람은 자신의 본성과 어울려야 한다는 논거의 효력을 알아보기 위해 다시 루소로 돌아가보기로 하자. "인간은 인간적이어야 한다. 이것이 우리의 첫째 의무이다. 우리는 나이와 무관하게, 어떤 상태에서도 그리고 인간에 관련된 모든 영역에서 인간적이어야 한다."(Rousseau, E., p.62) 사실 우리에게 '인간미' 이상의 어떤 지혜(sagesse)가 과연 존재할 수 있을까? 중국인의 사유체계에서 '인간다움'이란 다른 사람과의 관계 속에서 사람이 되는 것이다. 제수이트(Jésuites) 교단에 의해 '인간애의 덕목'이라고 서양에 소개된 '인(仁)'의 개념은 다름 아닌 '사람 인(人)'자와 '두 이(二)'자가 합쳐진 것이다. 그 이외에 다른 의미는 존재하지 않는다. 인간사회의 모든 덕목(德目)은 인간 속에 있으며, 두 사람만 모이면 그것은 자연스럽게 나타나는 것이다. 유가(儒家)의 교훈은 이러한 생각을 중심으로 하여 만들어졌다. 따라서 '인'은 인간을 가장 공통적인 경험의 세계로 돌아가게 하면서, 우리가 할 수 있는 것 중에서도 가장 쉬운 것을 제안하고 있다(" '인(仁)'은 원하기만 하면 얻을 수 있다.": 『논어』, 술이, 29) 또한 '인'은 한정되지 않으며, 오직 그 '방향'만 제시되어 있다. 한편 '인'은 우리의 경험세계를 뛰어넘기도 한다. 인간이 '인간' 되는 일은 결코 끝이 없는 것이다. 이러한 이상형은 항상 우리를 초월하고 있다('인(仁)'을 열망하지만, 내가 어찌 감히 얻을 수 있으리요?: 『논어』, 태백, 33). 맹자사상에서도 '인'에 도달할 수 있는 능력은 ('우물에 떨어지려는 어린 아이'의 경우에서처럼) 아주 작은 경험으로부터 출발하여 나타나고 있으며, 그것은 단지 '인'의 실마리를 파악하는 데 그치고 있다. 그런데 바로 이 능력이 모든 덕목의 기초가 되며 또한 덕(德)이 전개될 수 있는 길을 열어준다. 결과적으로 도덕성은 '인'의 능력으로 요약될 수 있다. 유가사상의 덕목—인(仁), 의(義), 예(禮), 지(智)—은[23] 이러한 구도 속에서 변화된 단면일 뿐이다. "군자는 단지 인간일 뿐이다. 그것이 전부다."(고자, 下, 6) 또는 "인간은 바로 인간 자체인 것이다."(진심, 下, 16) '인'은 명령적인 성격이 없고(오직 우리가 의식을 갖도록 자극하는 정도이다) 우리가 본성과 조화를 이루는 것만 바라기 때문에[이것은 계명(誡命)적인 것이 아닌 당연한 차원의 것이다], 결국 맹자의 도덕개념에는 특별한 의미가 부여되지 않는다. 즉 인간의 의무는 다른 사람들과 함께 '인간'이 되는 것뿐이다.

이처럼 '인간으로서의 능력' 자체가 도덕성의 원천이 되는 것이다. "'인(仁)'은 사람이 본래 가지고 있는 마음—의식—이며, '의(義)'는 '인'으로부터 전개되는 올바른 길이다."(고자, 上, 11) "오로지 '인'만이 사람이 편히 살 수 있는 집인 것이다."(이루, 上, 10) '인'을 완성시켜주는 차원인 '존중'이 요구되면서(여기서 '존중'이란 연장자나 군주를 중심으로 하는 사회적 위계질서를 포함하고 있다) '인'의 정적(情的)인 가치는 더욱 두드러지게 나타난다. '인'은 특히 부모에 대한 사랑이나 가까운 이웃에 대한 배려 속에서 실현될 수 있다(이루, 下, 28; 진심, 上, 15, 46). 그러나 본질적으로 '인'은 모든 사람에 대한 사랑—인류애—을 호소하고 있다(진심, 上, 45). 군자는 한편으로는 만물을 돌봐야 하고, 다른 한편으로는 자신의 부모를 소중히 여겨야 한다. 이 두 축 사이에서 군자는 모든 사람들에 대하여 인간다운 것이다.

2. 만물(萬物)이 내 안에 갖춰져 있다

이제 동정심으로부터 제기된 문제를 다루는 것이 남아 있다. 무엇이 나를 타인과 연결시켰으며, 무엇이 나로 하여금 인간애의 기초를 세우게 하였는가? 그것은 타인이 있고 내가 있기 때문이다. 서로 다른 두 사람이 있을 때, 분명히 다음과 같은 문제가 발생할 수 있다. 무엇이 나로 하여금 나의 외부에 있는 타인에게서 일어난 일에 대하여 민감하게 만드는 것일까? 다시 말해, 어떻게 내가 타인에 대해 애처로운 감정을 가질 수 있느냐는 것이다. 만일 위험에 처한 사람에 대한 '불인(不忍)의 반응'이 즉각적인 것이라면, 그 사람이 어느 정도는 이미 내 안에 자리하고 있다는 것을 가정하게 된다. 『맹자』의 한 구절은 이것을 이해하는 데 도움을 준다. "만물(萬物)은 내 안에 갖춰져 있다. 나 스스로를 반성해보아서 성(誠)하다고 생각이 되면 그보다 더 큰 즐거움은 없는 것이다. 크게 노력하여 이러한 마음을 남에게까지 전파시켜나가면, 그것이 '인(仁)'을 얻는 가장 가까운 길이 된다."(진심, 上, 4)

여기서 (오해의 소지가 있을 수 있는) 우리가 극복해야 할 두 가지 문제가 있다. 우선, 나 자신 속에 자리잡고 있는 세계를 이상주의적인 의미로 해석해서는 안 된다(쿠브뢰는 앞의 문구를 서양철학의 관점에서 잘못 해석하고 있다. "인간은 자신 안에 인식의 모든 원리를 가지고 있다.":

Couvreur, p.609). 왜냐하면 맹자(孟子)는 '인식론'에는 전혀 관심을 두지 않았기 때문이다. 그에게 인식의 문제는 제기조차 되지 않는다. 맹자는 오직 행실에만 역점을 두고 있다.[24] 그렇다고 해서 맹자에서의 인식의 기초가 종교적 신비성에 있는 것도 아니다[이것은 레그가 주장하는 바―"이 문구는 매우 신비적이다." 또는 "우리가 좀더 구체적으로 이해하려고 하면 난처해진다"(Legge, p.450)― 와는 전혀 다르다. 한편 이러한 해석은 펑유란과 같은 20세기의 중국연구가에 의해서도 재현되고 있다]. 만일 중국사상에 신비적인 면이 있다면, 그것은 오직 인도에서 유래한 불교의 영향하에서만 가능할 수 있다[송(宋)대의 쳉하오(程顥)는 맹자의 사상을 만물과의 친밀한 융합으로 해석하였다]. 맹자에서는 자아의 상실이나 현실로부터의 초월(與物無對) 따위는 거론되지 않고 있으며, 법열(法悅, extase)이나 성체배령(communion)과 같은 것도 등장하지 않는다. 맹자가 내세웠던 것은 단지 '인간'에 도달하는 것이며 또한 그렇게 되기 위한 방법을 우리들에게 제시하고 있을 뿐이다. 즉 우리는 타인이 겪는 일에 대해 스스로 느끼는 마음을 전개 ―실천― 하려고 노력하기만 하면 된다['서(恕)'에는 두 가지 의미가 있다. 하나는 자신의 마음을 통해 타인의 마음을 파악하는 것이며, 다른 하나는 자신이 가진 선(善)한 마음을 타인에게까지 확대하는 것이다]. 우리 내부에 이미 존재하고 있는 '인간의 의미'는 결코 고갈되지 않으면서 인간에 대한 모든 정의(定意)를 초월하기 때문에, 맹자는 환원적인 도식(formulation)을 피하여 그저 '인간'에 근접해야 한다고만 말하고 있다. 그렇다고 해서 여기에 말로 표현할 수 없는 신비적인 차원의 '숭배(culte)'가 존재하는 것은 결코 아니다. 모든 존재(만물)가 내 안에 있다는 것―이것은 처음부터 인간에게 갖추어져 있다는 '비(備)'의 의미이다― 은 단지 인간의 자아가 모든 존재와 깊은 관계를 가지고 있다는 뜻이다. 그런데 이것은 엄청난 의미를 내포하고 있다. 이 관계는 우리 자신을 자기 존재의 뿌리로 끌어들여, 결국 내가 애초부터 모든 존재와 연결되어 있다는 사실을 인식하게 해준다. 우리가 우리 자신으로 돌아오게 될 때, 비로소 다른 사람의 모든 상황에 대해 실제로 민감해질 수 있으며 동시에 자신의 본성에 일치하게 된다[성(誠)의 의미]. 바로 이것이 우리 자신에게 최상의 즐거움이 되는 것이다.

나의 외부에 있는 모든 존재들은 내 안에 있다. 그래서 내가 그들과 관계가 있다는 사실만 가지고도 우리는 '인간적'이라는 것이 무엇을 의미하는지를 알 수 있게 된다. 결국 도덕은 단지 우리 자신에 내재(內在)하는 것을 행동을 통해서 전개하는 것에 지나지 않는다. 즉 도덕은 나의 존재 안에서 삶의 원리인 통합(intégration)을 명확히 하기만 하면 되는 것이다. 내가 인간일 수 있는 것은 바로 내 주위에 있는 모든 존재―나에게 그들은 허상일 뿐이지만― 에게 내가 느낄 수 있는 민감성(sensibilité)을 발효(發効)하기 때문이다. 한편 '인(仁)의 의미'를 설명하는 데 있어 어떤 해석자들은 인간 신체에 비유하기도 한다. 예를 들어 전통 중국의학에서는 인체(人體)의 부정적인 상태를 묘사하기 위해 '인(仁)'자 앞에 '불(不)'자를 덧붙여 '불인(不仁)'이라는 표현을 쓴다. 이것은 사지(四肢)의 극단적인 마비를 뜻한다. 즉 '기(氣)'가 사지(四肢)를 통하지 않게 되면 사람의 팔다리는 감각이 없어져 더 이상 자신의 몸이 아닌 것처럼 느껴지게 된다. 결국 '불인(不仁)'은 마비된 것을 의미하며, 반대로 '인(仁)'은 정상적인 상태임을 보여준다. 결국 '인(仁)'은 마음 ─의식─ 이 마비된 상태에서 빠져나와 타인에게 일어나는 일에 민감해지는 것이며 타인과의 긴밀한 관계를 생생히 느끼는 것이라고 할 수 있다.[25]

만일 사람이 사람답지 않다면, 그것은 그의 본성이 막혔기 때문이며 또한 그의 마음이 마비되었기 때문이다. 이러한 비유를 통하여 중국의 맹자(孟子) 해석자들은 나와 타인 간의 '상호의존성'을 설명하고 있다. 이 '상호의존성'은 우리의 마음이 '감동한 마음'으로 전환하는 차원이며, 이것은 두 사람을 사회공동체의 팔다리처럼 연결시켜준다. 외부에서 주입된 것이 신체의 경미한 끝 부분까지 순환하는 것 ─그 부위가 마비될 때를 제외하고─ 과 마찬가지로, 사람의 마음도 그것이 마비되지 않는 한 다른 사람들과 항상 긴밀한 관계를 유지하게 되는 것이다. 그렇게 되면 앞에서 본 서양에서의 '동정심의 반응'과는 달리, 어떻게 하면 나와 타인 사이의 장벽을 제거할 수 있는가의 문제는 더 이상 제기되지 않을 수 있다. 왜냐하면 이러한 장벽은 처음부터 자의식(自意識)을 기초로 하는 개인주의적 관점에 의해서만 생기는 것이기 때문이다(이미 루소에서 본 바와 같이, 심리적인 차원에서 이 장벽이 야기하는 문제는 해결될 수 없다는 것이 판명되었다). 서양의 관점에서는 개인화를 비판하고 개인과 개인을 통합(fusion)하는 길을 모색하려면, '신비성' 외에는 방법이 없다(쇼펜하우어는 인도 철학으로 회귀하면서 '신비성' 속으로 빠져들게 된다). 그런데 맹자는 인간의 '감정'에서 출발하지 않는다. 그는 "인간이면 누구나 자신 속에 타인이 존재하고 있다"는 논리에서 시작한다. 이처럼 맹자는 '나'를 언급하면서 '개인'을 부정하지는 않지만, 개인을 타인과의 관계에서

떼어놓지 않고 있다[萬物皆備於我]. 다시 말해, 개인은 분명히 존재하지만 격리되지 않는다. 따라서 맹자에게는 '동정심의 반응'에서처럼 우리가 타인에 대해 갖는 민감성은 전혀 문제가 되지 않는다. 결국 인간적이라는 것은 이러한 '개인횡단적(transindividuel)' 차원을 '존재성(existence)'으로 상승시키는 것이다. 반면에 비인간적인 것은 바로 '개인횡단적' 차원과의 단절을 의미한다. 그런데 서양 문화는 존재의 '상호의존성(interdépendance)'을 인식하는 데 있어 많은 어려움을 가지고 있다. 존재 —인간— 들 간에 긴밀한 상호의존적 관계를 설정하기 위하여, 최근에 와서 서양철학은 그것을 '가치' —이념— 의 차원에서 해결하여야만 했다. '연대성(solidarité)'이라는 가치를 만들어 낸 것이다. 그런데 '연대성'이란 우리가 알고 있듯이 『맹자』의 기초 개념에 지나지 않는다. 필자는 맹자의 사상이 서양 시각이 겪고 있는 어려운 문제들에 대해 명확한 해답을 줄 수 있을 것으로 믿는다.

3. 도덕(道德)과 정치(政治)

인간 간의 '연대의식'은 우리가 태어날 때부터 이미 가지고 있는 것이다. 연대의식은 우리로 하여금 타인의 문제에 대하여 민감하게 하며 '동정심의 반응'을 통해 외부로 표출된다. '동정심의 반응'은 그것이 아무리 순간적일지라도 매우 중요한 의미를 갖는다. 왜냐하면 갑자기 타인이 처한 상황에 감동되면서 나는 나 자신이 그 사람의 존재성에 연결되어 있다는 것을 느끼게 되며, 그럼으로써 나는 두 존재를 하나로 만들어주는 연계(連繫, lien: '인간애'라는 공동의 기초)를 인식하게 되기 때문이다. '동정심의 반응'은 이렇게 예고 없이 갑자기 치달으면서, 내부에서 우러나온 감동을 통해 우리로 하여금 의식(conscience)을 되찾게 만든다. 이와는 반대로 우리의 의식이 존재의 '개인횡단적(transindividuel)' 차원을 잃어버리고, 또한 '하나뿐인 나'라는 개인성으로 인해 의식의 범위가 축소되면 우리의 마음은 경직되어버린다. 따라서 이 '동정심의 반응'은 그렇게 좋은 것만은 못 되며, 칸트가 이 반응의 맹목적성과 그 한계를 지적한 것은 옳았다고 볼 수 있다. 그러나 '동정심의 반응'은 갑자기 엄습하면서 나 자신을 '존재공동체(communauté d'existence)'에 연결시켜줌으로써 나로 하여금 공동체에 다시 참여하게 하는 실마리가 되어준다. 이 반응은 '나'라는 존재에도 불구하고 일어나는 것이기 때문에, 결코 부정할 수 없는 '징표'가 된다. 그리고 바로 이 '징표'가 나 자신에게 인간애(人間愛)의 기초를 심어준다고 할 수 있다. 한편 도덕이 그 출발점인 존재들 간의 타고난 '상호의존성'으로 되돌아가기 위해서는, 경험 속에서 발견되는 실마리[端]에서부터 시작하여야만 한다. 인간애(人間愛)를 가지고 (우리 마음을 치유해준) '동정심의 반응'을 전개해야 하는 것이다. 여기서 나 자신은 안정을 찾게 되며[安仁] 또한 그 속에서 영원히 살 수 있게 된다(이루, 上, 10 참조).

좀더 구체적으로 말하면, 나와 타인 간의 장벽은 처음부터 있었던 것이 아니라 나중에 생긴 것이다. 보통 우리는 이 장벽이 당연히 존재하는 것으로 여기고 있지만, 실제로 그것은 이해관계 때문에 생기는 것이다. 도덕성[仁]의 반대 —'이(利)'의 개념(진심, 上, 25 참조)—

는 타인에 대한 조금의 배려도 없이 자기 자신에게만 유리한 것을 추구하는 것이다. 『맹자』는 '이(利)'에 대한 반박으로 시작되고 있다. "제후께서는 어찌하여 '이'를 말하십니까. 오직 '인(仁)'과 '의(義)'가 있을 뿐입니다. 그러니 '인'에 대하여 얘기해봅시다"라고 맹자는 양혜왕에게 말한다(양혜왕, 上, 1). 왜냐하면 군주는 특히 권력을 가지고 있으므로 자기 자신만 생각할 위험이 있기 때문이다. 더욱이 백성들의 운명이 결정될 수 있는 위치에서 군주의 이기주의는 매우 위험한 것이다. 여러 제후들에 대한 조언자였던 맹자는 자신의 주장을 굽히지 않았다. "군주는 백성들과 단절되어서는 안 되며, 항상 그들과 함께하며 모든 것을 나눠야 합니다. 백성들을 희생시켜서 나라를 유지하려 해서는 안 되며 부(富)를 골고루 분배해야 합니다. 군주는 자신만의 편안함을 구해서는 안 되며 (백성들의 고난을 자신의 고난으로 느끼는 것과 마찬가지로) 백성들의 평안 속에서 기쁨을 찾아야 합니다. 군주가 이렇게 하면 그 보답으로 백성들은 군주의 안녕을 염려하게 될 것이며 또한 군주가 겪는 고통을 함께 나누려 할 것입니다."(양혜왕, 上, 1~7) 이처럼 맹자는 사회가 안정되려면 군주가 인간적이어야 하며, 그것만으로 충분하다고 반복하여 말하고 있다. 결국 양혜왕이 제물로 끌려가는 겁에 질린 소를 보고 느낀 측은해하는 마음을 현실정치에 완벽히 전개하기만 한다면, 온 나라가 평온해질 수 있다는 것이다.

그런데 과연 인(仁)만으로 사회를 안정시킬 수 있는 것일까? 아마 맹자도 적어도 한번쯤은 의심해보았던 것 같다(이루, 上, 1, 2). 이루(離婁)의 뛰어난 시력과 공수자(公輸子)의 숙련된 기술을 빌리더라도,

우리가 규(規: 컴퍼스의 일종)와 곡척(曲尺: 직각자)이 없이 사각형이나 둥근 원을 정확히 그릴 수는 없는 것이다. 또한 아무리 사광(師曠)처럼 귀가 밝더라도, 6율(律)을 사용하지 않으면 오음을 정확히 낼 수 없는 것이다. 그렇다면 사회에 질서를 세우기 위해서는 반드시 어떠한 도구―법이나 규범― 가 있어야만 하는 것일까? 그러나 맹자는 '제도(制度)'에 기대를 걸고 있지 않았다. "그렇기 때문에 나는 '선(善)'만으로는 나라를 다스릴 수 없으며, 또한 '법(法)'만 가지고도 사람의 행실을 바로잡을 수 없다고 말하는 것이다." 그런데 맹자는 더 이상 이 논리를 발전시키지 않고 있다. 아마도 만일 맹자가 정치는 도덕만으로 요약될 수 없으며 규범이 요구된다고 생각했다면, 그는 이 규범의 내용을 구체화할 수 없었을 것이다. 따라서 맹자는 오직 상징적인 방법 ―예를 들면, 요(堯)·순(舜)임금의 도(道)와 같은 것― 을 통해서 이 문제를 다루고 있다. 결국 어떠한 정치 형태에 대한 언급도 없이, 맹자의 생각은 불분명한 채 원점으로 되돌아오게 된다. "군자는 그어진 선(線)이 흐려지게 되면 규(規)와 곡척(曲尺)을 이용하여 다시 선(線)을 명확히 한다. 그래서 이 도구들의 용도는 영원한 것이다." 이어서 말하기를, "이와 마찬가지로 군자는 자신의 마음의 능력이 다하게 되면, 어진 정치를 베풂으로써 그것을 다시 연장시킨다."고 하였다[정치도 남의 위험 앞에서 나타나는 '불인(不忍)의 반응'으로부터 시작하여 이루어지는 것이다]. 그 결과, 그의 덕성은 온 세상을 뒤덮게 되는 것이다. 그런데 맹자는 정치적 차원에서의 '도구'를 찾아보려 하지 않았다. 그렇기 때문에 그는 다시 '인(仁)'으로 돌아와야만 했다. 결국 맹자에게 정치적 차원의 컴퍼스와 자는 바로 군자의 '인격'인 것이다(이루, 上, 2).

맹자를 반박했던 순자(荀子)는 도덕에 대해서 규범적이고 도구적인 수준에서만 생각하고 있었다. 한편 맹자(孟子)는 정치적인 도구를 생각하지 않았다(이것은 일반적인 유가사상의 문제로 지적될 수 있다). 따라서 맹자는 같은 말―예를 들어 "군주가 인간적이어야 나라가 평온해진다"― 을 반복할 수밖에 없었다. 이처럼 유럽과 중국의 관점은 각각 뛰어넘을 수 없는 한계를 가지고 있다. 유럽의 시각에서 바라보면, 중국사상에는 불완전한 데가 있는 것처럼 보인다. 한편 유럽문명은 인간 개개인 사이에 본래 존재하고 있는 최소한의 연계성도 찾아내지 못한 채, 도덕을 규범적인 차원에만 한정시켜야 했다. 그 대신 유럽문명은 '사회계약(社會契約)'에 의거한 공공질서체계를 성립시킴으로써 법과 제도에 기초한 정치적 구조를 만들어낼 수 있었다. 그러나 중국에서는 '인(仁)'이라는 덕목을 통해 사회구성원 간의 조화를 이룰 수 있다고 믿고 그것을 정치의 기초로 삼은 결과, 공화적(共和的)인 정치체제를 생각해낼 수 없었다. '예(禮)'가 유가(儒家)에서 도덕의 사회적 형식화였다면, '법(法)'―또는 규범―은 법가(法家)에서 상과 벌의 기초로서 탄압의 도구로도 사용되었다. 이 둘 사이에 아무것―합리적인 법체계나 제도들― 도 존재하지 않았으며, 오직 권력기관들 ― 국가기구 ― 만이 자리하고 있었다. 이러한 공백은 지금도 쉽게 발견되고 있다.

제9장

천하(天下)를 염려하다

1. 성인(聖人)의 걱정

맹자는 태고(太古)시대를 거론할 때도 인간으로부터 시작한다. 즉 태곳적에 신(神)이 아닌 하나의 '인간'으로서의 성인(聖人)이 존재했다는 것이다. 이 성인은 자신이 가지고 있는 '인(仁)'만으로 바르게 행동했다고 한다. 그리고 그의 '어진 마음'은 모든 사람의 운명을 걱정하는 현실적인 덕(德)으로 작용하였다. 태초에는 홍수가 나서 사방이 물로 덮여 있었는데, 그것은 신의 '의지'에 의한 것이 아니었다. 이처럼 중국의 홍수는 성경에 나오는 홍수와는 달리 아무런 종교적 의미를 갖지 않는다. 게다가 맹자는 만물의 시작이나 종말에 대한 질문도 던지지 않고 있다. 그에게 역사는 최초의 군주였던

요(堯)임금에서 시작되며, 역사의 진행은 문명의 전개와도 같은 것
이다. "요임금 시대에 세상은 아직 조화를 이루지 못하고 있었다.
물이 사방에 범람하여 온 천지를 뒤덮고 있었다. 육지에는 풀과 나
무가 무성하였고 맹수들이 들끓었다. 그래서 곡식이 제대로 익을
수 없었으며 맹수들은 사람을 습격하기도 하였다. 그런데 요임금
혼자만이 이것을 걱정하였다. 그는 순(舜)을 재상으로 임명하여 질
서를 바로잡게 하였다. 순은 맹수들을 쫓기 위해 익(益)에게 산과 습
지에 불을 놓게 하였다. 우(禹)는 물이 빠져나갈 수 있도록 황하의
밑바닥[底面]을 깊게 팠다. 그 결과, 농업이 발전할 수 있는 터전이
마련되었으며 백성들은 식량 걱정을 하지 않게 되었다. 이렇게 하
여 생활환경은 크게 향상되었지만 아직 부족한 것이 있었다. 그것
은 바로 교육이었다. 교육이 없으면 인간은 짐승과 다를 바가 없는
것이다. 인간에게는 물질적 욕구의 충족이 생(生)의 전부가 아니기
때문이다. 그래서 요임금은 다시 근심하게 되었다. 결국 그는 백성
들에게 서로간에 지켜야 할 의무를 가르치기 위해서 설(契)을 사도
(司徒)에 임명하였고, 그 결과 질서가 잡히게 되었다."(등문공, 上, 4,
下, 9)

이처럼 성인을 특징짓는 것은 현실세계에 대한 그의 염려[憂]이다.
이 염려는 실질적이면서 도덕적이다. 왜냐하면 성인은 주위 사람들
에게 무관심하지 않고, 현실을 회피하려 하기보다는 결연히 부딪치
면서 그것에 책임을 지기 때문이다. 그에게는 지상세계만이 유일한
현실이므로 눈앞에 일어나는 문제를 해결하는 것이 우선이다. 그런
데 성인의 이러한 염려는 순간적인 성공을 위한 것이 아니다. 그것

은 그의 마음속 깊은 곳으로부터 우러나오는, 피할 수 없는 것이다. 그 한 예로 맹자는 중국의 두번째 군주인 순(舜)임금을 들고 있다(만장, 上, 1). 순은 사람들이 원하는 모든 것을 얻었다. 천하의 모든 선비들이 그를 인정하여 그의 주위에 모여들었고(남에게 인정받고 싶은 욕구의 충족), 요임금의 두 딸을 아내로 삼았다[이성(異性)에 대한 욕구의 충족]. 많은 재산을 가져 부유함을 누릴 수 있었으며[부(富)에 대한 욕구의 충족], 요임금은 그를 후계자로 삼았다(명예에 대한 욕구의 충족). 그러나 순에게는 부모의 사랑을 받지 못한 한(恨)이 있었다. 어떤 것도 순의 근심을 덜어줄 수는 없었다. 순에게 이러한 근심이 있었던 것은 무엇이 부족하기 때문이 아니었다. 그는 다른 모든 부분에서는 만족할 수 있었다. 그의 마음을 아프게 했던 것은 다름 아닌 도덕적인 차원의 문제였다. 다시 말해, 순은 자신이 완전히 수행하지 못한 의무에 집착하고 있었다. 왜냐하면 그가 최선을 다해 효(孝)를 행했음에도 불구하고 부모에게 사랑받지 못했기 때문이다.*

그런데 '염려'하는 마음은 우리가 자기 자신에게로 돌아오기만 하면 가질 수 있는 것이다. "군자는 만일 누군가가 자신에게 나쁘게 대하면, 자신을 먼저 돌아보고 인(仁)이 부족하지 않은지 반성한다. 그래도 상대방이 자세를 바꾸지 않으면, 다시 한 번 자신의 마음이 비뚤어져 있지 않은지 돌아본다."(이루, 下, 29) 염려의 본질이 내적(內的)이라는 것을 밝히기 위하여 맹자는 염려를 (물질적인 이해관계로 인해) 외부로부터 비롯되는 환(患)과 구분하고 있다.[26] 군자는 '항

---

* 순에게 잘못이 한 가지 있었다면, 그것은 요임금의 딸과 혼인하면서 자신의 부모에게 알리지 않았다는 점이다 ─역자 주.

상' 염려[憂]하지만, '일시적인' 환(患)은 갖지 않는다. 결국 마음에
서 우러나오는 염려는 끝이 없는 것이다. 순임금 역시 요임금을 본
받아 그와 같이 되기 위해 염려하는 것을 그치지 않았다.

2. 현세(現世)를 염려하다

맹자의 도덕을 특징짓는 '염려하는 마음'은 단순히 맹자에게만 중
요성을 갖는 것은 아니다. 현대 중국사상가들 —서복관(徐復觀), 모종
삼(牟宗三)— 은 '우(憂)'의 개념이 중국문명 초기에 이미 나타나고
있다고 보고 있다.[27] 그들은 초기 중국사상의 발전이 이 '염려(念慮)'
의 개념에 기초하고 있으며, 여기에서 중국사상의 독창성이 발견된
다고 말한다. 왜냐하면 '염려의 마음'은 종교전통에서의 '의식(意識)
형태(formes de conscience)'와는 큰 차이가 있기 때문이다. '정신적인
완전한 고독(dérélication)'은 기독교전통의 근원을 이루고 있다. 인간
은 이 땅에 피신해와 있으며, 따라서 현세에서는 생(生)의 의미를 알
수 없다는 것이다. 이러한 감정의 구도하에서 기독교적 인간은 신
(神)의 초월성을 인정하게 되며 신의 영원한 사랑을 발견하게 된다.
이렇게 하여 인간의 도덕의식은 자신에게 부족함이 있다는 사실—
원죄의식—에 기초하게 된다. 한편 불교(佛教)의 전통은 인간의 집착
에서 비롯되는 고뇌와 모든 존재는 사멸한다는 사실에 주의를 기울
이고 있다. 불교에서 도덕의식은 끝없이 연속되는 인과(因果)관계
속에 존재한다(카르마의 개념 참조). '인간은 언젠가 죽는다'는 생각

에서 벗어나기 위하여 기독교인의 고뇌는 구원(救援)의 희망 속에서
그 은신처를 찾는다. 그리고 불교에서의 번뇌(煩惱)는 자기 자신과
세상에 대한 환상에서 벗어나기 위해 추구하는 '열반(涅槃)의 경지'
에 도달함으로써 해소된다. 모종삼은 기독교나 불교 두 입장 모두
가 존재에 대하여 부정적인 입장—원죄의 경험과 관련되건 번뇌의 경
험과 관련되건— 을 가지고 있으며, 또한 그렇게 그들의 역사는 진화
되어왔다고 지적한다. 반면에 유가(儒家)전통에서 의식의 구조에 영
향을 주는 '염려'는 적극적으로 현실세계와 마주하게 된다. 서양의
종교전통은 인간에게 구원자인 신에게로 향하거나 또는 자아(soi)의
해방을 갈망하도록 한다. 그러나 유가전통에서는 오직 현실세계만
이 존재하며 인간이 갖는 염려는 전적으로 정당화될 수 있다. 염려
는 정당한 것일 뿐만 아니라 우리를 발전시켜주며, 또한 우리가 인
(仁)을 전개할 수 있는 길을 열어준다. 따라서 염려를 통하여 우리는
충분히 도덕적인 자아를 만들어낼 수 있다. 이렇게 유가의 논리는
도덕의 기초를 세우는 데 있어서 여러 대안 중에서도 가장 중요한
선택이 될 수 있다(그것은 고민이나 고통이 아니라 염려하는 마음을 통
하여 인간애를 이끌어내기 때문이다). 더욱이 종교는 특정목적을 위하
여 도덕을 만들어내었지만, 유가의 가르침은 반대로 도덕에서 출발
하고 있다. 다시 말해 유가전통은 도덕의 요구에서 시작하며 도덕
의 전개와 실천만을 목적으로 삼고 있는 것이다.

　역사적으로 볼 때, 이러한 유가사상의 특수성이 어디에서 비롯되
었는지는 아주 명백하다. 우리가 일반적으로 유가의 특징을 말할
때, 우선 그것이 종교가 아니라는 점에 주목하게 된다. 유가의 창시

자들은 결코 자신들의 주장을 정당화하기 위해 종교적인 기초를 세우려 하지 않았다. 이와 관련하여 이미 공자(孔子)시대 이전에 큰 변화가 일어나고 있었다. 고대 중국에서는 원시적 숭배의 신앙형태가 '내적인 정신적 갈망'이 아닌 '예식(禮式)'의 차원으로 전환되었다. 그리고 점(占)을 치는 행위가 기도(祈禱)하는 행위보다 더 중요시되었다. 결국 천하를 지배하는 '인격화(人格化)된 신[玉皇上帝]'에 대한 숭배와 경애 그리고 두려움은 만물(萬物)을 규제하는 '천도(天道)'에 대한 경의(敬意)로 바뀌게 된다. 주(周)왕조의 수립은 이러한 발전적인 변화를 촉진하였다. 왕조의 창시자들은 덕행을 통하여 정치적 정당성을 세우려고 노력하였다. 그들의 정치적 권위는 백성들의 지지를 통하여 하늘[天]에서 주어지는 것이었으며, 혼란을 야기한 군주는 마땅히 물러나야만 했다. 그렇기 때문에 군주는 명덕(明德)을 실천해야 한다. 군주는 자신의 행실에 각별히 유의하여야 하며, 잘못이 없도록 조심스럽고 신중하게 모든 일을 처리하여야 한다. 이것은 만물의 질서가 유지되도록 하면서 그것의 원리에 따라 조화와 발전을 이루기 위한 것이다. 군주의 책무는 사회의 질서를 천지(天地)의 원리에 맞추는 데 있으며, 따라서 이 책무는 군주로 하여금 언제나 근심을 갖게 만드는 것이다. 이것이 바로 주(周)왕조 창시자인 문왕(文王)에 의해 전개된 세상에 대한 '염려'였다. 이 '염려'가 문왕을 만물을 규제하는 화신(化身)이 되게 하였으며 또한 그를 인간사회의 절대적인 본보기로 만들었던 것이다.

3. 현세(現世)에 대한 책임

유가사상과 기독교전통을 비교해보면, '책임'에 대하여 두 가지의 서로 다른 개념이 존재한다는 것을 알 수 있다. 유가(儒家)에서의 책임의식은 현실세계에 대한 '염려'에서 비롯되는 반면, 기독교의 책임의식은 '원죄의식'에 기초하고 있다. 전자는 맹자가 역점을 두고 있는 왕조의 창시자들이 가졌던 책임의식이다. "홍수를 막기 위해 강을 깊게 파면서 우왕(禹王)은 8년간 자신의 집에 가지 않았다. 그 동안 세 번이나 집 앞을 지나면서도 그는 가족을 만날 시간조차 내지 않았다. 만일 나라에 홍수로 인한 피해가 생긴다면, 그것은 자신의 잘못이라고 생각하였기 때문이다."(이루, 下, 30) 맹자는 책임의식과 관련하여 한 재상의 예를 더 들고 있다. "이윤(伊尹)은 백성 중 아무리 미천한 사람이라도 '요순(堯舜)시대'와 같은 은덕을 입지 못하는 자가 있으면 마치 자신이 도랑으로 굴러떨어진 것처럼 여겼다. 이것이 지도자들이 세상에 대해 느끼고 있었던 책무였던 것이다." (만장, 上, 7; 下, 1 참조) 맹자가 말하는 책임은 맡은 임무를 수행하는 것이며, 그것은 아무리 해도 끝이 없는 것이다. 자신의 행실을 성찰하기 위해 본래의 자아로 되돌아가야 한다고 맹자가 거듭 강조하는 이유는 바로 우리가 다른 사람에 대하여 진정으로 책임을 다하고 있는지를 생각해보게 하기 위한 것이다. 이것은 기독교에서처럼 인간에게 원죄(原罪)의 문제를 제기하는 차원이 아니라 인간 스스로 자신의 불충분함을 깨닫고 자신을 개발하게 하기 위한 것이다.

반면에 아담(Adam)의 이야기는 원죄의식(原罪意識)과 분리될 수 없는 '책임(responsabilité)'의 차원을 보여주고 있다. 이 이야기는 신화적인 성격을 가지고 있으면서도 서양인들의 뇌리에서 항상 지워지지 않고 있다. 가령 칸트는 인간의 '책임'에 대하여 새롭게 설명하기 위해 다음과 같이 말한다. "우리가 일상생활에서 저지르는 실수의 원인은 원죄에 있지 않으며, 또한 인간은 원죄 없이 결백한 상태로 에덴 동산에서 나왔다고 보아야 한다." 그런데 이러한 '책임'에 대한 칸트의 입장은 인간이 실수를 저지르게 된 동기가 무엇이건 간에 다르게 행동할 수도 있었음을 가정하고 있다. 그리고 인간의 책임은 그의 죄상(유죄성, culpabilité)이 존재해야만 가능할 수 있는 것이다[칸트에게 인간은 '독립적인 존재(主體)'인 동시에 '죄악의 책임자'이다]. 따라서 책임의 문제는 '자연적 원인성[causalité naturelle: 여기서는 신(神)을 의미한다]'이 아닌 다른 원인을 가정하여야 하며, 오로지 기존 논리와의 단절을 통해서만 다시 생각해볼 수 있게 된다('자연적 원인성'은 증거도 없이 모든 것을 설명하면서 인간을 무책임하게 만들었다). 따라서 '책임'은 '자유'의 개념을 전제로 하면서 '형이상학(métaphyque)'과의 재결합을 요구하게 된다. 우리는 유가의 입장이 '염려'를 인간에게 부여된 임무—서양에서의 책임의 의미— 로 보면서도 결코 모순에 빠지지 않는다는 것을 알 수 있다. 칸트가 제기하고 있는 '유죄성'은 유가(儒家)에서는 전혀 문제가 되지 않는다. 우리는 '유죄성'이라는 것이 얼마나 이념적이고도 개념적인 틀에 의존하는지 잘 알고 있다. 칸트철학의 문제에 대하여 우리가 유가사상을 통해 발견한 것과 니체(Nietzsche)가 서양인으로서 지적한 것을 다음과 같이 요약해볼 수 있다. 결국 칸트는 합리적인 인식의 틀 속에서도 '원죄'라는 기독교적인 개념을 계속 사용하면서 '금욕적 이상'의 근대적인 대변자가 되었을 뿐이다(니체는 이러한 '금욕적 이상' 덕분에 성직자가 교인들에게 두려움을 갖게 할 수 있었으며 또한 교인들이 현세를 거부하게 만들 수 있었다고 지적한다). 사실 고통과 실책 —징벌이 따르는— 이 합류하면서 나타나게 되는 '나 자신이 죄의 책임자'라는 감정은 항상 마력을 가지고 있었다. 게다가 서양인의 책임의식은 '각 개인의 자율적 판단(libre arbitre)'이라는 환상에 연결되어 있기 때문에 항상 비현실적일 수밖에 없었다. 그것은 마치 강자가 자신의 힘을 행사할 수도 있고 중지할 수도 있는 것과 같은 논리인 것이다. 그런데 모종삼을 비롯한 중국사상가들은 니체를 참고하지 않고서도 유가전통에만 기초하여 이러한 분석과 비판을 전개할 수 있었다. 그들은 기독교가 인간을 신(神)에 종속시키면서 인간 고유의 '존재성'이 성립되는 것을 막았으며, 동시에 인간이 자신의 본성을 완전히 자기 것으로 만드는 것과 '진정한 주체'가 되는 것도 막았다고 지적하고 있다. 결국 기독교는 인간을 신의 뜻에 따라 움직이는 수동적인 존재로 만들면서, 인간으로 하여금 현실에 대한 책임감을 느끼지 못하게 하였던 것이다.

그러나 중국사상가들은 중국사상의 독창성을 설명하는 과정에서 그들이 얼마나 기독교적인 개념에 의존하고 있는지를 인식하지 못하는 것 같다(이것은 맹자에게서 주관성(subjectivité)의 개념을 논할 때 특히 그러하다). 나는 여기서 두유명(杜維明)을 지목하고 싶다. 그는 기독교 전통에서 유래한 인간학이 기독교 원리에서 완전히 벗어날 수 있다고 믿고 있으며 또한 도구의 중립성만으로 인간학이 성립된다고 보고 있다. 현대 중국사상가들은 그들이 빌려 사용하는 개념들 속에 기독교적인 경험이 존재한다는 사실을 인식하지 못하고 있다. 왜냐하면 기독교의 전통인 선(善)과 악(惡)에 대한 '선택의 자율성', '원죄', '결백성의 추구' 등은 끝없는 자기반성과 주관적인 도덕적 판단 능력을 요구하고 있기 때문이다. 그렇게 함으로써 기독교적인 인간은 의식의 모순을 발견하게 되고, 자아 성찰을 통해 양심의 가책을 느낄 수 있으며 또한 그것을 고백할 수 있는 힘을 가지게 되는 것이다. 한편 우리는 루소의 작품에 나오는 '훔친 리본'의 장면을 생각해 볼 수 있다(Rousseau, *Confessions*, II). 루소가 마리옹(Marion)이 리본을 도둑질한 것을 비난한 이유는, 사실은 그가 마리옹을 너무나도 많이 생각하였기 때문이다. 이 사건 때문에 그녀에 대한 루소의 애정은 증오로 변하게 된다. 그런데 루소의 냉혹함은 그녀에 대한 그의 사랑을 반증하는 것이었다. 루소도 확인하고 있듯이 그의 냉혹함은 그녀를 진정 나쁘게 생각했기 때문은 아니었다. "나는 그녀가 나에게 리본을 준 것에 대해 비난하였다. 사실은 내가 그녀에게 리본을 선물하려 했기 때문이다." 그후 루소는 인간이 범하는 죄에까지 선(善)이 존재할 수 있다고 보게 되었고, 그의 책임의식은 더욱 깊어졌다.

요컨대 기독교는 인간에게 '원죄의식'을 심어주면서 인간의 '도덕 의식(道德意識)'을 강화시켰다. 이에 대하여 니체는 다음과 같이 말하고 있다. 기독교는 신에 대한 인간의 갈망을 이용하여 인간에게 도덕의식을 갖게 하였다. 그런데 이 도덕의식은 바로 '내적(內的)'이면서 '무한한' 신성(神聖)을 만나게 해주는 신에 대한 열망이었던 것이다.

제4부
의지(volonté)와 자유(liberté)

■ 제10장 ■

망상적인 의지(volonté)

1. 서양철학에서 의지(volonté)의 개념

기독교전통에서 유래한 인간학의 중심개념은 '의지(volonté)'이다. 루소나 칸트가 인간을 보는 관점도 의지에서 시작된다. 그런데 의지는 『에밀(*Emile*)』에서 처음으로 균열(분리)되는 모습을 보여주고 있다. 이러한 균열에서 시작하여 모든 것이 연관지어지며 또한 세계에 대한 일반적인 인식도 나타나게 된다. 우리의 몸 속에는 두 가지 종류의 움직임이 존재하는데 하나는 '전달된' 움직임이며 다른 하나는 '자연발생적'인 움직임이다. 이 중에서 '자연발생적'인 움직임만이 진정한 행위의 기원이 된다. "나는 움직이고 싶다. 그래서 나는 움직인다. 나는 내 몸이 움직이기를 바란다. 그래서 내 몸이 움

직이게 된다." 그리고 경험은 부인할 수 없는 것이 된다. 이와 마찬
가지로 칸트에게서도 '의지'는 도덕을 상정하기 위한 첫번째 용어
이다. "선(善)의 의지(意志)가 없이는 현세에서(내세에서조차도) 인간
이 감지할 수 있는 그 어떤 것도 선하게 존재할 수 없다."(Kant,
Fondements de la Métaphysique des Moeurs, I) 그런데 '의지'가 선할 수 있도
록 하는 것은 그것의 업적이나 달성이 아니며 주어진 목적에 도달
하는 능력도 아니다. 그것은 오로지 선을 바라는 것뿐이다. 이러한
'바람(le vouloir)' 자체는 순수하고도 절대적인 상태에 있는 것이다.
　'의지(volonté)'라는 말은 너무나도 널리 사용되는 것이기 때문에
현대 중국도 그것을 받아들여야만 했다. 그러나 중국의 문화전통
속에는 서양의 '의지' 개념을 구성하는 어떠한 요소도 발견되지 않
는다. 중국사상은 심리적 차원에서의 인간 능력에 대한 분석을 발
전시키지 않았다. 그리고 중국에서는 자신의 고유한 의사(意思)에
의한 것과 자신의 의사에 반하여 이루어지는 것 간의 구분이 분명
하지 않다. 고대 그리스에서는 이 두 차원이 명확하게 구분되어 있
었다. 아리스토텔레스는 정치적으로 한 시민의 행위에 대한 책임을
묻고 있으며, 연극에서도 '페드라' 같은 인물이 감정 때문에 얼마나
자신의 '의지'에 반하여 행동하게 되는지를 보여주고 있다. 이러한
기초 위에서 아리스토텔레스는 '선호도(*proairesis*)'에 따라 이루어진
행위와 단순한 '바람(souhait)'에 의한 행위를 구분하고 있다.[28] 이 문
제에 관하여 중국과 서양의 차이를 좀더 구체화해볼 필요가 있다.
중국에서는 인과성(因果性, causalité)에 대한 인식을 체계화하지 않았
다. 이것은 논리(論理)의 영역이나 물리(物理)의 영역에서도 마찬가

지였다. 그런데 서양의 '의지' 개념은 바로 인과성 —선택하고 결정할 수 있는 능력을 부여하는— 으로부터 정의된 것이다. 루소는 인간 행동의 제1원인으로 '의지'를 꼽아야 한다고 했다. 한편 칸트는 합리적 인간의 '의지'는 규칙의 구현을 통하여 원인(존재 이유)을 규정하는 능력이라고 했다.

우리는 중국인들에게 원죄의식(原罪意識)이 존재하지 않는다는 것을 알고 있다. 이에 반해 서양의 기독교전통에서는 원죄(原罪)를 극복하기 위한 '신(神)의 중재'라는 기초 위에서 '의지'에 대한 인식이 심화되었다. 그리고 '의지'는 무한한 것으로 간주되었다. 그런데 '의지'의 본질은 그것이 인간에게 엄청난 힘을 발휘할 수 있게 한다는 데 있다. 이 놀라운 힘은 때에 따라서는 신의 명령까지도 거부할 수 있는 것이다(인간이 악을 행할 수도 있다는 전제하에 '의지'를 인식하고 있는 아우구스티누스의 *modus defectivus*). 결국 인간의 심리학과 그것의 모델인 신의 심리학을 결합하여야만 '의지'의 개념은 명확해진다고 할 수 있다. 그런데 루소에서의 '신(神)의 의지'는 바로 신의 힘의 원천이기 때문에, 신은 원하기만 하면 모든 것을 이룰 수 있는 것이다. 한편 칸트에서 '신의 의지'는 단순히 '순수한 의지'만은 아니며 '성(聖)스러운 의지'를 의미한다. 이와는 달리 중국문명은 인격신(人格神)에 대한 고정관념으로부터 일찍이 벗어났으며 신학적인 성격의 원시적 우주론도 발전시키지 않았다.

이 정도라면 이제 우리는 서양의 '의지' 개념에 대하여 의심해보아도 될 것 같다. 서양철학자들도 '의지'를 행위의 출발점으로 보고 연구를 진행하였지만, 결국 '의지'의 성격이 매우 모호하다는 사실을 깨닫게 되었다. "내가 내 몸이 움직이기를 바라면 내 몸은 움직인다. 그러나 나는 왜 이렇게 되는지를 알 수 없다(어떻게 '의지'가 물리적인 움직임을 만들어낼 수 있을까?)." 이처럼 루소는 '의지'를 의심할 수 없는 체험으로 보면서도, 한편 그것은 매우 신비한 것이라고 말한다. 따라서 '의지'는 하나의 수수께끼가 되어버리고 만다. 마찬가지로 칸트도 '의지'에 기초를 두고 있는 '자유'를 설명하지 못하고 있다(왜냐하면 모든 현상을 자연법적 결정론에 의거하여 설명해야 함에도 불구하고, 이성적이 되고자 하는 인간의 '의지'는 이 틀을 벗어나면서 인간을 독립적인 존재로 만들기 때문이다). 여기서 하나의 의문이 제기될 수 있다. 즉 '단순 의지(意志)의 절대적 가치'라는 생각은 도덕의 중요한 요소가 아니라 단지 하나의 '초월적인 망상'일 수 있다는 것이다.

'의지'는 고대 그리스 문명과 기독교전통을 거치면서 결국에는 특수한 것이 되어버린, 문화적인 역사의 산물이다. 필자로서는 우리가 더 이상 이러한 역사 속에 존재하지 않는다고 하더라도 과연 '의지'라는 관념 없이 살아간다는 것을 상상이나 할 수 있을지 의문이 간다. 그리고 이러한 '의지'의 차원에서 점점 떨어져 나왔다는 사실이 서양의 사유체계에 어떠한 영향을 미치게 될지 생각해보게 된다. 루소와 칸트에게는 서양 역사의 결과인 이 '의지'가 너무도 당연한 것이어서 이러한 사실에 대해 아마 생각조차 해보지 못했을 것이다. 그들에게 '의지'는 인식의 출발점으로서 '첫번째 원리'이며 나머지는 부차적으로 따라오는 것에 지나지 않는다. 그런데 서양인들은 지금도 '의지'라는 관념이 그들의 사고방식에 얼마나 큰 영향을 미치는지 모른 채 살아가고 있다.

2. 동양사상과 의지(volonté)의 불필요성

니체는 외부에 있는 중국을 통해 발견하게 될 것을, 서양 내부에서 예측할 수 있게 해준 철학자이다. 칸트가 간단히 지적하고 넘어간 문제를 니체는 그냥 지나치지 않았다. 그는 자신의 모든 철학적 관심을 '의지(意志)'의 문제에 기울였으며(volonté de puissance), 그것을 단순한 차원이 아닌 매우 복합적인 차원의 문제라고 인식하였다(Nietzsche, *Par-delà le bien et le mal*, 19). 좀더 정확히 말해서, 우리가 '의지'와 같이 복합적인 개념을 단순히 여길 수 있었던 가장 큰 이유는, 우선 그것을 언어로 표현하는 과정에서 오직 하나의 단어('원하다', vouloir)만을 사용하였기 때문이다. 즉 철학자들은 말―그 자체로는 사유될 수 없는― 이 지니고 있는 선입견적 의미를 그대로 사용하였던 것이다. 우리가 니체로부터 배울 점이 있다면 그것은 그의 언어학자로서의 재능이다(사실 '양떼'나 '초인' 등을 주제로 한 그의 관념적 표류는 찬양의 대상이 되지 않는다). 니체는 언어가 문법적으로나 의미상으로 인간의 사유에 영향을 준다는 사실을 인식하고 있었다. 니체의 이러한 언어에 대한 주의(注意)는 그의 철학에 독창적인 틀을 부여하게 된다[여기에는 어떤 동물이 어느 대륙에 사는지 보여주는 '동물지(faune)'에서처럼 '자연적 환경체계'의 모습을 닮은 '개념적 환경체계'가 존재할 수 있다]. '의지(Volonté)'라는 단어에 대한 집착은 인도 유럽어에서 공통적으로 사용되는 어근에 기인한다. 그것은 'vouloir'(의식을 가지고 바라다 : 고대 그리스어로 boulesthai, 라틴어로는 velle, 독일어로는 wollen이다)라는 동사의 어의소(語義素, sème)에서 비롯된다.

그런데 엄밀히 말해서 중국어에는 'vouloir'와 같은 의미를 가진 말이 존재하지 않는다. 맹자는 '준비가 되어 있다' 혹은 '동의한다', 그렇지 않으면 '그저 단순히 바란다['욕(欲)'의 의미]' 등의 표현을 쓰고 있다. 그리고 '의지'가 아닌 '용기'라는 덕목이 어떤 일을 결정하는 데 기본요소로서 작용한다(공손추, 上, 2). 공교롭게도 'volonté'의 번역어로 쓰이고 있는 '지(志)'는 그 의미가 명확하지 않다. '지(志)'는 『맹자』에서 주로 '결심'을 의미하고 있다. 동시에 그것은 인간이 '도덕적으로 열망하는 것'을 의미한다(진심, 下, 15 참조). '지'는 우리가 그것을 성취하건 성취하지 못하건 하나의 갈망의 대상이 되기도 한다(진심, 上, 9 참조). 나아가 '지'는 효과적인 실현(實現)에 반대되는 의미로서 '단순한 의도'일 수도 있으며(등문공, 下, 4), 때로는 내적인 감정의 연장을 뜻하기도 한다[예를 들면 예물(禮物)을 보낼 때의 마음의 자세이다 : 고자, 下, 5 참조]. 그리고 '지'는 우리가 우리의 몸을 양육하듯이 길러지는 것이다(이루, 上, 19 참조). '지(志)'는 『맹자』에서 단 한번 '마음의 의향'의 의미로서, 우리의 몸을 채우고 있는 '기(氣)'를 제어할 수 있는 것으로 쓰여지고 있다[공손추, 上, 2. 쿠브뢰는 이 문구를 "정신(esprit)은 감성(sensibilité)을 억제해야 한다"고 번역하고 있다 : Couvreur, p.363]. 그런데 '지'와 '기'의 기능은 양자간의 위계적 관계에 의해서 정의된다. '지'는 우리가 그것을 엄격히 유지하여야 하며, '기'는 그것에 무리한 힘을 가하지 말아야 한다. '지'가 한곳에 집중되면 '기'를 움직이게 한다. 반대로 '기'가 한 곳에 집중되면 그것이 '지'를 움직이게 한다. 가령 사람이 달려가다가 도리어 넘어지는 경우가 있는데, 그것은 '기'가 넘쳐서 '지'의 지도 기능에 영향을 주었기 때문이다. 그런데 맹자는 이러한 '지'의 지도 기능을 마음[心]에 부여하고 있다. 이와 같이 맹자의 분석에는 아리스토텔레스에서의 '우선성에 의한 선택'이나 '심사숙고의 과정' 그리고 '결정'과 같은 것은 개입될 여지가 없다.

다시 니체로 돌아가보기로 하자. 니체는 복합적인 개념인 'vouloir'에서 가장 쉽게 발견되는 것은 바로 위계(位階)적인 관계라고 하였다. "그것은 단순히 명령이나 복종인 것이다." 그 자체로는 매우 단순한 이 관계는 우리의 신체와 정신의 '복합적 공동구조' 속에서 이루어진다. 니체는 '의지'를 이러한 위계적 관계의 기초에서 일반적인 개념으로 만들어주는 것을 " '나'의 종합 개념(concept synthétique du moi)"이라고 부르고 있다. 이것은 서양철학의 한 부분이기도 한데 바로 이 개념이 주체로서의 '나(moi)'—하나의 단위이며 개체로서 제기되는—의 정체성(identité) 속에서 명령과 복종 간의 이원성(二元性) 문제를 해결해줄 수 있다. 또한 이것은 무엇이 자신의 '의지'인지 잘 모르도록 우리를 혼란시키면서, '의지'를 '의지의 행사'로 착각하게 만든다. 이렇게 하여 한 인격체의 모든 차원에서 작용하는 여러 과정(processus)들이 자아의 의식 차원에서 단 하나의 과정으로 요약된다. 그 결과, 우리는 "나는 생각한다"고 말하듯이 (인도유럽어에서 매우 중요한 '주어'의 기능을 최대화하면서) "나는 원한다"고 말할 수 있게 된다. 우리는 인간이 자신의 생각을 확신하는 것처럼, 자신의 '의지'에 대해서도 확신을 가진다고 믿고 있었다[루소는 『에밀』에서 "어떻게 하나의 '의지'가 물리적이며 육체적인 움직임(행동)을 만들어낼 수 있는 것일까? 도대체 잘 모르겠지만 나는 '의지'가 나의 내부에서 이러한 움직임을 일으키는 것을 느낀다. 즉 내가 움직이고자 하기 때문에 나는 움직인다"라고 말하고 있다 : Rousseau, E., p.330]. 바로 이러한 시각의 정점에 '자유 의지'가 존재하고 있으며, 나는 자유롭게 원할 수도 있고 원하지 않을 수도 있다. 그러나 무엇인가를 원하는 능동적인 주체인 동시에 원인으로서 '나'를 제기하게 되면, 나는 혹시 '과정(processus)'이라는 현실로부터 멀어지게 되는 것은 아닐까? 그러나 최소한 맹자의 사유체계에서는 체험을 종합하고 그것을 전개시키기 위한 '나-주체'가 개입될 여지는 없는 것이다. 바로 여기에서 필자는 '과정(過程)'을 중히 여기는 중국사상의 근본 입장을 발견하게 된다.

맹자에서는 '의지'의 개념이 없을 뿐만 아니라 'vouloir(원함)'의 범주 자체가 존재하지 않는다. 우리는 이것을 맹자가 '능력'과 '원함'을 대비시키지 않는 것을 통하여 알 수 있다. 오히려 맹자는 '능력[能]'과 '행위[爲]'를 대비시키고 있다. 한 제후가 자신이 선정(善政)을 베풀 수 있을지에 대해 의심하고 있었는데, 결국 그는 맹자의 설명을 듣고 나서 그럴 수 있다는 것을 깨닫게 된다. 맹자가 말하기를, 만일 제후가 어진 정치를 하지 않는다면 그것은 그가 그럴 '능력(能力)'이 없어서가 아니라 단지 그것을 '행(行)'하지 않기 때문이라는 것이다(양혜왕, 上, 7). 그리고 맹자는 '능력'과 '행위'를 명확히 구별하기 위해 다음과 같이 말하고 있다. "만일 태산을 옆에 끼고 바다를 건너가라고 어떤 사람이 명령할 경우에 그럴 수 없다고 하는 것은 정당하다. 그러나 만일 어른에게 허리 굽혀 인사하는 것을 할 수 없다고 한다면, 이것은 능력이 없어서 '하지 못하는 것'이 아니라 '하지 않는 것'이다[쿠브뢰는 이러한 대비를 이해하지 못한 채, 그

것이 비논리적이라고 하면서 중국에는 행동(action)과 의지(volonté)의 개념
이 없기 때문이라고 잘못 해석하고 있다] 맹자에서 '할 수 있는 것'과
'하는 것'의 대비는 사람의 행실에 대한 모든 설명의 기초를 이루고
있다. 왜냐하면 맹자가 중요시하는 판단의 기준은 바로 '실천'이기
때문이다. 그는 모든 사람이 요순(堯舜)임금과 같은 성인(聖人)이 될
수 있다고 단언한다. 다만 "그렇게 되기 위해서는 그들과 같은 행실
을 가져야 한다. 그것이 전부다. 힘센 장사가 들었던 무거운 짐을
들어 올리면 그 사람도 장사가 될 수 있는 것이다. 그런데 어떤 사
람이 그렇게 되지 않는다고 불평하고 있다면, 그것은 단지 그 사람
이 그렇게 하지 않았기 때문이다. 만일 당신이 성인의 옷을 입고 성
인처럼 말하고 행동한다면, 당신은 성인이 되는 것이다."(고자, 下, 2)

3. 도덕적이 될 수 있는 조건

맹자가 'vouloir(원함)'의 범주를 사용하지 않아도 되었던 이유는 그
가 도덕성을 '의도적인 선택'이나 '의지에서 비롯되는 행위'가 아니
라 도덕적 '잠재력'이나 그것의 '실현'을 통해 인식하였기 때문이다
[맹자의 도덕은 인간애(人間愛)라는 깊은 뿌리에서 출발하고 있다]. 중국문
명이 싹[胚]에 기초하는 '식물성장 과정'을 모델로 하고 있다면, 서양
문명은 고대 그리스의 영웅적인 서사시나 연극에 등장하는 '행동하
는 존재'로서의 인간을 묘사하는 전통을 가지고 있다[성경 역시 그 대
부분은 행위에 대한 기록이다. 이에 반해 중국은 영웅적 서사시나 연극을

경험해보지 못했다). 따라서 우선 맹자는 'vouloir'의 범주를 거치지 않으면서, 악(惡)이라는 문제와 마주치지 않게 된다. 칸트와는 달리 맹자에게는 '완전한 악'은 존재하지 않으며 또한 존재할 수도 없다. 맹자에게 대안이 있다면, 그것은 인간 내면에 있는 성향(propension: 인간이 본래 가지고 있는 긍정적 기질)을 전개시키도록 도와주거나 그렇지 않으면 그것을 잃어버리도록 그대로 방치하는 것뿐이다. 이러한 대안은 선(善)과 악(惡), 신(神)과 악마(惡魔) 사이에서 주저하면서 고민하다가 결정하기에 이르는 차원의 것이 아니다. 이와는 반대로 서양의 헤라클레스는 십자로에서 망설였고, 아담과 이브는 에덴 동산에서 유혹을 경험하였다.

중국의 표상(表象, représentation)에는 극단적인 영웅적 상황을 만들기 위해 완전히 분리하여 격리할 수 있는 '교차되는 차원'의 형상은 존재하지 않는다(서양인들에게 익숙한 이러한 상징체계는 중국에서는 발달하지 않았다). 또한 이미 주어져 있는 것을 선택하는 차원도 찾아볼 수 없다. 게다가 '인간은 죽는다'는 파멸감 앞에서 우리에게 영원성을 만나게 해주는 유혹(tentation)의 시험은 더욱더 존재하지 않는다. 고대 그리스 연극에서는 비극적인 동시에 신화적인 주제를 다루고 있는데, 중국에서는 이러한 파멸적인 비극은 발견되지 않는다. 그렇기 때문에 대조법과 수사학(修辭學, rhétorique)적인 효과에도 불구하고 맹자가 제시하고 있는 도덕적 대안은 현실적으로 한 가지만을 의미하지는 않는다. 그것은 매우 간접적이며 완곡하게 표현되고 있다. 가령 맹자에서의 악(惡)은 단지 '선(善)이 아닌 것'뿐이며 결코 이론적인 경직성을 띠고 있지 않다.* 요컨대 중국사상은 서양철학이 답을 구하려 했던 문제 ―결국에는 해결할 수 없는 문제가 되어 버렸지만― 에 대해 전혀 관심을 기울이지 않았다. 그래서 서양 철학자들에게 중국사상은 무미건조하게 느껴질 수도 있는 것이다.[**] 그러나 중국 사유(思惟)의 조리성(條理性)과 응집력(凝集力)은 우리를 사로잡는다. 왜냐하면 도덕성의 문제에 있어서 '과정(processus)'에 역점을 두고, 어떻게 하면 인간의 본래 성향이 제어 또는 고무될 수 있는지에 주로 관심을 갖기 때문이다. 중국 사유는 매혹적인 ―그러나 결코 해결할 수 없는, 예를 들면 인간은 과연 사악해지기를 원할 수 있는가 따위의― 질문을 던지기보다는 '주어진 조건'의 결과에 대한 세심한 분석을 보여준다.

이 '주어진 조건(conditionnement)'은 개인적인 차원과 집합적인 차원 모두에서 이해되어야 한다. 우선 개인적인 차원에서 '주어진 조건'에 대한 맹자의 입장은 루소의 입장과 매우 비슷하다("절제, 그리

---

[*] 이 '선(善)이 아닌 것'은 서양의 철학전통에서는 하나의 '실수' ―또는 착오― 일 뿐이며, 기독교의 시각에서 보면 '원죄의식' ―또는 유죄성― 에 해당한다 [고대 그리스에서는 의도적인 악(惡)은 존재하지 않는다고 보았으므로 나쁜 행동은 하나의 실수로 간주되었다]. 그런데 중국인들은 일반적으로 인간의 실수나 잘못을 단지 '조정'의 부족이라고 생각하였다. 그들은 결코 이것을 형이상학적인 차원에서 보려고 하지 않았다.

[**] 중국의 사유(思惟)에는 '수수께끼'나 '흥분', '매혹' 따위는 존재하지 않는다. 이러한 경향은 유가(儒家)의 전통보다도 더 오래된 것으로 보인다. 중국사상은 인간의 지적 호기심에 대하여 관심을 갖지 않았으며, 이것은 문장구조에까지 나타나고 있다. 그리스의 문장은 복합적인 운용과 가설, 문장체계의 엄격성 등을 통하여 정신에 대한 자극을 멈추지 않음으로써 환희를 느끼게 해준다. 반면에 맹자(孟子)의 문장에서는 개념이 범람하는 것을 전혀 발견할 수 없다. 또한 그것은 사상의 축제를 만들어내지도 않는다. 그런데 맹자의 문장은 철학적 기대를 포기하게 하면서도 결코 철학적 탐색을 게을리 하지 않고 있다.

고 욕망의 극소화": Rousseau, E., p.292). 이것은 루소도 맹자처럼 도덕
성의 기초를 '자연적 선(善)(bonté naturelle)'에 두고 있는 데 기인한
다. 왜냐하면 루소는 칸트와는 달리 '완전한 악(惡)'을 믿으려 하지
않았기 때문이다. 그러나 맹자와 루소의 유사성은 루소가 항상 '원
죄'라는 기독교전통의 영향하에 있다는 제약 때문에 단순한 수준에
서 그치게 된다. 맹자가 인간 욕구(欲求)의 제어에 대하여 긍정적이
었던 이유는 욕구 자체가 나쁜 것이어서가 아니라 그것이 인간의
도덕성 개발을 방해하기 때문이었다. 이 점에 관해 자세히 관찰해
보아야 할 구절이 있다. "도덕심을 기르기 위해서는 욕심을 줄이는
것보다 더 좋은 방법은 없다. 그러나 욕심이 적은데도 도덕심이 부
족한 사람이 있는데, 이것은 매우 드문 경우이다. 반대로 욕심이 많
으면서도 도덕심을 지니고 있는 자가 있다. 그런데 이것 또한 매우
드물다."(진심, 下, 35) 결국 도덕심과 욕심의 관계는 완전히 배타적인
것만은 아니라고 할 수 있다. 여기서 우리는 다시 한 번 맹자의 도
식이 '규범적(規範的)'이지 않다는 사실을 깨닫게 된다. 이것은 감각
적 충동이 원칙적으로 도덕법에 반한다고 보는 칸트의 입장과 대조
를 이룬다. 이러한 맹자의 관점은 불교(佛敎)의 전통과도 차이를 보
인다. 한편 불교의 영향을 완전히 배제할 수 없었던 '후기 유가(儒
家)'의 입장은 좀더 엄격한 면이 있다고 볼 수 있다. 그렇지만 실제
로 욕구와 도덕성이 양립하기는 쉽지 않다. 하나가 다른 하나를 방
해하지 않을 수는 있지만, 한쪽의 개화(開花)가 다른 쪽을 촉진시키
는 경우는 매우 드물기 때문이다. 따라서 욕구의 축소가 도덕성을
유지하는 데 유리한 조건을 만들어준다고 할 수 있다.

사회적인 차원에서 맹자는 제후들에게 다음과 같이 당부하고 있다. "만일 나라의 백성들이 선하게(도덕적이) 되기를 바란다면 먼저 제후가 그들에게 물질적인 풍요를 보장해주어야 한다." 그리고 이 것을 위해 제후가 취해야 할 조치를 맹자는 구체적으로 나열하고 있다. 그것은 "세금을 가볍게 할 것, 농업활동의 중요 시기를 존중할 것, 물질과 자원을 아낄 것, 백성들의 필요에 맞춰 분배를 할 것" 등이다(양혜왕, 上, 3, 7). 결국 백성들은 경제적으로 생활이 안정되고 생명에 대한 위협이 완전히 사라져야만 비로소 모두가 서로 지켜야 할 도리를 지키면서 도덕심을 기를 여유를 갖게 된다는 것이다. 따라서 백성들의 생존을 보장하는 것이 우선이며, 그들을 교육하는 것 ―도덕심을 길러 주는 것― 은 그 다음의 일인 것이다. 그러나 요즈음 우리는 이와는 정반대로 살아가고 있다. 열악한 경제여건들은 곤궁하고 불안정한 상황을 만들어내면서 협동의 연대성을 무너뜨리고 있다. 결국 사람들은 분열되고, 사회는 점점 해체되어가고 있다(양혜왕, 上, 5 참조). 맹자는 과연 '공산주의적 낙원'을 꿈꾸고 있었을까? "만일 어두운 저녁에 당신이 남의 집 문을 두드리면서 물이나 불을 요구한다면, 그것이 충분히 있는 사람들은 당신의 요구를 거절하지 않을 것이다."(진심, 上, 23) 따라서 우리에게 물이나 불만큼 식량이 넉넉하게 있다면, '비인간성'이 남아 있을 자리는 아마도 없을 것이다.

4. 도덕성이 효과를 발휘하려면

이렇게 맹자는 '주어진 조건(conditionnement)'의 중요성을 강조하면서, 중국사상에서 가장 보편적인 개념인 '효과성(efficacité)'에 대하여 말하고 있다. 기대하는 효과를 거두려면 의도적으로 기도(企圖)해서는 안 된다(그렇게 하면 무리가 따라 결과가 안 좋아질 수 있기 때문이다). 효과는 단순한 결과로서, '주어진 조건'에서 자연발생적으로 나타나도록 해야 한다. 그러므로 백성들에게 규격화된 하나의 이상형을 따르라고 강요하면서, 그들이 도덕적이 되기를 바라서는 안 된다. 따라서 모든 억압적인 정치는 헛된 것이라고 할 수 있다. 강제력으로 나라를 다스리는 것은 백성들을 징벌의 그물 속에 가두는 것과 마찬가지다(등문공, 上, 3 참조). 다시 말해 우선 사회경제적 조건을 안정시키면서 도덕성이 자연스럽게 성숙될 수 있도록 해야 한다. 그렇다고 해서 도덕과 사회경제적 조건의 관계에 대한 맹자의 입장이 결정론적(déterministe)이라는 의미는 아니다(서복관과 같은 현대 중국사상가는 마르크스주의에 반대하는 입장에서 이 점에 주의를 기울이고 있다).[29] 경제적 조건은 도덕적이 되기 위한 긍정적인 요인일 수는 있지만, 그것이 절대적으로 필요한 것은 아니다. 그 증거로 옛 선비들의 예를 들 수 있다. 풍요롭고 안정된 삶이 보장되지 않아서 백성들은 도덕성을 유지할 수 없지만, 선비들—여기서는 도덕심을 가진 사람들로 보자—은 궁핍한 속에서도 꾸준히 도덕심을 유지하며 살아간다(양혜왕, 上, 7 참조). 그리고 경제적 조건은 도덕성을 위한 충분조건도 되지 못한다. 왜냐하면 도덕성을 완성시키는 데에는 또 다른 조건이 요구되기 때문인데, 그것은 바로 교육이다.

'도덕성의 조건'이라는 개념은 식물의 싹이 발아되는 과정을 모델로 하고 있다. 이것은 우리가 겪는 경험의 일반성에 기초하고 있다. 가령 어떤 식물을 빨리 자라게 하기 위해 그 싹을 힘으로 끌어당길 수는 없으며, 또한 밭에 김을 매주지 않으면서 식물이 잘 자라기를 기대할 수는 없는 것이다. 첫번째 경우는 기대하는 효과를 너무 직접적으로 얻으려는 데 문제가 있고, 두번째 경우는 조건이 제공하는 간접적인 효과를 무시한 데 문제가 있다(공손추, 上, 2). 사람에게 도덕성이 잘 길러지도록 하기 위해서는 식물의 성장을 위해 잡초를 제거해주듯이 항상 마음을 쏟아야 하는 동시에, 식물의 싹을 억지로 끌어당기지 않는 것처럼 자연스럽게 도덕성이 개발될 수 있는 시간과 여유를 주어야 하는 것이다. 그런데 도덕성이 전개되기 위한 구조적 조건은 경우에 따라 다를 수 있다. 맹자는 다음과 같이 말한다. "풍년이 든 해에는 젊은이들이 대체로 좋은 행실을 갖는다. 반대로 흉년이 든 해에는 이들의 행실이 대체로 과격한 편이다. 이것은 그들의 본성이 달라져서가 아니라 단지 상황이 좋지 않아서 도덕심이 약해졌기 때문이다." 또한 보리와 밀의 성장 과정을 통해 비유하기를 "같은 장소와 같은 시기에 씨를 뿌렸는데도 그 자라는 정도가 다른 이유는 강수량, 물 대기, 농부의 손길에서 차이가 나기 때문이다"라고 하였다(고자, 上, 7). 맹자는 이러한 논리를 자신의 정당화를 위해서도 사용하고 있다(우리는 맹자가 제후들의 마음을 돌리는 데 왜 실패했는지를 알아볼 필요가 있다). "세상에서 가장 잘 자랄 수 있는 초목도 씨를 뿌린 후 하루만 해를 쬐게 하고 열흘 동안 찬 곳에 둔다면 결코 제대로 성장할 수 없다"고 맹자는 말한다. 그런데 맹자가 제후를 만나는 일은 매우 드물었고, 실제로 만났다고 하더라도 그가 떠나자마자 제후의 마음은 다시 식어졌으므로 제후의 마음에 양심의 싹이 나서 자랄 만한 시간적인 여유가 없었던 것이다(고자, 上, 9). 그럼에도 불구하고 '도덕성의 성숙'에 대한 맹자의 일반적인 입장은 낙관적이다(고자, 上, 19). "극심한 더위와 가뭄 등과 같은 불리한 조건들은 도덕성을 가로막지만, 하늘이 불현듯 소나기를 내리면 그 싹은 발아하게 된다."(양혜왕, 上, 6)

이처럼 우리는 도덕성이 환경의 영향을 받는다는 사실을 알 수 있다. 공자(孔子)와 마찬가지로 맹자(孟子)도 주변 환경의 중요성을 강조하고 있다(맹자의 모친은 그가 좋은 환경에서 자라도록 하기 위해 세 번 이사하였다; 공손추, 上, 7). 왜냐하면 환경의 영향은 우리가 모르는 사이에 우리의 생활 깊숙이 스며들기 때문이다(진심, 上, 13). 도덕성을 기르는 것은 어린 아이가 새로운 언어를 배우는 과정과 매우 비슷하다(등문공, 下, 6). 새로운 언어를 배우는 최선의 방법은 그 언어를 사용하는 곳으로 아이를 보내서 살게 하는 것이다. 그렇게 해서 몇 년이 지나면 아이는 결국 환경의 영향을 받아, 먼저 사용하던 언어를 구사하는 것이 오히려 쉽지 않게 된다. 도덕의 경우에도 우리를 둘러싸고 있는 환경이 중요한 것이다. 한편 맹자는 간접적인 자극의 효과도 중요시하고 있다. "최상의 지혜는 어떤 사람이 나의 결점을 지적할 때 그것을 기꺼이 받아들이는 것이다. 그리고 두번째 지혜는 아주 작은 칭찬을 들어도 그것을 고맙게 여기는 것이다. 순(舜)임금은 모든 선(善)을 다른 사람들과 나눠가지려 하였다. 그리고 그는 선행(善行)을 하기 위해, 다른 사람들의 좋은 행실을 본받는 것을 선호하였다."(공손추, 上, 8) 이렇게 순임금은 보통 사람들도 행할 수 있는 선행의 예를 백성들에게 보여줌으로써 그들이 쉽게 도덕을 이해하고 실천하도록 고무하였던 것이다. 여기서 '주어진 조건'의 중요성은 절정에 이르게 된다. 다시 말해, 군자(君子)는 다른 사람들에게 자신을 본보기로 제시하기보다는 그리고 자신의 지혜를 자기만의 것으로 간직하려 하기보다는, 한 발 뒤로 물러나서 겸손한 자세를 견지해야 하는 것이다. 이러한 '겸허(謙虛)'야말로 진정한 효과를 낼 수 있는 조건이라고 할 수 있다.

그렇지만 과연 선의(善意)의 영향력만으로 충분히 악(惡)을 이겨낼 수 있을까? 어느 문명에나, 악(惡)이 존재한다는 사실을 보여주기 위해 가족 구성원을 원수로 둔갑시키는 일은 흔히 있었다(에테오클레스와 폴리니스, 카인과 아벨, 이삭과 자콥 등등). 순임금과 같은 성인도 그의 부모와 아우로부터 미움을 받았다고 맹자는 말하고 있다. "어느 날 순의 부모는 창고를 수리하라며 그를 창고 지붕 위에 올려 보낸 뒤, 사다리를 치우고 불을 질렀다. 한번은 순에게 우물을 파라고 시킨 후, 그가 구덩이에 들어가자 위에서 흙을 덮어버렸다. 순의 아우는 그가 죽은 줄 알고, 이 공로가 모두 자신의 것이므로 순의 재산은 모두 자기 것이라고 주장하였다. 그런데 아우가 순의 궁중에 들어가 보니, 순은 살아서 거문고를 타고 있었다. 아우는 놀라 얼굴을 붉히면서, 순이 걱정이 되어 와보았다고 말했다. 그럼에도 불구하고, 순은 자신을 죽이려 했던 아우에게 벼슬을 내려주었다."(만장, 上, 2) 이 이야기는 매우 감동적이며 우리에게 교훈을 주고 있다. 그런데 맹자의 한 제자가 질문을 던졌다. "순임금은 자신의 아우가 자신을 죽이려 했던 사실을 알고 있었습니까?" 맹자는 "어찌 모를 수가 있었겠는가? 순임금은 고통과 기쁨을 동시에 느끼고 있었다."라고 대답하였다. 제자가 다시 물었다. "그렇지만 순임금이 아우를 만났을 때 나타낸 기쁨은 가장된 것이 아닐까요?" 맹자가 대답하기를 "순은 아우가 형제애(兄弟愛)의 자세를 가지고 돌아왔다고 생각하였다. 그렇기 때문에 순은 아우를 다시 만난 것을 기뻐했으며, 또한 그를 신뢰하였다. 어떻게 여기에 위선이 있을 수 있겠는가?"라고 하였다(만장, 上, 2).

맹자는 더 이상 말하지 않았다. 이렇게 이야기는 끝을 맺고 있으며, 그는 제자의 질문에 구체적으로 답하지 않고 있다. 이처럼 맹자는 하나의 원칙을 제시하기보다는 역사 속에 실제로 있었던 사건을 예로 들면서 설명하고 있다. 그리고 맹자는 명확한 결론을 내리기보다는 완곡한 어법으로 논의를 끝맺는다. 앞에서 살펴본 이야기는 좋지 않은 행실을 내용으로 담고 있다. 그런데 맹자는 '선(善)'의 의지만큼이나 '악(惡)'의 의지도 인정하려 하지 않는다. 수많은 사악한 행실들이 끝나고 나면, 모든 것은 너무나도 쉽게 정리되곤 하는 것이다. 앞의 이야기에서 형제간의 갈등이 해결되는 부분은 꾸며진 것으로 볼 수 있다(맹자의 제자는 —그의 질문을 통해 짐작하건대— 이 점을 인식하고 있었던 것 같다). 이러한 상황은 우리가 중국의 사유(思惟)를 접하면서 흔히 겪게 되는 일이다. 중국인들은 '선'이 존재하기 때문에 반드시 그에 대한 '악'도 존재한다는 논리를 가지고 있지 않다. 그들은 '조정(調整)'의 논리를 통하여 어려움 없이 문제를 해결해나간다. 중국의 사유(思惟)는 신화를 필요로 하지 않는다(공포나 매혹적인 것도 불필요하다). 따라서 아담과 같은 존재는 없어도 된다. 물론 그것이 항상 쉬운 것만은 아니다.

제11장

'자유(liberté)'라는 관념의 부재(不在)

1. 서양 도덕철학에서 자유(liberté)의 의의(意義)

'의지(volonté)'가 격리됨으로써 생기는 또 하나의 문제는 '자유 (liberté)'라는 개념을 생각해야만 한다는 사실이다. 실제로 이 문제는 의문의 여지가 없는 아주 명백한 것이다. 루소는 '자유' 없이는 진정한 '도덕 의지'란 존재할 수 없다고 말한다(Rousseau, E., p.340). 칸트에게서 '도덕 의지'는 이성적인 인간의 존재 이유인데, 여기서 '자유'가 바로 '도덕 의지'의 주인이 된다. '자유'의 정의에 대해서는 모두가 대체적으로 동의하고 있다. 소극적인 의미에서 자유는 '독립성 (indépendance)'으로 해석된다. 칸트는 '독립성'을 외부적 요인에 대해 독자적으로 행동할 수 있는 힘으로 보고 있다. 적극적인 의미에서의 자유는 '자치(自治, autonomie)'를 뜻하는데, 칸트는 '자유 의지(volonté libre)'와 '도덕법에 따르는 의지'를 실제로는 동일한 것으로 보고 있다. 결국 '자유'는 하나의 주체가 어떤 외부적인 힘에 복종하지 않는 것만을 의미하지 않는다. '자유'는 좀더 본질적인 것으로서 자신에게 적용될 법(法)을 스스로 자신에게 부과하는 차원의 개념이다.

'자유'는 마치 서양의 문화가 되어버린 듯하다. 그리고 도덕에 대한 고찰도 서양에서는 '자유'의 문제로 귀결된다. 이와 같이 서양문명은 '자유'를 하나의 가치로 삼았으며 나아가 그것을 이상화하기까지 하였다. 따라서 '자유'의 문제를 자신들의 철학적 사유의 표적으로 삼았던 루소와 칸트는 이 주제와 관련하여 다시 합류할 수밖에 없다. '자유'의 개념은 '순수이성'의 체계를 이해하는 중요한 열쇠가 되어, 결국 칸트에게서 도덕의 문제는 '자유'로 귀착하게 된다. 또한 루소는 인간이 스스로 선(善)을 행할 수 있다고 보고, 인간의 행동에 도덕성을 부여할 수 있다고 하였다. 이렇게 하여 인간이 '천부적인 자유'를 지니고 지상에 태어났다는 논리가 성립하게 된다.

이러한 입장은 반박할 수 없을 만큼 완벽하였으며 널리 확산되어 서양인들의 의식에 배어들게 됨으로써 최소한의 의문의 여지조차 남기지 않았다. 따라서 적어도 서양의 관점에서는 전혀 문제가 되지 않는다(여기서 우리는 전통의 영향을 무시할 수 없다). 그런데 우리는 맹자나 다른 어느 중국사상가에게서도 '자유'의 개념을 찾아 볼 수 없다[그래서 서양의 개념인 'liberté'를 번역하기 위해 '자유(自由)'라는 새로운 용어를 만들어야 할 정도였다]. 맹자는 간혹 도덕성이 부족한 사람을 가리키면서 '예속된 사람'이라는 표현을 쓰고 있다(공손추,

上, 7). 또한 세상이 알아주든 알아주지 않든 개의치 않는 군자(君子)
를 가리켜 '태연함'이라는 표현을 쓰기도 한다(진심, 上, 9). 그러나
『맹자』의 어느 곳에서도 '자유(liberté)'의 개념은 발견되지 않고 있
다. 그의 책 속에 '자유'라는 용어가 쓰이지 않는 것뿐만 아니라, 맹
자의 사유체계에는 '자유'라는 개념 자체가 존재하지 않는다. 이처
럼 동·서양 간에 문화적인 차이가 많이 존재한다는 사실을 우리는
알 수 있다.

  서양에서 '자유'의 개념이 발전하여 계몽시대에 이르러 성숙하고
그 자리를 확고하게 구축할 수 있었던 이유는 그것이 '경험' ―서양
근대철학에서 그 중요성이 밝혀진― 에 의해 떠받쳐졌기 때문이다. 고
대 그리스인들은 '정치적 자유'의 개념을 발견하였는데, 그들은 이
것을 마치 정복을 통해 쟁취한 것처럼 여기며 향유하였다. 그들에
게 '정치적 자유'는 우선 외부(페르시아)의 침략에 대한 방어와 독립
이었으며, 내부적으로는 도시국가(아테네)의 민주적인 정치체제를
운영하는 것이었다. 노예는 '자유인(시민)'에게 복종하였고, '자유인'
은 '법'에 복종하였다. 이와 같은 사유체계가 형성되고 사회체제가
완성되어가고 있었던 기원전 4세기에(맹자도 이 시기에 살았다), '자
유'에 대한 열정은 개인의 내면 차원에까지 확대된다. 즉 '자유'는
'시민적인 자유'뿐만 아니라 '이성'에 대한 복종을 의미하며 동시에
'도덕 차원'을 포함하기에 이른다. 이에 반해 고대 중국에서는 자유
인과 노예의 지위가 구분되지 않았다. 그리스인들이 '자유'라는 관
념을 통해 대외적으로 자신들의 우수함을 내세웠던 반면, 중국인들
은 '교육'과 '도덕'을 통하여 타민족에 대한 우월감을 느끼고 있었

다. 중국인들은 대내적으로 전제적인 정권을 전복하는 것보다는 혼란된 나라를 바로잡고 질서를 회복하는 데 관심을 두고 있었다. 왜냐하면 중국인들은 왕정이 아닌 다른 정치체제를 경험해본 적이(구상해본 적도) 없었기 때문이다. 춘추전국(春秋戰國)시대의 중국은 도시국가들의 연맹이 아닌, 여러 제후국들 간의 치열한 패권 경쟁 상태하에 있었다. 이 패권을 놓고 치열하게 경쟁하고 있었다. 한편 철학(형이상학)적인 차원에서 보더라도(그리스 전통이 아닌 기독교적인 관점) '자유(liberté)'는 신(神)에 대한 인간의 관계를 규정하는 데 사용되었다. 신의 섭리는 인간의 선택에 자리를 내주었으며, 인간은 신과 마찬가지로 자유로웠다. 이와 달리 중국은 '인격화된 신'의 개념을 발전시키지 않았으며, 신학적인 인식체계도 구상하지 않았다.

이렇게 해서 두 문명의 차이를 대략 파악해보았으면, 이제 그것을 철학적으로 분석해보기로 하자. 그러기 위해서는 먼저 앞에서 분석한 '의지'의 문제 —비교의 초점이 된— 에 다시 접근할 필요가 있다. 우리가 '자유'의 문제에 대해 생각해보게 된 이유가 있다면, 그것은 인간을 인간 그 자체로서 인식하였기 때문이며(아리스토텔레스, 『시학』, 48a), 그리스 비극이나 서사시에 나타나듯이 인간이 어떻게 행동하게 되는지를 알아야 하는 문제가 반드시 제기되기 때문이다. 따라서 도덕을 구상하는 데 있어서 '행동'이라는 범주 —인간이 바로 그 주체가 되는— 가 우선하게 된다는 사실을 확인할 수 있게 된다. 이것은 칸트나 루소에서도 마찬가지이며, 두 사람 모두 '행동'으로부터 도덕의 원리를 찾으려 하고 있다. 루소는 "모든 '행동'의 원리는 자유로운 존재의 '의지' 속에 있다"고 했으며, 칸트는 " '행동'의 요인으로 '의지' 외에 다른 것은 없다"고 보았다. 만일 인간의 행위가 독자적인 것으로 간주되지 않는다면, 우리는 결코 '자유'라는 개념을 생각할 수 없게 된다. 그것은 우리가 현실(도덕적 현실도 포함하여)을 설명하는 데 있어서 원인성(原因性: 행동의 원인)을 동원하지 않을 경우에도 마찬가지일 것이다. 우리는 루소가 도덕에 대하여 다음과 같이 말했던 것을 기억한다. "인간 신체의 움직임에는 두 가지가 있다. 하나는 외부의 영향에 의한 움직임이고, 다른 하나는 자발적인 '의지'에 따른 움직임이다. 전자의 출발점은 신체의 외부에 존재한다." 이 두 가지 움직임을 잘 고찰해보면, 인간을 자유롭게 하는 요소는 인간 자신에 내재한다는 사실을 알 수 있다. 칸트는 의지를 '원인성(causalité)'으로 보고 있으며, '자유'가 바로 '의지'의 기초가 된다고 생각한다. 그는 '도덕법'을 '자연법'의 테두리 안에서 인식하고 있다. 그것은 '기계론적 법'인 동시에 '자유의 법'이다. 이 두 논리를 종합해보면, 이성적인 존재로서 '자유인'에게는 행위의 근원이 바로 자기 자신이라는 것을 파악할 수 있는 능력이 천부적으로 부여되어 있다는 사실이 확인된다(Kant, M.M., p.184). 그런데 중국의 사유(思惟)는 도덕을 '행동'의 관점이 아니라 '품행'의 관점에서 보고 있다. '품행'은 하나의 '과정'으로서 지속적인 진화와 발전으로 이해되며, 또한 그것의 진행[人行]은 천체의 운행[天行]으로 간주된다. 이와 같이 중국의 사유는 결과를 만들어내는 '인과적인 관점'이 아니라 결과에 도달하는 '조건의 관점'에서 모든 것을 인식하고 있다. 즉 중국의 시각은 '원인'을 찾기 ―'왜'― 보다는 '과정' ―'어떻게'― 에 중요성을 부여한다. 그리고 그것의 모델 역시 '신체의 움직임'이 아니라 '식물의 성장 과정'인 것이다. 따라서 중국 사유의 이상형은 자연스럽게 일어나는 것을 의미하는 '자연발생성(spontanéité)'이다. 중국사상에서 '자유'라는 개념은 존재하지 않는다(그런데 중국에는 그것의 반대 입장인 '결정론(déterminisme)'도 존재하지 않는다). 그리고 '자유' 대 '결정론'의 대비 구조도 제기되지 않고 있다. 중국인들에게 있어서 군자(君子)는 어려움 없이 도덕성을—그것을 특별히 목적으로 삼지 않으면서(도덕 자체를 의식하지도 않으면서)—유지하고 실현할 수 있는 자이다(이루, 上, 12, 진심, 下, 33, 『중용』, 20 참조). 이 '과정'은 자연스럽게, 즉 자신의 본성에 맞추어 이루어진다. 그리고 이것은 천체의 운행을 따라 지속적으로 생(生)을 탄생시키고 이끄는 하늘(자연)을 본받으면서 전개된다.

루소와 칸트의 도덕에 대한 고찰도 '자연발생성'의 사고로부터 출발하고는 있지만, 그것은 즉시 '자유'의 개념에 의존하게 된다(칸트의 "절대적이고 자연발생적인 힘으로서의 자유": Kant, R.P., p.62, 루소의 "자연발생적이거나 또는 '의지'에 따른 움직임"). 이것은 '자연발생성'의 의미를 내재성(immanence)보다는 '독립성' 쪽으로 기울게 한다. 왜냐하면 그들은 인간 행위의 자연발생적인 측면을 '의지'나 '원인'의 관점에서 보고 있기 때문이다. 결국 계몽사상가들의 입장에서 볼 때, 모든 이성적 존재는 '자유'의 관점에서만 행동할 수 있게 된다. 칸트는 이 도식을 여러 차례 반복하면서 강조하고 있다(Kant, M.M., pp.183-184). 그런데 중국에서는 어떻게 '자유'의 개념도 없이 도덕을 생각해낼 수 있었을까? 그리고 그것은 어떤 결과를 만들어냈을까? 이제 이 문제에 대해 알아보기로 하자.

2. 유가(儒家) 도덕가치의 초월성

관점의 차이에도 불구하고, 맹자와 칸트는 도덕적 가치의 근거를 경험에 두고 있다. 두 사람은 모두 인간에게는 다른 무엇보다 더 중요한 것이 있으며, 평생 동안 헌신해야 할 무엇인가가 있다고 본다. 칸트는 다음과 같이 말하고 있다. "생(生)이 아닌 다른 것이 있다고 가정해보자. 그런데 그것이 아무리 매력적인 것이라 하더라도 생(生)과 비교해보면 일말의 가치도 없는 것이다."(Kant, R.P., p.100) 이러한 칸트의 입장은 맹자의 입장과 일치한다. "물고기도 먹고 싶고 곰발바닥도 먹고 싶다. 그런데 만일 두 가지를 모두 얻을 수 없다면, 물고기를 포기하고 곰발바닥을 택할 것이다. 마찬가지로 생명도 지키고 싶고 의로움도 지키고 싶은데, 만일 두 가지를 동시에 얻을 수 없다면 의(義)를 택할 것이다. 사람은 생명에 집착하는 게 보통이지만 그보다 더 바라는 것이 있다. 그래서 생명을 보존하기 위해 구차해지는 것을 굳이 원하지 않는다. 마찬가지로 사람은 죽음을 두려워하지만 죽는 것보다 더 싫은 것이 있기 때문에, 죽을 위험에 처하더라도 피하고 싶지 않을 때가 있는 것이다. 그런데 생명보다 더 중요한 것(가치)이 존재한다는 사실을 군자만 알고 있는 것은 아니다(군자는 단지 그것을 항상 의식하고 있을 뿐이다). 가령 몹시 굶주린 사람이 있는데, 우리가 그를 밥 한 사발과 국 한 그릇으로 살려낼 수 있다고 하자. 그런데 만일 모욕하면서 음식을 준다면, 아무리 거리의 걸인이라 할지라도 그 음식을 받으려 하지 않을 것이다."(공손추, 上, 10)

맹자와 칸트는 도덕적 가치의 초월성을 설명하기 위해 동일한 개념을 사용하고 있다. 칸트에 따르면 인간이 자신의 도덕적 의무를 버리기보다 그것을 위해 자신의 생명을 희생할 수 있는 이유는 인간으로서의 '존엄성'을 귀하게 여기고 그것을 유지하려는 의식을 가지고 있기 때문이라고 한다. 이러한 존엄성의 개념은 중국문명에도 분명히 존재하고 있다. 맹자는 존엄성에는 두 가지가 있다고 말한다. 하나는 하늘로부터 부여받은 것[仁, 義, 忠, 信]이고, 다른 하나는 사회적으로 인간에게서 받은 것[공경(公卿), 대부(大夫) 등의 지위]이다. 칸트는 인간이 자기 스스로 보기에도 살아갈 가치가 없음에도 불구하고 괴로워하지 않을 수 있는 이유는, 그가 물질적 가치나 사회적인 가치를 포기하여서이지 결코 자신의 인격적 가치마저 저버렸기 때문은 아니라고 주장한다. 이와 마찬가지로 맹자는 다음과 같이 말하고 있다. "귀하게 되기를 바라는 마음은 누구에게나 있다. 사람들은 일반적으로 벼슬을 주거나 박탈할 수 있는 제후들의 권세에 가치를 부여하고 있지만, 그것은 진정 귀한 것은 아니다. 사람은 모두 자기 안에 귀함을 가지고 있는데[人人有貴於己], 다만 그것을 인식하지 못하고 있을 뿐이다."(고자, 上, 17) 이렇게 우리는 칸트와 맹자 모두에게서 존귀(尊貴)함의 중요성을 발견하게 된다(이 점에서 볼 때, 서양인이 맹자를 이해하는 데에는 칸트가 도움이 된다). 결국 칸트와 맹자에게는 인간을 귀하게 해주는 것(자신의 생존보다 더 귀한 것)이 있다. 그것은 칸트에게는 '도덕'의 실현을 통하여 인간이 주어진 운명 —인간 본연의 숭고함에 부합하는— 을 완성하는 것이며, 맹자에게는 '인(仁)'을 행함으로써 인간이 하늘(天)이라는 절대적 조정자에 연결되는 것이다.

또한 두 사람 모두 시간과 공간 차원에서의 보편성을 통하여 도덕 가치의 초월성을 설명하고 있다. "순(舜)임금은 동쪽에서 왔고, 문왕(文王)은 서쪽에서 왔다. 그리고 이 두 성인 사이에는 천 년 이상의 간격이 있다. 그러나 그들이 올바른 도(道)를 행했다는 점에서는 차이가 나지 않는다. 먼저 난 성인(聖人)이나 뒤에 난 성인이나 그들이 행한 도리는 다 같은 것이다."(이루, 下, 1) 사실 도덕성에 있어서 모든 사람은 같은 능력을 가지고 있다(고자, 上, 15 참조). 어느 누구도 처음부터 특별한 소질을 가지고 태어나는 것은 아니다. 그리고 위인들이란 요순임금처럼 행동한 사람들인데, 그들은 그렇게 행동한 결과로 성인이 될 수밖에 없었던 것이다(등문공, 上, 1). 한 제후가 보낸 자에게 맹자가 말하였다. "이렇게 직접 오셔서까지 저를 살펴보실 필요는 없습니다. 제가 다른 사람들과 크게 다른 점이 있겠습니까?"(이루, 下, 33)* 다시 말해 모든 사람은 도덕성에 있어서 잠재적으로 동일한 능력을 가지고 있다는 것이다. 차이가 있다면

---

* '평등'에 대한 맹자의 입장은 도덕적 차원에서만 긍정적이며 사회적 차원에서는 그렇지 않다. 사실 그는 당시 유행하고 있었던, 신분과 부(富)의 차이를 없애야 한다는—모든 것을 평등이라는 하나의 틀 속에 넣어 획일화하는— 논리에 대해 반대하였다. 그리고 맹자는 '만물은 본질적으로 차이가 있다'고 보았기 때문에, 모든 사람이 동일한 일(직업)에 종사해야 한다는 생각에도 반대하였다(등문공, 上, 4). 또한 그는 모든 사회구성원을 같은 마음을 가지고 똑같이 사랑해야 한다는 묵자(墨子)의 겸애설(兼愛說) — 묵자는 가족에 중요성을 두었던 유가(儒家)의 입장에 반기를 들고 있었다 — 도 부정하였다(등문공, 上, 5). 맹자는 정신노동과 육체노동 간의 적절한 구분을 제안하면서, 전자는 사회를 운영하는 역할을 맡으며 후자는 사회를 먹여 살리는 기능을 한다고 말하고 있다. 이것은 아리스토텔레스의 구분과도 유사하다(『정치학』, I, 5). 그런데 맹자는 이에 더하여 사회에 대한 도덕적 기여라는 명목으로 선비들의 사회적 지위를 변호하고 있다.

다만 도덕을 실행하는 정도가 다를 뿐이다. "순임금도 깊은 산중에 기거했을 때에는 사슴이나 산돼지와 함께 지내면서 야인(野人)과 다를 바 없이 살았다. 그러나 선한 말을 듣고 선한 행동을 보게 되면서부터는 큰 강의 물을 갈라놓듯이 패연(沛然)히 선(善)함으로 나아가 아무도 막을 수 없었다."(진심, 上, 16) 아무리 미세한 것일지라도 그것이 한번 전개되기만 하면 지대한 효과를 만들어내는 것이다. 우리는 이것을 다음의 구절에서 확인할 수 있다. "인간과 짐승의 차이는 대단히 미소(微小)한 것이다. 그리고 보통 사람은 도덕성을 쉽게 잃어버리지만, 군자는 그것을 항상 유지한다."(이루, 下, 19, 28 참조) 즉 인간과 동물은 그 본질(essence)이 아니라 가능성(possibilité)에서 차이가 있는 것이다[기독교에서 인간은 신(神)과 같은 형상을 하고 있으나 그 본질은 다르다]. 이 차이는 존재론적이거나 신학적 차원이 아닌 도덕적 차원의 것이기 때문에, 모든 것은 도덕성이 어떻게 개발되느냐에 달려 있다고 할 수 있다. 인간이 도덕성을 버리게 되면 짐승에 지나지 않으며, 반대로 그것을 보존하면 성인(聖人)이 되어 천도(天道)에 이를 수 있게 된다. 다시 말해, 도덕성을 간직하느냐 버리느냐의 차이는 아주 미소하지만 그것이 빚어내는 결과는 심오한 것이다. 그리고 이 작은 차이는 끝없이 영원한데, 이것이 바로 도덕성의 무한함(infinité)인 것이다.

3. 서양철학의 이원론(二元論)을 넘어서

자신의 내면에 있는 존엄성을 지키기 위해 인간이 생명까지 저버릴 수 있다는 것과 인간의 본성을 숭고하게 하는 초월적인 도덕적 가치가 존재한다는 것을 증명하기 위해 칸트는 철학적 이원론(dualisme)을 사용해야만 했다. 여기서 인간에게 도덕법을 인식하게 해주는 '인간 본성의 숭고성'이란 바로 인간의 존재 영역에서 '초감성적인 부분의 숭고성'이다. 이 점에 대한 칸트의 논리체계는 명확한데, 그는 인간의 '의지(volonté)'를 이성적 존재의 근원으로 보면서 '자유(liberté)'를 설명하고 있다. 결국 '자유'는 외부 요인으로부터 독립적으로 행동할 수 있는 '의지'가 갖는 특성인 것이다. 그리고 자연(nature)의 원리에 의존하지 않고 다른 차원에서 '의지'를 가능하게 하기 위하여[왜냐하면 자연은 그 자체가 지니고 있는 결정론적(déterministe) 경향으로 인해 모든 자유의 가능성을 부정하기 때문이다], 칸트는 '다른 형태의 자연'을 상정하기에 이른다. 그것은 바로 경험이나 감성으로부터 자율적일 수 있는 '자연'이다. 따라서 칸트는 만일 인간에게 '자유'가 주어져 있다면, 바로 이 '자유'가 인간을 인식 가능한 사물세계로 이끌어준다고 말하고 있다(Kant, R.P., p.56). 그런데 서로 의존하고 있는 '도덕법'과 '자유'를 확고히 정립하기 위해서는 현실세계를 둘로 나누는 방법 ─이원화(二元化)─ 밖에는 없다(Kant, M.M., p.187). 이것은 너무나도 잘 알려져 있다시피 현실세계를 '감성의 영역(sensible)'과 '이성의 영역(intelligible)', '현상(phénomène)'과 '즉자적 사물(chose en soi)' 등으로 구분하는 것이다. 이러한 이원화

(二元化)는 인간에게도 적용할 수 있다. 인간은 두 차원의 세계에 속해 있으며, 또한 두 세계 모두에 의존하고 있다. 다시 말해, 인간은 한편으로 감성의 세계(monde sensible)에 속하면서 욕망이나 본성을 통해 '자연법'의 결정주의(déterminisme)에 따르게 되어 있으며, 다른 한편으로는 인지의 세계(monde intelligible)에 속하면서 또 다른 '법'에 복종하게 된다. 인지(認知)적 세계에서 인간은 '도덕법' ―그것의 근원인 '자유'를 조건으로 삼으면서 '경험법'으로부터 독립되어 있는― 에 복종하게 된다('의지'의 자율성은 이 도덕법에 의해 성립된다). 결국 우리는 현상(現像)으로서의 '나' ― 눈에 보이는, 육체적으로 조건의 제약을 받는― 의 이면에 또 다른 '나' ―조건의 제약을 받지 않는― 가 존재한다는 사실을 가정하게 된다(이 또 다른 '나'는 현상으로서의 '나'의 기초가 된다). 육체적인 제약으로부터 벗어나고 자유의 실현을 가능하게 하기 위해서는 형이상학(도덕형이상학적 방법론) 외에는 대안이 없다. 이 점에 있어서 아무리 칸트가 그것을 부인한다고 하더라도 (도덕의 기초를 찾기 위한 그의 노력이 어떤 것이건 간에) 그의 도덕론은 '관념론(idéalisme)'의 틀을 벗어날 수 없게 된다. 그러나 칸트는 그 시대까지도 서양철학을 가로막고 있었던 사변적(思辨的) 사유세계로부터 그것을 해방시켰다고 우쭐해하고 있었다(이 작업은 시간과 공간의 관념성을 인정하는 것에서 시작하여 엄격한 철학적 기반 위에서 이루어졌다). 그렇지만 칸트는 플라톤의 철학체계에서 벗어나지 못한 채로 남아 있게 된다.

　루소에서도 '인과(因果)관계'의 문제는 명확히 나타나고 있다. '자유 의지'에서 출발한 루소는 자연의 '결정주의'를 피하기 위해 물질

적 실체와 정신적 실체를 억지로 대비시키고 있다. "결국 비물질적
인 실체로 이루어진 인간은 자신의 행동 속에서 자유롭다. 이것이
나의 세번째 신념이다."(Rousseau, E., p.340) 그리고 루소는 인간의 도
덕적 사명을 정당화하기 위해서 유물론(唯物論)을 부정해야만 했다.
"인간은 하나로 되어 있지 않다. 육체의 법(loi)에 대한 정신의 소리
(voix)가 있는데, 전자는 감각의 세계에 속하고 후자는 영원한 진리
를 동경한다."

　서양철학자들은 한 세기 이상 공공연하게 '관념론(idéalisme)'과 거
리를 두려는 노력을 해왔다. 그러나 필자의 생각으로는 '자유 의지'
의 개념을 이렇게 공고히 한 후에 '관념론'에서 얼마나 빠져나올 수
있을지 의문이 간다. 그런데 맹자는 어떠한 이원적(二元的)인 논리도
개입시키지 않으면서 도덕의 선험성(先驗性)을 설명하고 있다. 그는
이원론(二元論)을 염두에도 두고 있지 않았던 것 같다. 맹자는 인간
이 자신의 존엄성을 위해 생명까지 버릴 수 있다는 사실 자체를 중
요하게 여기고 있다. 그러나 그는 이것을 위해 세계를 둘로 나눌 필
요도 없었으며, 인간의 정신과 육체를 구분하면서 양자를 대비시킬
필요도 없었다. 맹자는 도덕의 '이상성(idéal)'을 지지하면서도 '관념
론(idéalisme)'은 거부한다(서양철학에서 이 두 가지는 긴밀하게 연결되어
있다). 또한 그는 유물론자도 아니기 때문에 '유심론(唯心論)' 대 '유
물론(唯物論)'과 같은 대치도 있을 수 없다. 그러면 맹자가 어떻게
이 문제를 다루고 있는지 알아보기로 하자.

　'선(善)'과 '불선(不善)'의 차이를 분석하려면 먼저 우리 자신으로부
터 시작해야 한다고 맹자는 말한다. "이처럼 우리 몸 속에는 '대체(大

體)'—귀한 것: 마음[心]— 와 '소체(小體)'—귀하지 않은 것: 귀[耳], 눈
[目], 입[口], 코[鼻]— 가 있다. 따라서 소체가 대체를 해치게 내버려두
어서는 안 된다. 몸 안의 작은 것을 기르는 자는 '소인(小人)'이 되고,
큰 것을 기르는 자는 '대인(大人)'이 된다."(고자, 上, 14) 맹자는 이 정
도에서 그치고 있다. 인간의 현실을 보는 데 있어서 그는 본질
(essence)이나 원리(principe)가 아닌 오직 가치의 '차이'—소중함과 소중
하지 않음— 만을 제시하고 있다. 이러한 '귀한 것'과 '귀하지 않은
것'의 구분은 형이상학에 의존하지 않는, 순수한 도덕적 가치론인 것
이다. 우리는 이것을 다음과 같은 맹자의 비유를 통하여 쉽게 이해할
수 있다. "어떤 정원사가 야생 대추나무를 잘 기르기 위해 오동나무
와 같은 좋은 나무를 소홀히 한다면 그는 작은 정원사일 것이다. 왜
냐하면 이 사람은 중요하지 않은 것을 위해 소중한 것을 버렸기 때
문이다." 언뜻 보면 이 비유는 매우 당연한 논리를 설명하고 있는 것
같다(중국인들에게 이러한 비유는 매우 자연스러운 것이다). 그런데 이것
을 서양의 형이상학적 관점에서 바라보게 되면 그 중요성이 부각된
다. 오동나무와 대추나무는 모두 나무의 일종으로서, 그것은 하나의
범주에 속한다. 왜냐하면 서양의 관점에서는 '나무'라고 하는 하나의
본질(essence)만이 존재하기 때문이다. 맹자의 또 다른 비유가 이것을
더욱 명확하게 해준다. "가령 손가락 하나를 치료하는데 매달려서 어
깨나 등에 병이 생기는 것을 모르고 지나친다면, 그것은 매우 위험한
일이다." 여기에서도 서양의 시각에서는 손, 어깨, 등이 모두 동일한
차원의 것이다. 요컨대 맹자에서는 '신체'와 '정신', '감성'과 '이성'
의 분리는 존재하지 않는다는 사실을 알 수 있다.

맹자가 말하듯이 만일 인간의 도덕적 능력이 모두 같다면, 왜 어떤 사람은 소체를 따라 소인이 되고 어떤 사람은 대체를 따라 대인이 되는 것일까(고자, 上, 15)? 맹자는 이 질문에 대한 답으로 다음과 같이 말하고 있다. "듣는 것과 보는 것에 쓰이는 감각기관은 사고와 이해의 기능을 가지고 있지 않다. 그래서 외부의 사물에 의해 가려지기 쉽다. 귀와 눈은 외부와의 소통을 통하여 사물의 유혹을 받게 된다. 반면에 의식(conscience)의 기관이라고 할 수 있는 마음은 사고와 이해의 기능을 가지고 있다. 그런데 마음이 생각을 하면 사물의 이치를 알게 되지만, 생각을 하지 않으면 알 수 없게 된다." 다시 말해, 이 기관(마음)이 제대로 기능하느냐의 여부에 따라 의식(도덕심)이 있거나 없게 되는 것이다. 여기서 우리는 귀함과 비천함으로 각각 특징지어지는 '의식'과 '감각'의 대비가 맹자를 이원론(二元論)으로 이끄는 것이 아니냐는 의문을 가질 수도 있다. 그러나 맹자에게서 비교가 되고 있는 의식기관과 감각기관은 모두 하나의 '본체(本體)'에 속해 있다는 사실을 잊지 말아야 한다. 즉 생각하는 기능을 가진 마음도 다른 기관과 동일한 수준에 있는 것이다. 다만 그 기능이 우월할 뿐이다. 그래서 맹자는 모든 것이 우리 몸 안에 존재하고 있으며, 그것이 귀(貴)한 것이건 천(賤)한 것이건 모두 하늘[天]이 우리에게 내려준 것이라고 결론짓는다. 이런 이유에서 맹자는 인간에 내재(內在)하는 것은 모두 존중되어야 하며, 피부의 작은 부분까지도 소홀히 해서는 안 된다고 말하고 있다. 따라서 인간의 몸 안에 있는 것 중에서 어느 것도 버릴 것은 없다. 다만 의식기관인 마음을 다른 기관보다 좀더 중시하는 것이 바람직하다.

여기서부터 맹자는 자신의 논리를 더욱 발전시키고 있다. 인간이 자신의 몸에서 자아를 분리시킬 수 없을 정도로 감각과 의식의 차원은 통합되어 있기 때문에, 의식의 움직임은 한 인간의 내적인 조화와 통일을 강화시켜준다. 이와 관련해 맹자에게는 다음과 같은 공식이 있다(진심, 上, 38). "우리 몸의 구조는 하늘로부터 받은 것이다. 그런데 성인(聖人)이 되어야만 이렇게 부여받은 것을 완전히 발휘할 수 있다." 맹자는 "인간의 본성은 다 같다"라든가 "인간의 신체구조는 존중되어야 한다"는 정도에서 그치지 않는다. 그의 마지막 설명은 이원론의 가능성을 완전히 배제하고 있다. 그것은 서양인들에게까지도 완벽함을 느끼게 한다. 즉 군자(君子)는 우리가 약속을 이행하듯이 자신의 신체[形]를 일상생활에서 실천[踐]해 나간다. 그는 의식을 완전히 전개함으로써 자신의 몸을 완벽하게 운용할 수 있다. 이것은 기독교의 금욕주의와는 전혀 다른 것이다. 군자는 진정으로 자신의 몸을 실현할 수 있으며(이것은 그가 현실로부터 얻은 완벽한 의식 덕분이다), 그럼으로써 자신의 존재 전체를 '충만한 자기체제' 위에 올려놓게 된다.* 이처럼 맹자는 인간 존재에 대한 이원화(二元化)를 피하면서, 어떻게 하면 인간이 조화와 일체성을 유

---

* 맹자는 다른 장에서 본질적인 개념을 언급하면서, 도덕을 통한 인간 존재의 통일성과 도덕성의 개화(開花)를 설명하고 있다. "군자(君子)는 자신의 본성을 지키기 위해 지녀야 하는 네 가지 덕목(德目) ─경험 세계에서 피어나는 도덕성의 네 개의 단(端)─ 이 있다. 이것은 인의예지(仁義禮智)로서 사람의 마음에 뿌리내리고 있다. 그것이 일단 밖으로 나타나게 되면, 맑은 덕(德)의 윤택함이 얼굴에 흐르고 등 뒤에도 크게 나타나게 되며 몸 전체에까지 뻗쳐서 아무말 하지 않더라도 누구나 한번 보면 그가 군자라는 것을 알 수 있게 된다."(진심, 上, 21) 서양의 이원론에 충실한 레그는 맹자의 이러한 논리가 전체적으로 부자연스럽고 강요된 면이 있다고 평하고 있다(Legge, p.460).

지할 수 있는지 설명하고 있다. 그것은 바로 현실에 대하여 실제로 책임을 지는 것이다[서복관(徐復觀)과 같은 현대 유가사상가는 중국사상의 불교화(佛敎化)에 대응하기 위해서는 이 점을 강조해야 한다고 말하고 있다].[30] 왜냐하면 다음 장에서 보게 되듯이 군자는 현세(現世)에 무관심하지 않고 또한 현세의 의무를 등지지 않으면서 현실세계에서 성공할 수 있도록 행동하기 때문이다.

제5부
도덕과 행복의 관계

제12장

정의(正義)는 지상(地上)에 존재한다

1. 현세(現世)의 중요성

맹자는 우리에게 외국인 여행자와도 같다고 할 수 있다. 그의 시
각은 서양의 인식체계 외부에 있기 때문에 '페르시아 사람'처럼 신
선함을 준다. 그런데 맹자는 페르시아인보다 더 먼 곳에서 왔으므
로 더 이국적으로 느껴질 수 있다. 다시 그와 함께 도덕에 대하여
살펴보기로 하자. 그런데 우리가 도덕론을 완성하기에는 한 가지
부족한 것이 있는 것 같다. 그것은 바로 '행복'의 문제이다. 좀더 정
확히 말하자면, '덕행(德行)'이 과연 '행복'을 보장해줄 수 있느냐 하
는 문제이다. 이 점에 있어서도 칸트의 생각이 문제를 명확히 하는
데 도움을 줄 수 있다. 우선 칸트는 '덕행'과 '행복'이 어떻게 '최고

선(善)' 안에서 필연적으로 연결되어 있는지를 설명하고 있다. 조건 없이 행하는 '선'이 '최고 선'이기는 하지만, 그것이 완벽한 '선'은 아니다. 따라서 여기에 더하여 '행복' —덕행과 더불어 따라오는— 이 요구된다고 할 수 있다. 이 '행복'은 이성적이면서도 무조건적인 개인 '의지'의 관점에서 존재한다. 그리고 나서 '덕행'과 '행복' 간 관계의 본질을 분석해보면, 하나가 다른 하나에 대해 갖는 관계는 전혀 다른 차원의 것이어서 결국 양자의 연계(lien)는 동일한 차원의 관계(rapport) — 각자가 상대에 대해 갖는— 속에서 성립되지 않는다는 것을 알 수 있게 된다. 굳이 덕행과 행복 사이의 연관성을 찾아본다면, 오직 '원인'과 '결과'의 관계가 있을 뿐이다. 그런데 개인의 행복 추구가 인간을 덕행으로 인도한다는 논리는 결코 성립될 수 없기 때문에, 반대로 덕행이 인간을 행복하게 해준다는 가설을 생각해볼 수 있다. 그러나 이 가설은 경험적으로 반박될 수 있다. 왜냐하면 현세(現世)에서 도덕적 의도가 실제로 보상받는다는 것은 기대하기 어렵기 때문이다.

　루소도 이 점에 있어서 칸트와 같은 입장이었다. 그는 도덕성을 위해서는 보상이 전제되어야 한다는 점을 시사하고 있다("나는 내 안으로 들어가면 들어갈수록 더 깊이 숙고하게 되며, 또한 '바르게 행동하면 행복해질 수 있다'는 사실을 더 확실히 깨닫게 된다": Rousseau, E., pp.343-345). 이와 더불어 루소에서는 현세에 대한 부정적인 평가도 발견되고 있다("그렇다고 세상의 모든 일에 의미를 둘 필요는 없다. 악한 사람들이 기세를 올리고, 정의는 억눌리고 있다").

　이러한 '실천이성'의 모순이 도덕의 기초를 세우는 데 문제가 되는 만큼, 여기에서 벗어나는 것은 매우 중요한 과제라고 할 수 있다. 왜냐하면 '행복'은 '최고 선'을 위한 중요한 요소이며, 또한 '최고 선'을 지상(地上)의 가치로 설정하지 않으면 도덕법은 비현실적인 것이 되어 그 존립이 위태로워지기 때문이다(Kant, R.P., p.128). 우리가 잘 알고 있듯이 해결책은 이미 예정되어 있었다. 그것은 바로 '자유'라는 관념이 이끄는 세계를 이원화(二元化)시키는 것이다. 즉 덕행이 현세(現世)에서 행복을 보장해주지 못한다면 그것은 내세(來世)에서나 가능할 수 있다. 그래서 칸트는 가능한 한 먼 곳에서 행복을 찾아야 한다고 말하고 있다. '아주 먼 곳에서', 즉 인간의 경험 차원을 넘어서는 '관념의 세계'에서 행복을 찾는 것이다. 이것은 신(神)을 내세우기만 하면 된다. 왜냐하면 우리는 신이라는 관념으로부터 경험세계와는 다른 차원의 원인(cause)을 발견할 수 있기 때문이며, 동시에 신의 의지의 완벽성 덕분에 행복과 도덕성이 완전히 일치할 수 있기 때문이다[다시 말해, 내세(來世)에는 도덕적 의도에 부합하는 신(神)이라는 '원인성(causalité)'이 존재하기 때문이다].

이렇게 칸트와 루소는 '덕행'과 '행복'의 관계에 대하여 뜻을 같이하고 있다(같이할 수밖에 없다). 그리고 그들은 서로 보조를 맞추게 된다. 한 사람은 '최고 선'이 가능할 수 있도록 '신'이라는 존재를 청원하고 있으며, 다른 사람은 인간(인간의 정신)이 선행을 통하여 마땅히 누려야할 행복을 신에게서 보장받을 수 있다고 보고 있다. 이와 같이 두 사람 모두에게 해결책은 중재를 통하는 방법이다. 칸트가 지적하듯이 문제의 해결은 다른 세계(사후세계)에서만 가능한 것이다. 루소는 "우선 선(善)해집시다. 그러면 우리는 행복해질 것입니다"라고 말하면서 이러한 해결책이 이성의 차원을 초월해 있기는 하지만 전혀 비합리적인 것은 아니라고 주장한다. 한편 칸트는 이 것을 '합리적인 신앙(信仰)'이라고 단언하고 있다.

이 문제에 있어서 맹자는 입장을 완전히 달리하고 있다. 물론 맹 자도 덕행과 행복의 관계 문제에서 벗어날 수 없는데, 이에 대한 해 결책 속에서 우리는 그의 독창성을 발견하게 된다. 우선 맹자는 칸 트와 마찬가지로 덕행과 행복은 서로 다른 것이라고 하였다. 하나 가 다른 하나를 결과로 낳게 되는데 당연히 덕행이 행복을 가져다 준다고 보고 있다. 이러한 맹자의 입장은 에피쿠로스 학파나 스토 아 학파의 입장과는 다르다. 칸트에 따르면 이 두 학파는 덕행과 행 복을 동일시하는 경향이 있는데, 덕행을 행복에 포함시키든가 그렇 지 않으면 양자를 혼동하고 있다고 한다. 그러나 맹자는 덕행과 행 복의 연계는 현실세계에서 즉시 실현되어야 한다고 보고 있다. 우 리는 여기서 다시 한 번 문화적 차이를 발견하게 된다. 행복과 덕행 의 차이를 극복하기 위하여 칸트는 신(神)이라는 존재를 청원하면서 ―창조자의 중재를 통하여― 기독교적인 해결책으로 되돌아가는 것을 볼 수 있다(Kant, R.P., p.141). 그런데 맹자가 속한 문화전통은 구원 (救援)이나 정신의 불멸성에 대한 신앙과는 거리를 두고 있다(이러한 것들은 플라톤 이래 서양철학 전통의 중심을 이루고 있다). 따라서 맹자 에게는 내세(來世)가 현세(現世)를 보상해줄 것이며, 인간을 위로하 기 위해 내세가 존재한다는 등의 논리는 상상할 수도 없다. 나아가 심판관인 신에게 도움을 요청하는 것도 존재하지 않는다. 더욱이 맹자는 덕행을 보상해주는 천국과 같은 개념을 가정하고 있지 않기 때문에(이론적 편의를 위해서는 설정될 수도 있다), 그에게 남은 유일한 해결책은 결국 유일한 세계인 현세에서 덕행이 보상받을 수 있다는 것을 직접 입증하는 길밖에 없다. 다시 말해, 맹자는 도덕 행위에 대한 보상이 내재적(immanent)이라는 것을 증명하여야만 한다. 그것은 바로 정의(正義)는 지상(현세)에 존재하며, 정의를 구현하기 위해 내세가 필요하지는 않다는 사실을 보여주는 것이다.

이처럼 맹자는 최소한의 신앙도 가지지 않으면서, 도덕적 행위가 현세에서 성공의 열쇠가 된다는 것을 설명해야만 했다. 그것은 우선 역사를 통하여 확인되고 있다. "자기 백성을 난폭하게 억압하는 군주는 비참한 죽음을 당할 것이며 그의 나라는 반드시 멸망할 것이다. 비록 그 억압이 극도로 심하지 않다고 하더라도 군주는 위험에 처하게 될 것이고 나라는 쇠약해질 것이다."(이루, 上, 2) "그 증거로 왕조의 흥망을 들 수 있는데, 과거의 삼왕조(三王朝)는 '인(仁)'의 덕을 통하여 천하를 차지하였지만 '인'의 부족으로 왕조의 문을 닫게 되었다."(이루, 上, 3) 이러한 원리는 단순히 군주에게만 적용되는 것이 아니라 사회의 상부로부터 하부에 이르는 모든 사회계층에 똑같이 적용된다. "만일 천자(天子)가 어질지 못하면 그는 천하를 보존할 수 없고, 제후(諸侯)가 어질지 못하면 사직(社稷)이 온전할 수 없으며, 경대부(卿大夫)가 어질지 못하면 종묘(宗廟)를 보존할 수 없다. 그리고 사서인(士庶人: 보통사람)이 어질지 못하면 자신의 몸을 보존하지 못하게 될 것이다." 이러한 소급적인 원리는 정치 차원에서만이 아니라 한 개인의 생활영역에까지 적용되어 인간의 자기 반성을 권유하고 있다. "만일 어떤 사람에게 잘 대했는데도 그가 친근하게

대응하지 않는다면, 우선 자신의 덕(德)에 문제가 있는지 돌아보아
야 할 것이다. 또한 다른 사람을 다스리려 하는데 그것이 잘 되지
않는다면, 자신의 지혜가 부족하지 않은지 반성해보아야 한다. 만일
내가 예의를 다했는데도 상대가 답례를 하지 않을 경우에는 자신의
경의(敬意)에 문제가 없는지 돌아보아야 한다."(이루, 上, 4) 여기에서
'준칙(maxime)'의 일반성이 도출된다. "자신의 행실에서 무엇인가를
얻어내지 못할 때에는 항상 자기 자신을 반성하여 그 원인을 찾아
야 한다." 이처럼 맹자는 문제가 될 수 있는 근거를 처음부터 만들
지 않음으로써 논쟁의 여지를 남기지 않고 있다. 결국 "한 인간의
불행은 그 자신이 초래하는 것이며, 그것은 오직 자신의 부도덕한
행동에서 비롯되는 것이다."

2. 인(仁)은 이(利)에 우선한다

우리는 맹자가 '관념론'을 변형시켰다거나 또는 관념론의 대체이
론을 만들어냈다고 생각할 수도 있다. 나아가 맹자가 형이상학적
방법에 의존하지 않았다는 이유에서(관념론은 감성과 이성의 영역을
구분하며, 현세와 내세라는 두 개의 세계를 가정하고 있다), 맹자의 입장
이 세계가 오직 '선(善)'에 의해서만 전개된다고 보는 '도덕주의
(moralisme)'를 정당화하는 하나의 천박한 관념론이라고 오해할 수도
있다. 왜냐하면 만일 맹자가 정의(正義)가 실현될 수 있는 천국을 가
정하지 않았다면, 최소한 지상(地上)에서의 천국(天國)이라도 가정했

을 것이라고 생각할 수 있기 때문이다. 그러나 실제는 전혀 그렇지 않다. 맹자에서 덕행을 통한 현세에서의 성공은 결코 기독교적 의미의 성공을 뜻하지 않는다. 그에게는 지상천국(地上天國)의 가정 없이도 덕행을 통한 정의의 실현이 가능하다. 맹자는 실질적인 방법과 논증을 통하여 이것을 입증하고 있다. 그는 "자신의 이익만을 추구하는 자는 결국 자신의 이익에 반하는 방향으로 가게 된다. 이익을 추구하는 것은 실제로는 이익이 되지 않는다"라고 말한다. 맹자는 덕행을 '의무'로서가 아니라 그것이 현실세계에서 만들어내는 '효과' 때문에 권장하고 있다. 한 제후에게 맹자가 조언하기를, 만일 제후가 권력의 확대를 원한다면 그 효과가 일시적이고 한정적인 물리적인 힘을 행사하려 하지 말고 어진 마음을 전개시켜보라고 하였다.

이러한 맹자의 입장은 언뜻 보아서는 의문을 제기할 수 있을 만큼 너무나 이율배반적이기도 하다. 왜냐하면 우리는 처음에 '덕(德, vertu)'을 두 가지로 구분하였기 때문이다. 하나는 우리가 인(仁)과 의(義) 같은 선을 행하도록 이끌어주는 '내적(內的)인 능력'이고 다른 하나는 '약효(vertu médical)'라는 표현을 쓸 때처럼 어떤 효과를 낳게 하는 '자질(qualité)'의 의미이다. 첫번째 개념은 도덕의 차원으로서 발레리(Valéry)가 이미 지적한 바와 같이 오늘날 더 이상 사용될 수 없는 것이고, 두번째 개념은 실용적인 차원에서만 한정해서 쓸 수 있는 것이다. 그런데 'vertu'라고 번역하여 쓰고 있는 한자어 '덕(德)'은 서양의 덕 개념[vertu]과는 달리 두 개의 의미를 가지고 있지 않다. 가장 고전적인 해석에 따르면 '덕(德)'은 본래 '득(得: 얻다)'과 동음동의어였다. 즉 마음에 '덕'을 지니는 일은 현세에서 '얻을' 수 있는 것이다. 서양에서는 덕(vertu)의 의미를 둘로 나누어 —주체와 객체, 정신과 세계— 전자는 '의식'에 대한 동경을, 후자는 '사물'의 흐름이 어떻게 진행되는지를 설명하고 있다. 이러한 두 차원의 분리는 서양사상의 발전에 지속적으로 기여하였다. 그런데 중국의 사유(思惟)는 정반대의 가능성을 개발하여 다른 차원에서 사상적 풍요를 누리게 된다. 다시 말해, 모든 현실성은 '과정(過程)'으로 인식되었으며(본래 '길'이라는 뜻의 '도(道)'도 하나의 예가 될 수 있다), 결국 이러한 '단일 범주(catégorie unique)'가 도덕의 영역(정신성)과 형이하학의 영역(물질성) 사이의 거리를 좁혔다고 볼 수 있다. 도덕적 능력이 내 몸 안에 존재하게 되면 그것은 구체화되어 외부로 나타나는 것이다. 이러한 구체화는 그저 단순한 결과로서, 자아와 단절되지 않은 상태에서 내면의 연장일 뿐이다. 따라서 '덕을 전개하는 과정' 자체가 바로 '덕'인 것이다. 맹자가 지적하듯이 "나 자신이 나의 본성과 완전히 일치하게 되면 당연히 그 효과가 나타나게 되어 다른 사람은 물론이고 자기 자신까지도 움직이게 하는 것이다."(이루, 上, 12; 『중용』, 23 참조)

맹자는 이것을 주제로 하여 양혜왕과 대화를 나눈다. 양혜왕이 맹자를 반갑게 맞으며 "선생께서 이렇게 천리 길을 멀다 하지 않고 오셨으니 장차 우리나라를 이롭게 하시렵니까?"라고 물었다. 맹자가 답하기를 "왕께서는 왜 하필 이(利)를 말씀하십니까? 오직 인·의(仁·義)가 있을 뿐입니다. 만일 왕께서 어떻게 하면 나라를 이롭게 할 수 있을지만 생각하신다면, 대부(大夫)들은 어떻게 하면 자신의 집을 이롭게 할 수 있을지만 생각할 것이고 백성들은 어떻게 하면 자신의 몸을 이롭게 할 수 있을지만 생각할 것입니다. 그렇게 되면 윗사람과 아랫사람 모두가 서로 다투어 이익만을 취하려 할 것이고, 결국 나라는 위태로워질 것입니다. 왜냐하면 모든 사람이 자기가 가진 것보다 더 많은 것을 가지려 할 것이고, 자기보다 더 많이 가진 자에 대해서는 질투하게 될 것이기 때문입니다. 따라서 만일 왕께서 '인의(仁義)'를 뒤로하고 '이(利)'를 앞에 내세우신다면 당신께 해(害)가 될 것입니다. 왜냐하면 나라 안의 모든 사람들이 당신의 나라 전체를 갖지 않는 한 결코 만족하지 않을 것이기 때문입니다. 그러나 왕께서 '인의'를 먼저 내세우신다면 그것은 당신을 이롭게 할 것입니다."(양혜왕, 上, 1; 이루, 下, 3 참조) 이와 같은 내용의 주제가 두 제후국—초(楚)와 진(秦)— 간의 전쟁을 말리기 위해 떠나는 송(宋)나라 사절과의 대화에서도 다뤄지고 있다. 맹자가 말하기를 "단지 전쟁은 이익(利益)이 되지 않는다는 논리로만 제후들을 설득하려 하지 말고 '인의'를 내세워 설득하시오. 그렇지 않으면 두 나라는 다시 자국의 이익을 생각하게 될 것이고, 그런 나라는 망하고 말 것입니다."(고자, 下, 4) 그런데 맹자는 세력을 확대하려는 제후들의 욕심을 비난하지는 않았다. 그는 다만 제후들에게 그 방법이 좋지 않다는 것을 인식시키려 하였다. 왜냐하면 그들이 원하는 바—'목적'— 와 그것을 얻기 위한 '수단' 간에 모순이 있기 때문이다. "다른 나라를 힘으로 제압하려 한다면 반드시 고립될 것이다. 한 나라가 다른 나라를 침략하게 되면 여러 나라들이 힘을 합치게 될 것이고, 결국 침략한 나라는 멸망을 면치 못할 것이다."(양혜왕, 上, 7) 이익(利益)을

추구하는 행위의 문제점에 대해 맹자는 여러 가지 예를 들면서 설
명하고 있다. "그것은 마치 물고기를 잡으려고 나무 위에 올라가는
것과 같으며, 또한 술에 취하기를 원치 않으면서도 무리하게 술을
마시는 것과 마찬가지인 것이다."(이루, 上, 3) "그것은 습기를 싫어하
면서도 낮은 곳에서 사는 것과 같다."(공손추, 上, 4) 왜냐하면 사람
들은 자신을 해롭게 하는 것으로부터 이익을 취하려 하기 때문이다.
그래서 우리는 다음과 같은 결론을 얻을 수 있게 된다. 진정한 비
(非)현실주의자는 이해관계에 어두운 사람[君子]이 아니라 바로 이익
에 밝은 사람[小人]이다.

3. 덕(德)의 효과

이처럼 우리는 이기주의가 타인을 적으로 만드는 동시에 우리 자
신을 약화시킨다는 사실을 알 수 있다. 그렇다면 이타주의는 어떻
게 타인에게 힘을 발휘할 수 있을까? 맹자는 서로 보완이 되는 두
요소—파급력(波及力)과 인력(引力)—를 통하여 '인(仁)'이 지니고 있
는 자체적인 힘을 파악하고 있다. 파급의 논리는 귀감(龜鑑)이 만들
어내는 효과와 관련된다. 왜냐하면 우리가 이미 살펴본 바와 같이
모범은 그것이 은근하고 이목을 끌지 않으면 않을수록 더욱더 강력
한 힘을 발휘하기 때문이다. 이처럼 제후의 모범적인 인격은 점점
전파되면서 온 세상에 퍼지게 된다(이루, 下, 5, 진심, 下, 20, 진심, 下,
32). 그런데 덕성(德性)의 지속적인 전파는 마술과는 달리 현실적인

논리를 통해 설명된다. 사회의 구성은 개인에서 시작하여 가족과 국가로 이어지면서 전체를 이루게 된다. 그런데 중국의 사회구조는 여러 계층이 수평적으로 분포되어 있는 것이 아니라, 각 계층이 바로 위의 상위 계층에 뿌리를 두고 겹쳐져 있다. 따라서 한 계층 내부에서 전달이 있으면 그것은 바로 확대된다(이루, 上, 5: 『대학(大學)』의 첫 대목에 이러한 논리가 설명되고 있다). 그래서 영향력은 이러한 위계적인 질서를 통하여 정점으로부터 아래로 전파된다. 정치에 관한 교훈의 대목에서도 이러한 특징이 발견되고 있다. 맹자가 말하기를 "정치하는 것은 그다지 어려운 일이 아니다. 그것은 중신(重臣)들로부터 원망을 사지 않기만 하면 된다. 왜냐하면 그들이 제후(諸侯)를 존경하면 나라 전체가 제후를 존경하게 될 것이고, 제후들이 천자(天子)를 존경하면 온 천하가 천자를 존경하게 될 것이기 때문이다. 그렇게 되면 천자의 덕과 지혜는 홍수가 나듯 천하에 넘쳐흐르게 될 것이다."(이루, 上, 6) 그리고 "이 전파(傳播)는 서신을 통해 명령이 전달되는 것보다 속도가 더 빠르다."(공손추, 上, 1) 왜냐하면 명령(命令)은 언어를 통해 이루어지는 표현들과 마찬가지로 우리의 외부 세계에 존재하면서 그것의 엄격성을 통해 우리를 구속하지만, 덕(德)의 파급은 우리의 생활에 보이지 않게 스며들어 소리 없이 우리의 입장을 바꾸게 하기 때문이다. 이러한 전파의 또 다른 예는 공자(孔子)에게서 '바람의 힘'으로 나타나고 있다. 그것은 보이지 않지만 엄습하며, 부드러우면서도 깊이 스며든다. 또한 그것은 지속적이면서도 소모되지 않으며, 부담을 주지 않으면서 모두를 인도한다. "군자의 덕은 바람과 같으며 소인의 덕은 풀과 같다. 바람이 가는

대로 풀은 기울어진다."(『논어』, 안연, 19)

우리는 중국인들이 '과정(過程)'에 주로 관심을 두고 있으며 또한 '변화(變化)'를 일반적인 현상으로 보고 있다는 점에 유의해야 한다. 그렇지 않으면 그들이 왜 '모범'이라는 것에 가치를 부여하고 있는 지 알 수 없게 된다. 여기서 다시 유럽과의 비교가 요구된다. 서양 인들은 '영웅의 전통'을 통하여 서사(敍事)적인 모델(모범), 즉 독립 적이고 자발적인 '주체(sujet)'에 의해 이루어지는 '행동'에서 그 효 과(efficacité)를 생각하고 있다. 그러나 중국인들에게 '행동'은 사물에 영향을 주는 것이기 때문에 그들은 이것이 세계의 자연스러운 흐름 을 방해한다고 보았다. 그리고 '행동'은 존재의 외부에 위치하는 경 향이 있으므로 세계와 항상 불안정한 관계에 놓이게 된다. 따라서 '행동'은 비교적 예상하기 어렵다는 속성을 가진다. 게다가 그것은 사후세계가 아닌 현실세계에 참여하므로 언제나 부분적이고 일시적 이다(기껏해야 트로이 전쟁처럼 10년 정도 지속될 것이다). 이처럼 '행 동'은 고립된 상태에서 임의적으로 현실세계에 개입하기 때문에, 분 절된 상태에서 그것이 가시(可視)세계에 불쑥 나타날 때에 인식되는 것이다. 그런데 '행동'이 보여주는 '화려한 외양'은 행동 자체가 지 니고 있는 '효과의 결핍'이라는 한계와 행동의 '인위적'이고도 '피 상적'인 측면을 보완하기 위한 것에 지나지 않는다. 이와는 달리 '변화'는 한 사람의 개인적 의지에 맡겨지는 것이 아니다. 그것은 시간과 장소의 제약을 받지 않기 때문에 결코 고립적이지 않고 분 리나 이탈을 동반하지 않는다. '변화'는 그것이 진행되는 곳에서 감 지되지 않도록 조용히 존재하면서, 그 스스로가 만들어내는 효과를 통하여 힘을 과시한다. 중국문명은 '행동'의 초월성(transcendance)보다 '변화'의 내재성(immanence)을 믿는다. 중국인들은 인간이 늙는다고 보지 않으며, 강물이 강의 바닥을 파헤친다고 생각하지 않는다. 그들은 우리의 감각으로는 느낄 수 없는 자연의 '운행(運行)'만이 생명과 우주의 현실이라고 믿고 있다. 그렇기 때문에 군자(君子)는 현실을 계획하면서도 '행동'은 가능한 한 최소화하는 것이다. 그리고 군자는 자신의 내적인 힘을 통하여 주변을 '변화'시킨다. 맹자는 군자의 영향력에 대하여 다음과 같이 말하고 있다. "백성들은 하루하루 올바르게 되어가면서도 그것이 누구의 덕인지 모르고 있다. 대체로 군자가 지나가면 백성들은 모두 그의 덕(德)에 감화되며 그가 사는 땅은 훌륭히 다스려지게 된다."(진심, 上, 13) 결국 군자가 있는 곳에는 늘 보이지 않는 효과가 나타나기 마련이다. 그런데 이 '보이지 않는' 차원은 바로 무한한 '과정(過程)'의 한 부산물일 뿐이다.

파급 효과를 통해 주위 사람들에 대한 군자의 흡인력은 더욱 강해진다. 여기에서도 현상(現象)은 마술적이거나 매혹적이지 않으며 최면(催眠)의 힘에 의존하지도 않는다. 그것은 오직 실질적인 수준에서만 설명된다. 만일 사람들이 어진 군주 주위에 모여든다면 그 이유는 그 군주 밑에서 평화롭고 안정된 삶을 누릴 수 있기 때문이다. 고대 중국에서는 주(周)왕조의 봉건구조가 와해되면서 백성들이 자신이 가고 싶은 곳이면 어디에나 갈 수 있는 자유가 있었기 때문에, 유능한 제후의 흡인력이 더 크게 작용할 수 있었다. 게다가 당시는 경쟁관계에 있는 여러 제후국들로 분열된 상태에서 농업을 위한 노동력과 전쟁 수행을 위한 인력의 증대가 세력 판도를 좌우하는 중요 요인이었기 때문에, 제후들은 사람들을 최대한 자기 주위로 끌어들이는 데 관심을 쏟고 있었다. 그러기 위해서 제후들은 백성들에 대해 염려하는 마음을 갖고, 특히 경제문제에 있어서 백성들을 위한 조치를 취해야 하는 것이다. 맹자는 제후가 자기 백성들의 생활 향상에 주의를 기울인다면 다른 나라 백성들까지도 그에게로 올 것이며, 동시에 덕망 있는 인재를 존중한다면 모든 유능한 선비들이 그 제후 밑에서 일하고 싶어할 것이라고 말하고 있다(공손추, 上, 5). 한 나라의 질서를 유지하려면 제후가 '인(仁)'을 행하는 것으로 충분하다. 왜냐하면 이 제후 주위에 능력 있는 자들이 모여들기 때문이다. 그러나 제후가 어질지 않으면 그 주위에는 사리사욕을 채우려는 자들만이 모이게 되어 나라를 잘 다스릴 수 없게 된다(고자, 下, 13). 마찬가지로 제후가 시장의 상인들에게 세금을 지나치게 부과하지 않으면서 상(商)행위의 원칙에만 주의를 기울인다면 온 나라의 상인들이 모두 이 제후국의 시장에서 장사하기를 원할 것이다. 또한 국경에서도 사람의 통행을 통제하면서 출입 세금을 과하게 부과하지 않는다면 모든 여행자들이 이 나라를 통해 다른 곳으로 가려고 할 것이다. 나아가 꼭 필요한 일에만 백성들에게 부역을 과하고 세금을 줄여 준다면 다른 나라의 백성들도 이 나라에서 살기를 원하게 될 것이다. 이와 같이 제후가 어진 마음으로 모든 것을 대하면 그만큼 그의 힘은 확대되는 것이다. 왜냐하면 그의 주위에 모여든 사람들은 자신이 가진 모든 것을 이 제후에게 주려고 할 것이기 때문이다. 더욱이 이것은 자발적인 의사에 의한 것이므로 제후에 대한 그들의 약속은 신뢰할 수 있으며, 그들의 협력은 당연히 효과를 거두게 되는 것이다. 기독교적인 '경건한 맹세'나 '선한 마음의 단순한 표현'과는 달리 '어진 마음'이 발휘하는 이 흡인력은 정치적이고 경제적인 차원에 이르게 된다. 엄밀히 말해서, 이 힘은 질곡과 강제로부터 인간을 해방시켜주는 '민주주의의 힘'인 것이다.

4. 도덕(道德)의 자명한 승리

덕(德)의 효력은 만물의 힘에서 비롯되며 또한 그것은 현실세계에 나타난다. 상황으로부터 흘러나오는 이러한 자연발생적 현상을 우리는 다음의 이야기를 통해 이해할 수 있다. "물이 아래로 흘러내리듯 백성들은 어진 군주 쪽으로 돌아가게 되어 있다." 돌아간다는 것[歸]은 자연스러운 추세를 따라서 그 방향으로 진행하지 않을래야 않을 수 없는 것을 의미한다. 이것은 인간의 본성이 선(善)한 쪽으로 기울어지는 것과 같은 원리이다. 결국 어진 군주는 백성들의 신변 보호자인 동시에 정의를 구현하는 사람이다(양혜왕, 上, 6, 공손추, 上, 1). 만일 그렇지 않고 군주가 자기만을 생각하고 전제적이라면 백성들은 그를 떠날 것이다. 따라서 어진 제후가 한 사람 있다면 어질지 못한 제후는 자신의 백성들을 이 어진 제후에게 내보내는 격이 된다. 결국 그가 왕이 되기를 원치 않는다 하더라도 어진 제후는 왕이 될 수밖에 없다고 맹자는 결론짓고 있다. 그것은 마치 수달이 물고기를 연못으로 몰아넣는 것이나 매가 참새들을 숲으로 모이게 하는 것과 같다고 맹자는 말한다(이루, 上, 9).

이처럼 맹자는 어진 제후가 다른 제후들을 제압하고 천하를 얻게
되는 것은 필연적이라고 강조한다. 즉 이 승리는 결코 우연한 것이
아니라 불가피한 것이다. "이러한 결과는 반드시 나타나게 되어 있
으며 그것을 막으려 해도 막을 수 없다"고 맹자는 지적한다. 그리고
그는 이 승리에 도달하는 데 걸리는 시간까지도 명시하고 있다. "만
일 문왕(文王)이 한 것과 같은 어진 정치를 베풀면 큰 나라는 5년,
작은 나라는 7년 이내에 반드시 왕자(王者)가 되어 천하를 다스리게
될 것이다."(이루, 上, 7, 13) 이렇게 해서 우리는 진정한 '효과'는 간
접적이라는 것과 주어진 '목적'으로서가 아니라 이루어진 '결과'로
나타난다는 것을 다시 한 번 확인하게 되었다. 이익(利益)만을 추구
하는 자들의 문제는 오직 현실적인 성취만을 열망하기 때문에 빚어
지는 것이다. 그들은 이익을 목적으로 하여 그것을 획득하기 위해
상황을 강제하게 되는데, 그들이 목표에 도달할 수 있을지는 매우
불확실하다. 설령 운이 좋아 목표에 도달하였다 하더라도 억지로
해서 얻은 성공은 불안정한 것이며 결코 소중한 것이 될 수 없다.
이와는 대조적으로 군자는 주어진 상황을 통해 자연스럽게 승리를
확보하면서 자신을 무한히 전개시켜 나간다. 군자의 성공은 보통
우리가 수립하는 계획처럼 그 결과가 불확실한 것이 아니라, 진행
되는 상황의 '조건'들 속에 포함되어 있다. 동시에 그것은 의도된
것이라기보다는 적절하고 유리한 요소들에 의해 이끌어지는 것이
다. 그리고 이러한 성취는 그것이 하나의 목표로서 달성되는 것이
아니기 때문에 상실될 위험도 없다. 이것은 우리가 즉시 수확할 수
있는 잘 익은 과일과 같은 것이다. 그런데 맹자는 '선(善)'만으로 사

람을 심복(心服)시킨다는 것은 불가능하다고 말한다(이루, 下, 16). 왜
냐하면 이 '선' 자체도 우리가 그것을 어떤 '목적'을 위한 '수단'으
로 사용해서는 안 되기 때문이다. "그러나 '선'으로 사람을 교육하
면 결과적으로 천하를 복종케 할 수 있다." 다시 말해, 바람직한(순
조로운) 영향력하에서 이러한 복종은 자연스러운 것이다. 더욱이 마
음속 깊은 곳으로부터 우러나오는 진정한 동의는 무한한 힘을 갖는
다고 할 수 있다(공손추, 上, 3).

　이렇게 하여, 결국 현세(現世)에서의 덕(德)의 성공은 가능해진다.
맹자는 상고(上古)시대의 위대한 군주들은 자신의 어진 마음을 어려
움 없이 자연스럽게 실행하였다고 하면서, 이러한 성공이 당시(맹자
시대)만큼 실현되기 쉬운 때는 없었다고 말한다. 왜냐하면 그때만큼
올바른 지도자가 드물고 백성들이 고초를 심하게 겪은 적도 없었기
때문이다. 그러므로 만일 선정(善政)을 베풀 수 있는 제후가 있다면
모든 백성은 그를 따르기를 열망할 것이다. 그런데도 왜 그것이 실현
되지 않았을까? 이에 대해 맹자는 다음과 같이 답하고 있다. " '인
(仁)'이 '불인(不仁)'을 이기는 것은 '물'이 '불'을 이기는 것과 마찬가
지로 분명한 것이다. 그런데 요즘 사람들은 물 한 잔—작은 인(仁)—
만으로 수레 가득히 쌓인 섶의 불을 끄려 하고 있다."(고자, 上, 18)

제13장

지상(地上)은 하늘(天)과 동일하다

1. '인(仁)'의 승리

우리는 간접적인 결과로서의 '효과' —서양의 'efficacité'와는 다른 의미— 라는 관념에서 출발하는 것으로 충분하다. 이것은 어떤 주어진 목적을 달성함으로써 이루어지는 것이 아니라 상황이 전개되면서 자연스러운 결과로 나타나는 것이다. 결국 이것은 서양에서 도덕을 생각하는 데 사용되었던 수단과 목적 간의 구분을 흐리게 하고 있다. 사실 맹자는 도덕을 세우는 데 있어서 절대성(impératif catégorique: 칸트에서 '정언적 명령'의 개념)이 요구된다는 것을 명확히 알고 있었다. 칸트에게서도 도덕적 행위가 이해관계에 기초해서는 안 된다는 것은 분명하다. 즉 도덕 행위는 그 자체로 선(善)해야 하며, 어떤 목적을 달성하기 위한 수단으로 쓰여서는 안 된다. 이것은 맹자에서 지(志)의 개념 중 하나인 '의도성'에 해당하는 것이다. 따라서 도덕 행위에서는 바로 '의도의 순수함'이 중요하며, 그 결과가 어떻게 되느냐는 문제가 되지 않는다(Kant, M.M., p.128). 이와 마찬가지로 이미 살펴본 바와 같이 맹자에게 도덕의 실현은 지상세계에서 행복을 찾을 수 있는 최선의 방법이며, 따라서 도덕은 인간을 현실적인 행복으로 인도하는 '신중한 충고'와 다를 바 없는 것이다. 그 결과, 맹자에서는 가치의 절대화를 위해 세속적인 이익을 희생시키는 도덕의 '절대적 차원'과 일반적 안녕을 위해 취해지는 '조심성'이라는 '실질적 차원' 사이의 대립이 소멸하게 된다. 칸트는 『도덕 형이상학』의 주석에서 다음과 같은 실용적인 차원의 이야기를 하고 있다(Kant, M.M., p.129). "도덕적 교훈이 인간에게 조심성을 갖도록 권유할 경우, 이 교훈은 사람들에게 어떻게 하면 전(前)시대 사람들보다 더 윤택하게 살 수 있을지를 가르치는 것이다." 그런데 맹자 역시 당대의 문제를 전 시대에 있었던 사건과 비교하면서 실용적인 차원에서 제후들에게 설명하고 있다. 그러면서도(실용적임에도 불구하고) 그는 자신의 순수한 도덕적 열망을 결코 포기하지 않는다.

언뜻 보면 여기에는 역설 이상의 것이 존재한다. 맹자는 우리가 조정할 수 없는 것을 조정해주기를 바란다. 사실 그가 제후들에게 전달하는 내용의 주제는 주로 정치적인 것이기 때문에 모순이 된다고 볼 수도 있다. 그리고 우리는 맹자의 도덕을 선(善)의 절대화로 진행한 칸트의 'vertu(미덕)'나 권력을 갖게 해주고 승리할 수 있게 해주는 마키아벨리의 'virtu(재능)'와 혼동할 수도 있다. 왜냐하면 맹자가 관심을 가졌던 주제는 마키아벨리가 주목하고 있었던 것과 유사하기 때문이다. 마키아벨리에게는 어떻게 하면 권력을 장악하여 '새로운 질서'를 정착시키고, 계속 권력을 유지할 수 있느냐 하는 것이 문제였다. 그런데 맹자는 이 문제를 푸는 데 있어서 모순점을 배제하기 위해 좀더 심층적인 분석을 전개한다. 왜냐하면 '도덕의 실현'과 '전략적 승리'가 양립하기는 쉽지 않기 때문이다. 그렇다면 'vertu(德)'와 'virtu(재능)'는 분리되어야만 하는 것일까?

이 문제는 중국 고대말기(전국시대)의 전(全) 기간을 통해 발전된 '전략이론'만큼이나 중요한 것이다. 맹자는 전략이론가들의 논리를 빌려 자신의 입장을 밝히고 있다. 힘의 관계를 측정하는 데 쓰이는 기준 중에서 인화(人和)의 도(道)를 첫번째로 꼽아야 한다. 만일 백성들이 지도자를 따르고 화합하게 되면, 그들은 어떠한 위험도 두려워하지 않고 죽을 각오로 적에 대항하여 싸울 것이다(『손자병법』, 1장 참조). 두번째로는 천(天)과 지(地)를 꼽을 수 있다. 천(天)은 시기의 유리함을 결정해주는 조건이며, 지(地)는 지형의 유리함을 결정해주는 조건이다. 맹자는 포위공격을 예로 들어 설명하고 있다. "한 군대가 적군을 포위할 수 있다면 그것은 좋은 시기[天]를 이용할 줄 알기 때문이다. 그러나 이 군대가 적진을 공략하지 못한다면 그것은 지형조건[地]이 불리하기 때문인 것이다. 한편 여기에 성벽이 높고 외호(外濠)가 깊은 강력한 요새가 있고, 성(城)안에는 충분한 식량과 좋은 무기를 보유한 방어군이 있다고 가정해보자. 만일 이러한 유리한 조건에서도 백성들이 군대를 버리고 모두 도망간다면 어찌 되겠는가? 이것이 바로 지(地)가 제공하는 유리함이 인화(人和)만 못한 증거이다. 따라서 도덕은 매우 중요한 것이다. 결국 바른 도(道)를 따르면서 백성의 지지를 얻는 자가 가장 도움을 많이 받는 자가 된다. 그리고 온 천하가 그를 지지하게 되는 것이다. 반면에 백성의 지지를 잃는 자는 가족들까지도 그를 버리게 될 것이다. 이 '힘의 관계'는 전투의 결과를 미리 보여주고 있다. 즉 천하가 지원하는 형세를 가지고서 가족조차도 등을 돌리는 자를 공격하는 것이므로 군자는 차라리 전쟁을 하지 않을지언정, 전투를 하게 되면 반드시 승리하게 되어 있다."(공손추, 下, 1)

서양의 일반적인 전투방식—양 진영이 정면으로 맞선 상태에서 진행되는 전투—과는 달리, 중국의 전술은 전투에 임하기 전에 자기 측에 유리하도록 상대를 동요시키는 데 중점을 두고 있다. 따라서 중국의 전투는 임의적이지도 파괴적이지도 않다. 그렇기 때문에 고대 중국의 군사전략론에 따르면 명장(名將)은 쉽게 승리를 쟁취한다고 한다. 그러므로 그는 영웅적인 상황을 만들어낼 필요도 없다(이미 지적된 바와 같이 중국에는 영웅행위를 묘사하는 서사시는 존재하지 않는다). 명장은 이렇게 상대를 약화시키거나 자신에게 유리한 조건을 만들어냄으로써 전투의 초기에 유리한 상황을 구축하기 때문에, 쉽고 자연스럽게 승리를 얻게 된다. 맹자는 특히 이러한 '간접 효과'의 힘을 강조하면서 현실에 적용하고 있다. 결국 도덕성은 자신과 백성이 하나가 되기를 바라는 제후에게는 매우 긍정적으로 작용한다. 그것은 다른 제후들에게도 영향을 미침으로써 갈등의 가능성마저 사전에 없애준다. 그런데 맹자는 이러한 전략적 논리를 최대한으로 이용하면서도 모든 전략을 초월하는 차원에 도달하고 있다.

다시 말해, 군대를 배치하거나 전투를 이끄는 기술 등은 필요하지 않으며 오직 '인(仁)' ―다른 모든 전술에 앞서는― 만으로도 승리는 충분히 보장되는 것이다(진심, 下, 4 참조).

　이와 관련하여 맹자는 은(殷)나라가 설립되던 시기에 있었던 일을 예로 들고 있다(등문공, 下, 5). 은왕조 창립자인 탕(湯)왕이 아직 작은 제후로 있을 때 제물이 없다는 핑계로 조상의 제사도 지내지 않는 무도한 제후와 접경하고 있었다. 탕왕이 이 제후에게 제사 지낼 소와 양을 보냈지만, 그는 제사는 지내지 않고 그것을 먹어 없앴다. 그래도 이 제후를 돕기 위해 탕왕은 농사일을 잘 돌볼 수 있는 사람들을 보냈는데, 제후는 오히려 그들의 물건을 빼앗고 그 중 한 어린아이를 살해했다. 이에 탕왕은 이 나라를 정벌하기 위해 군사를 동원하였다. 온 천하 사람들은 이 전쟁이 다른 나라를 차지하여 부유해지기 위한 것이 아니라 죄 없이 죽은 아이의 원수를 갚기 위한 것이라고 여겼다. 이 경우에 전쟁은 정의(正義)를 실현하는 것이 된다(진심, 下, 2). 따라서 이 정벌은 어떠한 저항도 마주치지 않았으며, 탕왕은 이때부터 온 천하에 그의 권위를 확대하게 되었다(양혜왕, 下, 11 참조). 이처럼 모든 백성들은 선량한 정치 권위의 혜택을 받기를 기대한다. 폭정에 시달리는 백성들은 '인(仁)'을 행하는 군주가 나타나주기를 가뭄에 비를 기다리듯 고대하는 것이다. 맹자는 어진 군주의 힘에 대하여 "진정 인간적인 군주는 작은 몽둥이만 가지고도 견고한 갑옷과 날카로운 병기로 무장된 군대를 물리칠 수 있다"고 요약하고 있다(양혜왕, 上, 5).

2. 새로운 질서의 구축: 맹자와 마키아벨리

결국 마키아벨리의 'virtu'와 같이 맹자의 '덕(德)'은 승리로 이어지게 되지만, 그것은 '승리 자체'에는 반대하고 있다. 마키아벨리는 국가의 창시자들이 권력을 장악하는 과정에서 폭력이나 범죄적인 방법을 사용하였던 사실을 역력히 보여주고 있다. 또한 그들은 이미 권력을 장악하였기 때문에 그들이 행사한 폭력은 잊혀지게 되며 또한 그것은 미화되면서 정당화된다. 마키아벨리는 새롭게 수립된 질서가 교묘하게 감추어진 권력에 기초하고 있음을 보여주면서 역사의 기만적인 탈을 벗기고 있다. 이와는 반대로 맹자는 물리적인 힘에 대한 의존을 최소화하고자 한다[특히 문왕(文王)의 계승자로서 '전사(戰士)'라는 의미의 이름을 가진 무왕(武王)의 경우가 그렇다]. 따라서 도덕은 결코 폭력 이후의 미화(美化)작업을 통해 구축되는 것이 아니다. 결국 도덕은 오직 그 자체로서 힘을 갖는다고 할 수 있다.

그러나 마키아벨리는 맹자와 한 가지 공통점을 가지고 있다. 왜냐하면 마키아벨리도 신(新)질서의 창시자가 유리한 시점을 이용한 점과 또한 그들이 성공한 사실을 인정하고 있기 때문이다. 그런데 그는 군주의 '능력(virtu)'과 '기회' ─또는 운(運), fortuna─ 에 더 많은 중요성을 부여함으로써 신질서의 출발점에 대해서는 모호한 채로 남아 있게 된다. 키루스는 메데스 가(家)의 사람들이 노예가 된 사실을 알게 되었다. 테세는 흩어져 있던 아테네인들을 다시 불러 모았다. 로물루스는 라티움의 방랑자들과 추방인들을 기반으로 하여 일어설 수 있었다. 르네상스 시대의 사람들 눈에는 새로운 질서의 창시자들이

'인간' ―결함이 많고 무질서하며, 불규칙하고 영향 받기 쉬운― 이라는 대상을 두고 작업을 하는 것으로 보였다. 그들은 자신의 혁신적인 계획에 따라 자기 마음대로 형상을 새기면서 한 인간의 형태(forme)를 만들고자 하였다. 여기서 우리는 다시 한 번 서양의 전통에서 '이 데아'에서 비롯되고 '의지(volonté)'에 기초하는 조물주(造物主)적 '창조 행위'를 느낄 수 있으며 또한 인간이 이러한 행위를 통하여 끝까지 세계와 대결한다는 사실을 발견하게 된다. 이와는 달리 중국에서는 형태(forme)와 질료(matière) 간의 관계가 발견되지 않고 있다. 따라서 어진 군주는 세계에 대한 어떠한 계획이나 주도적인 행동도 취하지 않는다. 그는 오직 자신이 가지고 있는 인성(人性)을 베풀기만 하면 되는 것이다. 중국에서 새로운 질서의 수립은 '행위'의 차원보다는 '과정(過程)'의 차원에서 인식될 수 있다. 그런데 맹자에서 새로운 왕조의 출발점은 왕조 창시자 자신에게 우연히 주어지는 '운(運)'을 잡는 수준 이상의 것이었다. 이 출발점은 바로 '인(仁)이 결핍된 상태'이며 그것은 앞으로 이어질 왕조 발전의 조건이 된다. 이처럼 중국에서 만물(萬物)이 운행되기 위해서는 덕(德)만으로 충분하며 특별한 기술이 요구되지 않는다. 그리고 도덕성을 통하여 자연스럽게 세워진 권위는 물리적인 힘의 사용을 최소화하고 있다.[*]

---

[*] 마키아벨리의 사상과 비교될 수 있는 맹자사상의 특징은 서양인 스스로가 마키아벨리즘을 도덕적으로 비판한 글, 특히 프리드리히 2세의 「반(反) 마키아벨리론」(이것은 1740년 볼테르에 의해 서문이 쓰여지고 출판된 계몽사상의 정신을 대표하는 작품이다)과 비교해보면 더욱 명확히 나타난다. 프리드리히 2세도 맹자처럼 도덕성과 폭력을 대비시키면서 부도덕한 군주의 행실은 결국 자신을 해치게 된다고 주장한다. 그러나 맹자에서와는 달리 정치적 부도덕성에 대한 그의 비판에는 도덕 정치가 만들어주는 간접적인 효과나 주어진 조건(condi-

맹자의 결정적인 장점은 도덕의 영향력을 힘의 관계 한가운데에 자리잡게 하면서, 그것이 물리적인 힘보다 더 효과적이게 하는 데 있다. 즉 '힘'이 아니라 '동의(同意)'에 중심가치를 두는 것이다(이것은 은근하지만 결정적이라고 할 수 있다). 맹자가 살던 시대의 정치 도덕에 따르면 힘에 의한 패권적 승리는 항상 일시적이며 제한적이다. 오로지 도덕성에 의한 승리만이 진정 당당한 것[王道]이며 지속될 수 있다(공손추, 上, 3). 그런데 일반적으로 전통을 지극히 존중했던 맹자는 옛날 경서(經書)에 상세히 기록되어 있는, 고대 왕조가 수립될 때 있었던 피비린내 나는 전투의 존재 사실을 믿기 어려웠다(진심, 下, 3). 그렇다고 해서 자신의 정치적 신념이었던 도덕 정치에 대해 사람들이 회의(懷疑)를 갖도록 내버려 둘 수도 없었다. 그래서 그는 다음과 같이 말하고 있다. "어진 군주를 대적할 자는 천하에 없는 것이다."(양혜왕, 上, 5) 그런데 이것을 실증적으로 검증하기란 매우 어렵다. 동시에 이 논리는 경험성에 기초하고 있는 맹자 자신의 원칙에 위배되며 더욱이 거기에는 무조건 믿어야만 하는 신앙화의 위험도 존재한다. 그러나 일반적으로 맹자의 어법에는 수사(修辭)나 과장이 없으며 또한 그의 논리가 현실을 도피하기 위한 것이 아니라는 점을 통해, 우리는 맹자의 주장에는 분명히 절대적인 기초가 있다는 것을 믿어야만 한다. 그렇다면 과연 군주의 권위는 어디에서 비롯되는 것이며, 또한 무슨 명목으로— 특히 어떤 근거에서— 맹자는 그것을 단언할 수 있는 것일까?

---

tionnement)의 진행과정에 대한 분석이 전혀 보이지 않고 있다. 따라서 덕(vertu)에 대한 그의 변호는 마키아벨리의 실용적인 입장에 전혀 타격을 주지 못하고 있으며 오직 하나의 인도주의적인 미사여구에 그치고 만다.

3. 인(仁)에 의한 승리

맹자에서의 도덕의 기초 ─이것은 절대적이다─ 는 경험적 사실을 통해 단번에 수립되는 것이 아니며 신(神)과 같은 외부적인 절대성에서 비롯되는 것도 아니다. 여기에서 우리는 그의 독창성을 발견하게 된다. 맹자는 세계를 둘로 분리하지 않으며, 도덕의 뿌리로 쓰일 수 있는 형이상학적 배경도 가지고 있지 않다. 또한 그는 '신학적 존재론'의 기반을 가지지 않기 때문에(고대 중국에는 '존재하다'의 의미를 갖는 동사가 없었다) '존재해야 하는 사실'의 근거를 '영원한 절대적 존재'에 둘 수도 없었으며, 선(善)의 개념을 신(神)에 연결시킬 수도 없었다. 따라서 맹자는 중국의 종교전통이 제공한 '천(天)'이라는 관념 ─이것은 그의 이론 완성에 중요한 역할을 한다─ 속에서 자신의 이론을 급진전시키며, 또한 절대성에 도달하게 해주는 '무제약자(inconditionné)'의 개념을 얻게 된다. '천'은 자연의 일부이면서도, 무한한 영역으로 확대되면서 경험을 능가하는 초월적 차원인 것이다 (『중용』, 26 참조). 그럼에도 불구하고 그것은 세계의 끝이 아니며 결코 현세와 구별되지 않는다. 동시에 '천'은 모든 현상(phénomènes)이 함께 모이는 장소로서 어떠한 이론적 사변(思辨)의 대상이 되지도 않으며, 신학적 원리와는 달리 독단적인 내용도 담고 있지 않다. 또한 아무리 현실적인 경험의 차원이 '천'에서는 그 본래의 모습에서 벗어난다고 하더라도, 그것은 결코 민감한 '천'의 발현과 단절되지 않으면서 '과정(processus)'의 논리를 이탈하지 않는다.

이제 우리가 시작한 논의를 다시 검토하면서 이 문제를 확인해 보기로 하자. "만일 백성들이 당신의 어진 마음 덕분에 평안을 누릴 수 있다고 생각하고 모두 당신 곁으로 오게 된다면, 이웃나라들은 감히 당신을 넘볼 수 없을 것이며 나아가 천하의 어느 누구도 당신을 대적할 수 없게 될 것입니다."(공손추, 上, 5) 그런데 천하에 어떤 자도 대적할 수 없는 이가 바로 '하늘의 신하'인 것이다. "이런 상황에서 왕이 되지 않는 자가 없다"고 맹자는 말하고 있다. 즉 '하늘'은 우리가 살아가는 세계가 진행하는 '과정' 밖에 있지 않고 세계 안에서 일어나는 모든 일을 조정하는 '총체'이기 때문에, 사람의 행실이 이기적이지 않고 또한 그것이 사회의 공동 이익에 부합되는 것이라면 사람은 하늘의 도(道)에 가까워져서 다른 차원에 오르게 되는 것이다. 여기서 인간은 '파견인'이 아니라 '고용인'이다. 왜냐하면 '구원의 의미(notion messianique)'가 아닌 '기능적 의미(notion fonctionnelle)'가 적용되기 때문이다. 그리고 어진 군주는 현실세계의 폭넓은 지지하에 모든 '과정'을 한 점에 모이게 하기 때문에 그의 군림(君臨)이 가능해진다. 그래서 중국인들은 전통적으로 그를 천자(天子)라고 부르고 있다.

맹자사상에서 '초월성(transcendance)'은 '천(天)'의 이름으로 분명히 존재하고 있다. 그러나 하늘은 그 자체가 하나의 '흐름'이며 또한 이 흐름은 인간의 내세(來世)에 대한 가정을 하고 있지 않기 때문에 '천'이 가지는 초월성은 '내재적인 차원(immanence)'으로 전환된다. 그리고 이것[天]은 '구체적인 기초'를 갖지 않는 기반이므로 결국 '본성'으로 연결된다. 우리는 맹자가 존엄성을 두 가지로 구분하였던 것을 기억한다. 하늘에 의해 부여되는 '천부적인 존엄성[天爵: 仁, 義]'과 인간(군주나 고관들)에 의해 부여되는 '사회적인 존엄성[人爵]'이 그것이다. 맹자는 다음과 같이 말한다. "옛날에는 천작(天爵)을 잘 닦아서 그 결과로 인작(人爵)이 따라왔다. 그런데 요즘에는 천작을 닦는 것으로 인작을 요구하고 있다. 그래서 인작을 얻고 난 다음에는 천작은 쉽게 버리고 만다. 이것은 잘못되어도 너무나 잘못된 일이다. 이런 자세로는 결국 인작마저도 잃게 될 것이다."(고자, 上, 16)

이러한 맹자의 논리는 대단히 뛰어난 것이라고 할 수 있다. 왜냐하면 맹자는 도덕 가치의 초월성(천부적 존엄성)과 그것의 현실적 효과(사회적 존엄성: 성공)를 양립시키고 있기 때문이다. 결국 인간은 도덕의 가치 그 자체를 위하여 도덕성을 기르게 되며 그 결과로 자연스럽게 사회적 지위를 얻기에 이른다. 즉 도덕적 가치는 우리를 성공으로 이끄는 '힘'을 가지고 있다. 이와는 반대로 도덕심을 기르는 데 있어서 일시적인 성공만을 목적으로 한다면, 만일 성공한다고 하더라도 그것은 진정한 성공이 못 되며 항상 불안정한 상태에 남아 있게 된다. 이러한 성공은 부도덕한 것이며(이해관계에 의존하므로) 가식적인 것이어서(의도적이며 어떤 수완의 산물이므로), 그것은 이미 존재하지도 않는다고 말할 수 있다. 반면에 도덕적 행실의 결과로 자연스럽게 얻게 되는 성공은 완전히 도덕적인 것이다(칸트에서의 '정언적 명령'처럼 어떠한 목적을 가지고 이루어진 것이 아니므로). 왜냐하면 그것은 상황으로부터 자연스럽게 나타나는 단순한 결과이기 때문이다. 현실세계에서 이러한 성공은 정당한 것이며 지속적으로 유지될 수 있다. 그것은 하나의 부수적인 현상이 아니며 만물의 흐름 속에 그 기반을 확고히 가지고 있다. 또한 이 성공은 개인적인 의도에 의해 상황을 강제하기보다는 비인격적이고 내재적인 형식

위에서 자연발생(spontesua)을 유도해준다. 그런데 '자연성'과 '도덕성'의 결합이 만들어내는 결과는 대단히 큰 것이다(이것은 서양과 비교를 해보거나 또는 서양의 관점에서 보게 되면 더욱 명확해진다). 이렇게 하여 맹자는 하늘과 땅을 대비하거나 천국을 가정하기보다는 이 두 차원을 동일한 수준에 올려놓는다. 만물이 실현되는 장소인 땅은 하늘을 구체화하면서 천명(天命)을 장려하고 촉진시킨다. 다시 말해, 지상(地上)은 인간에게 영향을 미치면서 절대의 차원[天]을 연장하는 것이다. 그 결과, 지상은 정당성을 갖게 된다.

그러나 지상에서 폭력과 부정이 끊이지 않는다면 어떻게 해야 할 것인가? 맹자는 사회 상태를 두 가지로 구분(distinguer)하고 있다. '질서적인 사회'와 '무질서한 사회' 또는 '도덕적인 사회'와 '부도덕한 사회'가 그것이다. 그렇지만 그는 결코 이 두 사회 상태를 분리 (dissocier)하지는 않는다. 맹자는 다음과 같이 말한다. "천하에 바른 도가 행해질 때는 덕이 부족한 자가 덕 있는 자를 따라야 하며, 지혜가 부족한 자가 지혜로운 자를 존중해야 한다. 그러나 천하에 바른 도가 행해지지 않을 때는 약자가 강자에게 복종하게 된다. 그런데 두 경우 모두가 하늘의 도리인 것이다."(이루, 上, 7) 즉 순수한 '힘의 관계'조차도 현실 논리에 의존하고 있다는 말이다. 결국 최악의 경우(힘에 의한 지배)에도 최소한의 질서 —위계적인 질서— 는 존재하게 되며, 결코 기독교적인 다른 세계 —내세— 에서의 질서는 가정되지 않는다. 맹자는 냉정하게 결론을 내리고 있다. "천도(天道)에 순종하는 자는 살아남을 수 있지만, 거역하는 자는 멸망할 것이다." 좀더 구체적으로 말하면, "큰 나라를 가지고 작은 나라와 잘 지내는 군주는 하늘을 즐기는 군주이며, 작은 나라로서 큰 나라를 섬기는 군주는 하늘을 두려워하는 군주이다. 하늘을 즐기는 군주는 천하를 보존할 수 있으며 하늘을 두려워하는 군주는 자신의 나라를 보존할 것이다. 전자는 어진 군주이며 후자는 지혜로운 군주이다.”(양혜왕, 下, 3) 결국 이 두 자세는 모두 정당한 것이라고 할 수 있다. 왜냐하면 큰 나라를 섬기는 것도 도덕적인 것이기 때문이다.

“만일 내가 상대를 제압할 힘이 없는데도 불구하고 그의 명령에 따르고 싶지 않다면, 나는 결국 막다른 골목에 처하게 되는 것 아닌가요?”라는 한 제후의 질문에 맹자는 다음과 같이 대답하고 있다. “사실 그럴 때에는 다른 방법이 없지요. 강자에게 따르는 척하든가 그렇지 않으면 요순(堯舜)임금처럼 덕행(德行)을 통하여 힘을 차츰 키우는 수밖에 없습니다.” 이 상황에서 맹자는 두 가지 대안을 함께 제시하고 있다. 즉 그는 ‘힘의 관계’도 만물의 원리에 속한다고 말하면서도 세계 전체의 응집성과 연계를 해치는 것이나 내세(來世)를 가정하는 요소는 배제하고 있다. 이와 함께 맹자는 현실세계에서 ‘도덕의 효율성’과 그것의 실용적 가치에 대해서도 전혀 의문을 제기하지 않는다.

4. 민(民)은 천(天)을 대신한다 : 주권재민(主權在民)?

이렇게 철학적인 합리화(rationalisation)에 접근하면서, 맹자의 ‘천(天)’ ─‘지(地)’와 한 쌍을 이루는─ 은 백성[民]을 통하여 지상에서의 짝을 찾게 된다. 물론 서양에도 '백성의 소리(vox populi)', '신의 소리 (vox dei)' 같은 표현이 있기는 하다. 그런데 맹자는 이것을 주제로 하여 이론을 만들어내었다(만장, 上, 5). 맹자는 나라의 후계자를 지명하는 자는 군주가 아니라고 말한다. 군주는 단지 자신이 지목한 후보자를 하늘에 추천하여 승인을 요청할 수 있을 뿐이다. 그러나 하늘은 말이 없기 때문에 하늘의 승인은 백성의 동의에 의해 표현되는 것이다. 따라서 지명된 후보자가 제사를 잘 관장하고 정무를 잘 수행하여 사회질서를 이루고 백성들이 평안하게 살 수 있어야만 비로소 하늘은 그를 군주로 인정하는 것이다. 맹자는 고전(古典)에 나오는 이야기를 통해 자신의 입장을 설명하고 있다. "하늘은 백성들이 보는 것으로부터 보며, 백성들이 듣는 것으로부터 듣는다." '요(堯)' 임금이 죽자, 그의 아들에게 왕위를 승계하기 위해 '순(舜)'은 뒤로 물러섰다. 하지만 신하들은 '요'의 아들에게 가지 않고 '순'에게로 와서 그를 찬양하기에 이른다. 이러한 아래로부터의 자발적인 동의는 누구에게로 왕위가 돌아가는지를 분명히 보여주는 것이라고 할 수 있다.

그런데 하늘의 의사표현으로서의 '민(民)의 동의'는 만들어진 이야기만은 아니다. 맹자는 '민의 동의'에 적극적인 의미를 부여하고 있다. "그것이 왕위의 승계이건 권력의 사임이건 간에 주위의 모든 사람들의 동의가 있어야 한다. 신하들과 장수들의 동의만으로는 부족하다. 모든 백성들이 군주의 생각에 동의해야만 한다."(양혜왕, 下, 7) 즉 백성들의 의견이 가장 중요하고 결정적인 것이므로 그것에 따라 움직여야 한다는 것이다. 그리고 최종 심판권조차도 백성들에게 있다고 맹자는 강조하고 있다. 이웃나라와의 전쟁에서 승리한 후에 그 나라를 병합하는 것을 망설이는 제후가 있었다. 이 제후가 맹자에게 말하기를, "자신의 원정을 도운 하늘이 재앙을 주지 않을까 걱정되어 그 나라를 점령하는 것이 꺼려지는데, 그렇다고 점령하지 않으면 다른 제후들이 그 나라를 침공할 것 같다"고 하였다. 맹자는 결정하기가 매우 어려운 상황이라고 말하면서 그 나라 백성들이 이 제후를 인정하고 그가 오기를 진정 바라는지 확인해보라고 이른다. 그리고 만일 백성들이 제후의 통치를 승인한다면 그 나라를 다스릴 수 있을 것이며, 그렇지 않으면 점령은 실패할 것이라고 결론짓는다(양혜왕, 下, 10).*

맹자는 하늘이 보장하는, 이러한 민의(民意)를 존중하는 원칙이 야기할 수 있는 극단적인 경우까지도 주저 없이 보여주고 있다. 만일 군주가 군주로서의 자격이 문제가 되면, 백성들은 그를 권좌에서 몰아낼 수 있는 것이다. 맹자가 거만한 제(齊)나라 제후에게 완곡하게 빗대어 말하였다(양혜왕, 下, 6). "만일 한 사람이 자신의 가족을 친구에게 부탁하고 다른 나라에 여행을 갔다가 돌아와보니, 가족들이 모두 굶주리고 추위에 떨고 있었다면 어떻게 하시겠습니까?" 제후가 대답하기를 "그 사람을 추방하겠습니다"라고 하였다. 맹자는 다시 물었다. "만일 당신의 신하 중 한 사람이 무능하여 아랫사람들을 잘 다스리지 못한다면 어떻게 하시겠습니까?" "그를 해직하겠습

---

* 이어서 맹자는 다음과 같이 말하고 있다. "점령지에 관리를 보내려면 그 나라 백성들의 동의가 있어야만 한다. 새 통치자는 그들에 의해 선택되어야 하는 것이다." 그러나 이 문제에 대해 맹자는 더 이상 구체화하지 않고 있다. 민의(民意)의 참고에 대한 중국인들의 사고 속에는 제도적인 측면이 결여되어 있다.

니다"라고 제후가 답했다. "그렇다면 만일 당신의 나라가 잘 다스려지지 않고 무질서해진다면 어떻게 하시겠습니까?"라고 맹자가 다시 묻자, 제후는 다른 곳으로 눈을 돌리면서 엉뚱한 주제의 얘기를 꺼내는 것이었다. 사실 제후는 이 질문이 무엇을 의미하는지 너무나도 잘 알고 있었다. 그런데 어느 날 이 제후가 맹자를 곤경에 빠뜨리려 하였다. "탕(湯)왕은 자신이 섬기던 걸(桀)왕을 추방하였고, 무(武)왕이 주(紂)를 정벌한 것이 사실입니까?"라고 제후가 물었다. 맹자가 이것을 부인하지 않자 제후는 다시 묻는다. "그렇다면 신하로서 임금을 죽인 것이 옳은 일입니까?" 맹자는 전혀 놀라는 기색 없이 다음과 같이 말한다. "인(仁)을 그르치는 것을 '적(賊)'이라 하며, 의(義)를 해치는 것을 '잔(殘)'이라 합니다. 이러한 '잔'과 '적'을 범하는 사람은 단지 보통 사람에 지나지 않습니다. 따라서 그들은 이미 군주로서의 자격을 상실한 자들이었습니다."(양혜왕, 下, 8)**

맹자는 정치의 기초를 '민(民)'에 두기 위하여 많은 노력을 하였다. 현실세계의 모든 문제는 하늘에서 비롯되는 만큼, '민'이라는 기초는 그 정당성이 확고한 것이다. 그럼에도 불구하고, 맹자의 사상이 백성이 주권자가 되는 정치이론 —루소의 '주권재민(主權在民)'의 의미: 민본(民本)[31]이 아닌 '민주(民主)'— 으로 발전되지 못한 이유는

** 맹자는 한 나라의 위계질서에 대하여 그 중요성에 따라 순서를 두어 설명하고 있다(진심, 下, 14). 백성이 가장 귀중하며 그 다음이 사직(社稷)이고, 군주는 가장 가벼운 것이어서 맨 뒤에 자리한다. 따라서 백성(民)이 권위의 원천이 된다고 말할 수 있다. 백성의 동의가 있어야만 천자가 될 수 있고, 천자의 허락을 받아야 제후가 될 수 있으며, 제후의 임명으로 대부(大夫)가 되는 것이다. 만일 제후가 사직을 위태롭게 하면 그를 바꾸어야 한다. 또한 제사를 잘 지냈음에도 가뭄이 들고 홍수가 나면 제단을 새로 만들어야 하는 것이다.

무엇이었을까? 그것은 중국에서는 군주제 이외의 다른 정치 형태를 상상도 해보지 않았기 때문일 것이다. 고대 그리스 이래로 서양인들에게는 익숙한 여러 정치체제들이 중국인들의 머리에는 떠오르지 않았던 것이다. 그래서 맹자는 '제도'로서의 민주주의를 생각해볼 여지가 없었을 것이다(맹자와 같은 시대의 고대 그리스에서는 선거와 집회 등을 통해 민주적 제도들이 구축되고 운영되고 있었다). 결국 중국에서의 '민의(民意)'는 어떠한 구체적인 지위도 누릴 수 없었으며 일정한 권력으로 표현되지도 않았다. 이처럼 '하늘의 명령'만큼이나 대표성이 있는 '민의'는 중국의 전 역사를 통하여 직접적으로 참작되지는 못하였다.

▌제14장 ▌
이것은 중국식 교리 문답이 아니다

1. 맹자의 행복론

이제 우리가 처음에 제기했던 문제로 되돌아가보기로 하자. 맹자가 말하듯이 "만일 내가 남에게 좋게 대했는데도 그 사람이 나에게 좋지 않게 반응한다면, 우선 스스로를 반성해보고 자신에게 어진 마음이 부족하지 않은지 생각해보아야 한다. 또한 내가 남에게 예의를 다했는데도 그 사람이 답례하지 않는다면, 스스로를 반성하여 자신의 경의(敬意)가 부족하지 않았는지를 생각해보아야 한다."(이루, 上, 4) 맹자는 이 논리를 서슴지 않고 일반화시키고 있다. 요컨대 자신의 행동에 대한 상대방의 반응이 기대에 어긋날 경우에는 우선 자기 자신을 반성해보면서 그 원인을 찾아야 하는 것이다. 맹자는 아무런 어려움 없이 '덕행'과 그것에 대한 '보상' 간의 합치성을 확인하면서 이 이야기를 끝맺고 있다. 그런데 맹자는 다음 장에서 이 주제를 다시 다루고 있다(이루, 下, 29). "다른 사람을 존경하는 사람은 원칙적으로는 그로부터 존경을 받게 되어 있다. 그런데 누군가가 불손하게 나를 대했다고 가정해보자. 그럴 경우, 내가 만일 군자(君子)라면 우선 나 자신을 반성하면서 스스로 어진 마음[仁]이 부족하다고 생각하여야 한다. 그렇지 않다면 어떻게 그런 일이 일어날 수 있겠는가? 그래서 자신을 반성해보니 잘못된 점이 없었다. 그럼에도 불구하고 그 사람은 계속 나에게 적대적이었다. 그래서 또 자신을 돌아보고 인(仁)을 다하였는지 반성해보았다. 그런데도 그 사람이 나에게 나쁘게 대한다면 이것은 어떻게 된 일인가?"

상황이 이쯤 되면 맹자도 상대방의 마음속에 사악함이 존재한다고 말할 수도 있을 것이다. 그리고 이처럼 군자를 희생자로 만든 불의(不義)를 바로잡기 위해 절대적 권위―내세에 있는―에 호소할 수도 있을 것이다. 그러나 맹자는 전혀 다른 시각에서 이 문제를 다루고 있다. 결국 맹자에게 이러한 사람은 군자(君子)에 대비되는 소인(小人)에 지나지 않는다. 그런 자는 짐승과 같은 사람이므로 별로 신경 쓸 필요가 없다고 한다. 이처럼 맹자의 해결책은 대비―군자 대 소인의―를 통하여 제시되고 있다. 군자는 항상 남을 걱정하면서 하루하루를 보내지만 결코 일상적인 일로 개인적인 고민거리를 갖지는 않는다. 군자는 옛 성인들을 거울로 삼아 살아가면서 그들처럼 되려고 노력할 뿐이다. 그에게는 개인적 고민을 가질 여유조차도 없으며, 아무리 그런 일이 생긴다 하더라도 전혀 개의치 않는다고 맹자는 말한다.

군자의 관심은 오로지 '내면의 완성'과 '도덕의 전개'에 있다. 그는 다른 사람들의 반응이나 덕행의 결과로 주어지는 보상 따위에는 전혀 관심이 없다. 그런데 여기서 맹자는 자신의 논리를 바꾸는 것이 아닌지 모르겠다. 그리고 이 작은 변화는 하나의 중요한 후퇴처럼 보이기도 한다. 왜냐하면 그것은 현실세계에서 덕행과 행복이 양립한다는 그의 일반 가설에 예외가 되기 때문이다. 다시 말해, 한 인간의 덕행이 타인에게 영향을 주지 못하고 그 사람의 행실을 바꾸지 못할 수도 있다는 것이다. 18세기의 중국 선비들은 '중국식 교리 문답'을 세우는 데 만족하였다. 그들은 하늘[天]의 조정 원리를 믿으면서 어떠한 다른 교리를 필요로 하지 않았으며, 그저 도덕을 자연의 당연한 원리로 생각하고 따를 뿐이었다. 볼테르(Voltaire)식의 교리 문답은 존재하지도, 존재할 수도 없었다. 서양에서 근대 시민혁명 이전까지 기독교 논리가 유럽인들의 행동양식에 영향을 준 것과는 달리, 중국인들은 그러한 정신성의 모순—기독교 논리—에 결코 가치를 부여하지 않고 있었다. 고전시대(époque classique)의 유럽은 '신앙'과 '이성'의 첨예한 대립 속에서 엄청난 갈등을 겪고 있었다. 결국 이것은 사상의 꽃을 피우게 하는 원인으로도 작용한다. 그런데 동·서양의 두 시각은 서로가 대면해본 적이 없기 때문에 그만큼 타협하기도 어려운 것이다(만일 둘을 나란히 놓고 비교해본다면 우리는 중국 쪽이 개념화의 차원에서 훨씬 앞서고 있다는 것을 발견하게 된다). 우리를 매혹하고 있는 맹자의 불연속(discontinuité)적인 담론은 논리적 예외성을 설명하는 데 있어서도 서양에서 사용되었던 이원론(二元論, dualisme)적인 방법을 취하지 않는다[이원론은 '의지', '신', '자유' 등을 설명하는 과정에서 세계를 의도적으로 양분(兩分)하고 있다].

맹자는 공자가 그랬던 것처럼, 덕(德)을 통해 무엇인가를 얻을 수 있으며 그것이 성공을 약속해준다는 논리에 맞지 않는 예외적인 상황을 설명할 때에는 운명(또는 천명)을 거론하면서 한 발 물러서고 있다(만장, 上, 8). 이러한 자세는 서양에서도 볼 수 있는 '스토아'적인 후퇴이다. 이것은 인생에서의 유일한 가치는 바로 도덕적 선(善)이라고 보고 있는 스토아 철학(stoicisme)의 입장과 유사한 면이 있다. 스토아 철학에서는 인간에게 생길 수 있는 고민이나 문제는 별로 중요한 것이 되지 않는다. 앞에서 맹자가 예로 든 군자는 자기 반성에 대한 독백을 하고 있었다. 그런데 자신이 처한 상황을 좀더 잘 파악해보기 위해서 이루어지는 자기와의 내적인 대화는 감정에 자리를 내어주지 않고 오히려 감정을 억제하는 역할을 하게 된다. 결국 군자는 '스토아'적이라고 할 수 있다.

덕행(德行)에도 불구하고 이어지는 실패를 보상하기 위해 '스토아'적이 되면서, 맹자는 나의 책임인 것과 나의 책임이 아닌 것을 명확히 구분하고 있다. "구(求)하면 얻을 수 있으며 내버려두면 잃게 된다. 그렇다면 구하는 것이 얻는 길이며, 그것은 나 자신에게 달려 있다. 그런데 구하는 대상이 도덕적 가치라면 그것은 나의 본성 속에서 찾아야 하며, 그것을 얻는 것은 하나의 결과로서 나의 소관이다. 반면에 구하는 대상이 권력이나 재물과 같이 외부에 있는 것이라면 내가 그것을 얻는다고 하더라도 나는 결코 그것의 주인이 될 수는 없는 것이다"라고 맹자는 말한다(진심, 上, 3). "보통 감각기관의 기능을 본성(本性)이라고 말한다. 그런데 사람에게는 명(命)이라는 것이 있다(왜냐하면 모든 것이 마음대로 되지는 않기 때문이다). 따라서 군자는 도덕[仁, 義, 禮, 智]을 본성이라고 하지 않고 명(命)이라 한다. 왜냐하면 그것은 우리가 바라는 대로 실현되지 않기 때문이다. 그러나 이러한 덕(德)은 인간 고유의 본성에 뿌리내리고 있는 것이기 때문에 군자는 이것을 결코 명(命)으로 돌리지 않는다."(진심, 下, 24) 이처럼 군자는 스스로 도덕에 도달할 수 있다고 믿으면서 살아간다.

반대로 맹자는 인간의 소관이 아닌 것은 우리에게 우연히 일어나는 것으로 보아야 한다고 말하고 있다. 그리고 그는 도덕성을 만물의 질서와의 합의라고 보기에 이른다. "군자는 바른 법(法)를 행한 연후에 천명(天命)을 기다린다."(진심, 下, 33) 여기서 예외적으로 사용되고 있는 용어인 '법(法)'은 '대자연의 법'의 의미 —스토아 철학에서 'nomos'에 해당하는— 에 가깝다고 할 수 있다. 그런데 맹자는 '인(仁, humanité)'의 이상형을 만들지 않고 있다. 따라서 인간이 '인(仁)'을 행하기 위해서는 단지 자신의 본성으로 되돌아오는 것으로 충분하다. 결국 군자는 어떠한 외부적 규범에도 의존하지 않으면서 자연스럽게 도덕성을 구가하는 사람인 것이다. 한편 '운명(運命)'의 개념은 우리의 소관이 아니라 외부로부터 오는 것이지만, 동시에 우리가 꼭 수행해야 하는 사명을 의미할 수도 있다. 따라서 맹자에게 이 '운명'은 현실의 큰 운행(Procès)에서 비롯되는 우리의 본래 모습이며 또한 인간이 받아들여야 하는 것이다. 맹자는 이 두 차원을 연결시키면서 다음과 같이 말한다. "단명(短命)하건 장수(長壽)하건 간에 도덕적인 인격을 한결같이 배양하기만 하면 천명(天命)을 실현하는

것이 된다."(진심, 上, 1)

운명에 대해 긍정적인 의미를 부여하기 위해 그리고 그것이 우연
한 것이 아니라 인간의 본성으로부터 전개될 수 있다는 것을 보여
주기 위해, 맹자는 '정명(正命)'이라는 용어를 사용하고 있다(진심,
上, 2). 이렇게 하여 전 생애에 걸쳐 우리의 삶을 촉진시켜주는 '현
실의 근간(Fond du réel)'으로부터 하나의 지상 명령이 나타나게 된
다. 인간은 바르게 '정명'을 인식하여 자신의 삶이 그것에 부합하는
지를 돌아보아야 한다. 결국 '도(道)'를 끝까지 전개하면 '도'는 우리
의 수행(修行)에 맞춰 열리게 되는 것이다. 예를 들어 군자는 결코
무너지려는 담 밑에 서지 않는다. 더욱이 죄를 짓고 감옥에서 죽게
되는 일은 범하지 않는다(이러한 것은 '정명'에 어긋난다). 운명과 관
련하여 맹자는 결정주의(déterminisme)에 대비되는 자유(liberté)의 문
제를 제기하지도 않는다. 그렇지만 맹자는 어떤 임무를 수행하듯이
자신의 운명을 완수하라고 우리에게 이르면서, 매사에 책임을 다할
것을 촉구하고 있다.

2. 스토아 철학의 행복론

맹자사상의 스토아 철학(stoicisme)적인 경향은 두 가지 차원에서
우리에게 도움을 준다. 우선 서로 다른 관점에서 발전된 두 사상체
계(서양과 동양)의 차이를 명확히 이해하게 해준다. 맹자의 '스토아'
적인 측면은 정신성(esprit)이나 심성(mentalité)이 자연의 대체물이라

는 관점에서가 아니라 주어진 상황에 대한 논리적인 비교를 통한 현실 인식에서 찾아볼 수 있다. 그런데 스토아 철학자들도 맹자처럼 세계의 이원화(二元化)를 거부하면서 신성(神性)과 현실을 대립시키지 않고 있다. 따라서 현실의 전부가 되는 자연은 모두 연계되면서 사물의 운행을 결정하게 된다. 한편 맹자는 현세(現世)에서의 일시적 효과를 지지하지 않으면서 현실적인 성공을 만물의 흐름(우주의 운행)에 종속시키고 있다. 결국 스토아 철학과 맹자의 시각은 서로 일치하게 된다. 나아가 맹자의 사상은 스토아 철학이 가지고 있는 보편성 —최소한 윤리 차원에서— 을 더욱 명확히 해주고 있다. 스토아 철학은 서양철학 전통에서 가장 덜 독단적이고 가장 경제적이며 또한 효율적인 사유체계의 전형이다. 그것은 동시에 도덕의 자율성 —절대자를 필요로 하지 않는 의미에서— 까지도 제시하고 있다(고대 말기의 중국이나 그리스는 정치적·사회적 위기를 맞으면서, 인간 행실에 관련된 도덕의 문제가 철학의 중요한 주제가 되고 있었다). 이처럼 스토아 철학은 단순하면서도 가장 실질적인 면을 우리에게 보여주고 있다. 17세기와 18세기에 걸쳐 중국에 기독교를 전파하러 왔던 서양의 선교사들은 '스토아 철학'과 '유가전통' 간의 유사성을 확인하게 된다. 당시 중국에 소개되었던 서양 서적들 중에서 중국의 선비들에게 가장 환영받았던 것은 바로 스토아 철학으로부터 사상적 영감을 받은 책들이었다.

이렇게 우리는 맹자의 사상과 스토아 철학의 수렴점을 발견하게 된다. 두 사상은 모두 현실을 역동적이고 일체(一體)로 보는 시각을 가지고 있다(스토아 학파의 '자연'과 맹자의 '하늘'). 그리고 양자는 '자연적 조정(régulation naturelle)'이라는 차원에 동의하고 있다(스토아 철학에서도 세계를 지배하는 '이성'은 그것이 만들어내는 결과의 외부에 있지 않으며, 하나의 내재적 원리로서 존재한다). 두 입장은 모두 현명한 사람(sage)을 도덕성[仁, humanité]의 초월적 기준으로 보고 있으며, 또한 현인(賢人)은 독자적으로(절대자에 의존하지 않고) '절대성'에 도달할 수 있다고 믿는다. 결국 맹자나 스토아 철학자들은 인간의 모든 행위를 현실세계에 대한 참여로 간주하고 있으며, 도덕적 선(善)은 인간공동체 — 개인적 이익을 뛰어넘어 전체의 이익이 실현되는 — 를 위해 전개되는 것으로 인식하고 있다.

"도덕을 행한 결과로 성공이 따르게 된다"는 자신의 논리가 어려움에 봉착할 때마다 맹자는 스토아 철학적 의미의 '영원한 덕(德)'에 호소하고 있다. 현실세계에서의 성공에 대해 맹자는 두 가지 가능성을 제시하고 있다. 덕행(德行)이 현실적으로 효과적인 결과를 달성하게 되든가(예를 들어 군자가 행한 덕의 혜택을 입음으로써 사람들은 그를 인정하게 된다) 또는 남에게 인정받지 못하더라도, 도덕을 통하여 자신의 사명을 다하기 때문에 군자는 최소한 자기 자신을 얻을 수 있게 된다(得己: 진심, 上, 9). 그런데 스토아 철학자들과는 달리 맹자에게는 풍부한 심리학적 도구가 없었기 때문에 '나(moi)'라는 범주를 발전시킬 수 없었다. 이러한 '나'의 범주는 우리에게 강력한 내면성을 구축하게 함으로써 자아를 결코 파괴될 수 없는 것으로 만든다. 그럼에도 불구하고, 맹자는 도덕이 가지는 자율적인 측면을 배제하지 않고 있다. 한편 맹자는 도덕성이 부족한 자는 노예와 다를 바 없다는 스토아 철학의 입장에 접근하면서도, '자유'의 개념을 개입시키지 않은 채 이 문제를 더 이상 구체화하지 않는다(공손추, 上, 7). 이와는 달리 맹자는 스토아 철학의 중심주제인 '무감동 (ataraxia)'을 중요하게 다루고 있다(不動心: 공손추, 上, 2 참조). 공손추 가 물었다. "만일 선생님께서 제(齊)나라의 재상이 되셔서 제(齊)왕 을 패자나 왕자가 되게 하신다 하더라도 선생님 마음에는 변화가 일어나지 않으시겠습니까?" 맹자가 답하기를 "결코 그렇지 않을 것 이다. 나는 나이 40이 되어서부터는 마음이 움직이지 않았다"라고 하였다. 공손추가 다시 물었다. "어떻게 하면 마음이 움직이지 않게 할 수 있습니까?" "용기에서 가장 기본이 되는 것은 상대의 힘이 강 하건 약하건 그것에 관계없이 대응하는 것이다. 따라서 용기가 있 으면 결과에 개의치 않으면서 모든 일에 임하게 된다. 그런데 최상 의 용기는 상대가 약하더라도 자신의 부족함이 발견되면 후퇴하고, 상대가 아무리 강하다 하더라도 정의를 위해서는 나아갈 수 있는 능력인 것이다"라고 맹자는 답하고 있다. 다시 말해, 높은 수준의 용기일수록 상대의 힘과 무관하게 전개되는 것이다. 결국 결과에 개의치 않는 용기는 도덕적이라고 할 수 있다.

칸트는 스토아 철학의 특징으로 '행복'이 도덕성 안에 존재한다고 보는 점을 들고 있다(Kant, R.P., 127). 이것은 도덕적 행위가 반드시 행복을 가져다 주지는 않는다는 맹자의 입장과 같은 것이다. 행복 은 도덕성 그 자체이며, 맹자는 이것을 '낙(樂)'이라 하고 있다. 스토 아 철학에서처럼 '낙'은 인간이 자신의 본성을 찾아 그것에 맞춰 삶 을 영위함으로써 누릴 수 있는 것이다. 맹자나 스토아 철학자 모두 에게 이 즐거움은 정도(正道)이며 동시에 인간의 유일한 안식이다.

그리고 그들은 도덕적이 아닌 것은 인간으로부터 멀리 있는 것이라고 생각하였다. 맹자가 말하기를 "옛 선비들은 도(道)에서 기쁨을 찾았으며 다른 사람의 권세 따위에는 전혀 관심이 없었다"라고 하였다(진심, 上, 8). 또한 한 유세가(遊說家)에게 맹자는 다음과 같이 말한다. "유세하는 사람은 남이 알아주어도 태연하고, 남이 알아주지 않아도 태연해야 한다."(진심, 上, 9) 왜냐하면 군자는 고요하며 어떤 일에도 초연하기 때문이다. 군자는 결코 권세와 재물을 통하여 기쁨과 만족을 구하지 않는다(진심, 上, 11, 20 참조). "순(舜)임금은 낡은 짚신을 버리듯이 왕위를 버리려고 했다. 그는 자신의 아버지를 업고 도망하여, 바닷가를 따라 멀리 떠나 숨으려 하였다. 그리고 천하의 모든 일을 잊은 채 부모를 모시면서 조용히 생을 마치려 했다." (진심, 上, 35; 등문공, 上, 4 참조).

왜냐하면 스토아 철학자들처럼 맹자에게 인생은 하나의 큰 통합체이며, 오직 이러한 차원에서만 인생은 진정한 의미를 가질 수 있기 때문이다. 스토아 철학자들에게 세계는 인간이 사는 도시(cité)를 넘어서 존재한다. 이러한 거대한 도시는 바로 우주(宇宙)라는 도시이다. 맹자가 말한다. "사람이 조금 높은 지위에 올라도 그 태도와 목소리가 달라지는데, 하물며 인의(仁義)라는 큰 집에 거처하는 사람의 자태는 어떠하겠는가? 진정한 대인(大人)은 화를 내면서 주위를 혼란시키는 사람이 아니라 우주라는 저택에 거처하여 살면서 대도(大道)를 따르는 자이다."(진심, 上, 36)

3. 죽음은 삶의 한 과정일 뿐이다

맹자사상에서의 이러한 '스토아'적 은둔과 후퇴는 개인적인 차원에서만이 아니라 정치적인 차원에서도 발견되고 있다. 작은 제후국인 등(滕)나라는 이웃나라 초(楚)와 제(齊)의 틈에 끼어 있었는데, 등의 제후가 맹자에게 제를 섬겨야 할지 초를 섬겨야 할지 물었다(양혜왕, 下, 13, 14, 15). 맹자는 "이런 경우에는 나도 판단하기가 어렵습니다. 굳이 말해보라면 꼭 한 가지 방법이 있습니다. 성벽을 높이고 외호(外濠)를 깊이 파십시오. 그리고 백성들과 함께 죽기를 각오하고 성을 지키는 수밖에 없습니다"라고 말하였다.

그런데 이 답이 명확한 해결책을 주는 것은 아니다. 이처럼 맹자는 바로 판단을 내리기 어려운 상황에서는 "도덕만으로 상대를 충분히 제압할 수 있다"는 정도의 논리에 그치면서 그 이상의 구체적인 답은 주지 않고 있다. 사실 이 제후는 자신이 최선을 다해 강한 나라의 제후를 섬겼는데도 불구하고 침략을 면치 못하고 있다고 한탄하고 있었다.

이에 대해 맹자는 옛날 어느 군주의 예를 들면서 설명을 계속한다. "대왕(大王)은 이웃나라의 침략이 끊이지 않아서 결국 나라를 내어주고 떠나기로 하였는데, 이 군주가 워낙 어진 사람이어서 백성들이 모두 그가 가는 곳으로 따라갔다고 합니다. 여기서 왕께서는 조상 대대로 지켜 내려온 국토를 버리고 떠나는 것이 과연 죽기를 각오하고 싸우는 것보다 나은지 생각해보십시오. 그리고 결정하십시오."

그런데 맹자는 도덕의 효과에 대한 희망을 항상 가지고 있었다. 그래서 그는 "만일 제후께서 덕행(德行)을 하시게 되면 후손들이 나라를 잘 보존할 수 있게 될 것입니다. 이렇게 제후께서 먼저 시작한 덕행은 계속 전해져 내려가 후손들도 그렇게 하게 될 것입니다"라고 말하고 있다. 그러나 맹자는 일의 최종 결과에 대해서는 관심이 없었기 때문에, 성공은 우리의 소관이 아니고 하늘에 달린 것이며 따라서 사람은 최선을 다해야 할 뿐이라고 말하면서 대화를 끝맺고 있다.

여기서 '하늘'에 대한 맹자의 입장은 앞에서 소개된 그것과는 조금 다르다. 이 '하늘'은 만물의 조정자라고 하기보다는 인간의 운명을 결정짓는 초월적인 힘으로 인식될 수 있다. 특히 맹자는 자신의 실패에 대해서 '하늘'을 통해 설명하고 있다. 노(魯)나라의 제후가 신하의 만류에도 불구하고 맹자의 조언을 받으려고 그를 방문하였다. 맹자가 말하기를 "어떤 일이 성공하는 데는 반드시 누군가의 지원이 있었기 때문이며, 실패하는 데도 누군가의 방해가 있었기 때문입니다. 그렇지만 성공이나 실패 그 자체는 인간의 능력 밖에 있는 것입니다. 따라서 신하의 방해에도 불구하고 우리가 만날 수 있었던 것은 하늘의 뜻이 있었기 때문입니다." 이와 마찬가지로 맹자는 자신의 정치적 이상이 실현되지 않고 있는 이유도 방해자가 있어서 그런 것이라고는 생각하지 않았다. 다시 말해, 자신의 입장이 아무리 도덕적이라고 하더라도 사회적 성공은 결코 마음대로 되는 것은 아니라는 것이다.

우리는 자신의 실패를 인정하는 맹자의 모습을, 그가 제(齊)나라를 떠나면서 제자와 나눈 대화의 내용 속에서 찾아볼 수 있다. 앞의 이 야기와 마찬가지로 이 대화도 해당 편의 마지막 부분에 위치하고 있 다. 이것은 그 내용이 전체 논리의 진행과 잘 어울리지 않아서 뒤에 배치한 느낌마저 준다. 다시 말해, 그것을 삭제하지는 못하고 그렇 다고 해당 편에 완전히 편입시키기에는 어려움이 있었던 것 같다.*

맹자의 제자가 물었다. "선생님께서는 안색이 좋지 않으십니다. 먼저 선생님께서 말씀하시기를, 군자는 무슨 일이 있어도 결코 하 늘을 원망하지 않으며 남을 탓하지 않는다고 하셨습니다." 맹자가 답하기를, "그때는 그때고 지금은 지금이다"라고 하였다. 이것은 마 치 두 경우가 상황이 다르거나 또는 예외가 있을 수 있다는 말 같 기도 하다. "대체로 500년이면 왕자(王者)가 나오게 되어 있으며 그 때에는 반드시 어진 사람이 나타나는 것이다. 그런데 주(周)가 일어 선 지 700년이 지났으니 햇수로 따지면 이미 그것이 실현될 시기인 데도 아무런 변화가 없다. 하늘이 아직도 천하를 태평하게 하려 하 지 않는 것이리라."(공손추, 下, 13)

실패의 상황에 처하여, 아마도 맹자는 '내재적인 질서(ordre immanent)'에 대한 확신이 약해지는 듯하다. 이것은 마치 자신의 운

---

* 『맹자』는 서로 연관되지 않는 일곱 편으로 구성되어 있으며, 전 7편은 마치 독립된 내용들이 나열되는 것처럼 진행되고 있다. 그러나 필자가 보기에 각 편 은 관점이나 다루는 주제에 따라 하나의 묶음으로 모여 있기 때문에, 의도적인 배치가 이루어진 느낌을 갖게 한다(이것은 단지 대화의 상대나 제기되는 주제 때문만은 아닌 것 같다). 게다가 전 7편은 일관성과 함축성을 보여주면서 각 편 간의 불연속성을 극복하려는 흔적도 발견된다. 따라서 일곱 편은 주제별로 진행되고 있음을 알 수 있게 된다. 그럼에도 불구하고, 중국 고전문헌들의 내 용배열 형식에 관한 좀더 일반적이고 체계적인 연구가 요구되고 있다. 『맹자』 와 같이 비교적 잘 정리된 작품에도 문헌학자들이 해야 할 작업이 남아 있다.

명을 의심해보면서 만물의 '조정' 원리에 대해 의문을 던져보는 것
같기도 하다.

그렇지만 안심할 수 있는 방법은 아직 남아 있다. "하늘이 중요한
임무를 어떤 이에게 주려 할 때는 반드시 먼저 그 사람에게 고통을
겪게 하고, 발분(發奮)하여 일어나게 한다. 옛날 위인들은 어려운 조
건을 극복하여 큰 업적을 이룩한 사람들이었다. 하늘은 그들의 마
음을 아프게 하고, 육체를 피로하게 하고, 궁핍함을 겪게 하여 그들
이 실패를 거듭하도록 하였다. 이것은 하늘이 그들의 의식을 자극
하여 분발하게 하기 위한 것이었다. 하늘은 그들에게 인내심을 기
르게 하여 지금까지 해낼 수 없었던 일을 해내게 한 것이다. 왜냐하
면 사람은 어려움을 겪고 나야만 장애물을 뛰어넘을 수 있기 때문
이다.

이것은 정치적인 차원에서도 마찬가지이다. 한 나라 안에 올바른
신하와 임금을 돕는 자가 없고, 밖으로 적(敵)의 위험이 있어야만 긴
장하여 나라를 보존하게 된다. 만일 안락한 상황에 빠지게 되면 멸
망을 면치 못하게 될 것이다."(고자, 下, 15) 요컨대 이러한 대립되는
상황은 부정적인 결과보다는 오히려 긍정적인 효과를 낳게 해준다
고 볼 수 있다.

칸트도 맹자와 같은 생각을 가지고 있었다. "고통은 인간 행동의
기본조건이다. 고통이 없으면 모든 것은 마비된다."(Kant, *Anthro-
pologie*, 60) 그런데 맹자는 인생이 고통과 타인에 대한 배려 속에서
진행된다고 말하면서 다시 생(生)에 대한 질문을 던지고 있다. 아마
도 맹자는 생의 문제에 대해 서양인들이 항상 찾고 있었던 해결책

과는 다른 차원의 해답을 구하려 했던 것 같다. 그것은 바로 '생(生)의 의미'에 관한 것이었다.*

---

* 중국적 사유방법 중에서 서양인들에게 관심을 끄는 것은 '의미(sens)' —특히 생(生)의 의미— 에 대해 생각하지 않게 한다는 점이다. 우선 중국문화에는 '계시'나 '구원'과 같은 개념이 존재하지 않는다. 그러므로 절대자와 인간 사이의 단절은 있을 수 없으며, 그 결과로 '의미'의 문제는 제기되지 않는다. 단지 우리는 거기에서 적절한 '효과'만 발견하면 된다. 나아가 '과정'의 논리는 현실의 경향에 맞춰 끊임없이 진화하는 하나의 '큰 흐름'을 뜻하고 있다. 그런데 이 '큰 흐름' 속에서는 의도를 가지고 어떠한 목표에 도달한다는 것을 생각할 수 없으며, 단지 '주어진 조건'으로부터 자연스럽게 나타나는 결실만이 있게 된다. 중국의 고전해석 기술은 상당한 수준에 도달하였지만, 작품에 대한 판독은 '의미'를 설명하는 차원은 아니었다(중국에는 해석학(herméneutique)이 존재하지 않는다). 아주 평범한 은유의 내용을 보더라도 중국 고전의 독해는 원문을 정신에 녹여들여서 의식에 스며들게 하면서, 작품의 내용을 음미하는 데 중점을 두고 있다. 결국 그것은 의도성을 가진 이론화된 창작으로서가 아니라 '친화(親和)'와 '동화(同化)'의 과정으로 이해되어야 한다.

제15장

도덕성은 절대성에로의 길을 열어준다

1. 본성(本性)을 다하면 하늘(天)에 이른다

맹자에서 도덕에 대한 보상은 경험을 통하여 확인되는, 하나의 피할 수 없는 '과정'의 산물이다. 덕행(德行)에 대한 보상이 이루어지지 않는다고 하더라도 결코 그것을 문제삼아서는 안 된다. 맹자도 자신의 바른 행실에 대한 보상이 주어지지 않는 것을 경험했지만 전혀 흔들리지 않았다. 그렇지만 이러한 논리 속에는 '절대성'이 자리할 곳이 없게 된다. 게다가 절대성은 역사적으로도 항상 발현되지 않았기 때문에, 결국 하늘은 다시 신비스러운 존재로 나타나게 된다.

서양 근대철학자들은 도덕의식만이 절대성에 도달하는 길을 열어준다고 결론짓고 있다. 이것이 우리가 알고 있는 칸트 사상의 핵심이다. 그런데 여기에는 두 가지 문제가 제기된다. 우선 인간은 이성적으로는 형이상학적이고 종교적인 차원의 진리에 도달할 수 없다. 따라서 인간의 이성(理性)이 객관성을 갖기 위해서는 현실적인 현상(現象)만을 인식하여야 한다. 반면에 인간은 도덕법에 의거하여 (도덕의 조건이 되는) '자유(liberté)'를 인식하게 된다. 그런데 '자유'는 원칙적으로 자연의 법칙에 기초하지 않기 때문에, 또 다른 하나의 세계(다른 원인성)를 반드시 가정하고 있다는 것을 알게 된다. 칸트에 따르면, 도덕법은 그것의 자율성을 보장해주는 '자유'를 통해서 존재하게 되며 동시에 인간은 도덕법을 통하여 '자유'를 인식한다고 한다(Kant, R.P., p.17). 따라서 인간이 도덕법을 통하여 알게 되는 '자유'는 결국 인간에게 또 다른 세계 —신을 포함하는 영원성— 를 필요로 하게 만든다. 이처럼 칸트의 '자유'는 물질적인 것이 아니기 때문에[만일 자유가 물질적인 것이라면, 자연의 결정주의(déterminisme)에 의해 자유는 부정될 수 있다] 우리를 다시 형이상학으로 돌아오게 한다. 그리고 도덕적 행위를 요구하는 도덕법의 명령을 통하여 내세(來世)의 존재는 객관적으로 확인된다. 그 결과, 도덕법이 인정하는 범위 내에서 '실천이성' —최소한 '단순이성' 차원에서— 은 종교적 신앙을 정당화해준다.

이러한 경향은 루소에서도 마찬가지로 발견되고 있다. 때로는 이성, 때로는 본능을 내세우면서 종교에 대하여 종종 모순된 입장을 보이고는 있지만, 캇시러(Cassirer)도 지적하듯이 루소는 앞의 논리에서 결코 벗어나지 못하는 것 같다. 루소에 따르면, 인간이 감각의 유혹을 물리치고 선행을 하기로 마음먹는 데는 이성이나 지성이 아니라 자발성(spontanéité)이 작용하게 된다고 한다. 이렇게 하여 인간은 자기 자신으로부터 '자유'를 인식하게 되며, 여기서부터 신(神)의 차원에 오를 수 있는 것이다. 그리고 도덕은 그것의 확실성 덕분에 신앙의 기초로 이용될 수 있으며, 또한 인간은 도덕적 행위를 통하여 모든 독단적인 원리를 배제하면서 신을 최대한으로 섬길 수 있게 된다. 루소는 자신의 소설 「신 엘로이즈(La nouvelle Héloise)」에서 "바른 행실이 바로 신(神)이 진정으로 바라는 자신에 대한 숭배이다"라고 말하고 있다.

이와 같이 칸트는 인간의 이성에 기초한 도덕법에서 시작하여 새로운 신앙의 기초를 세워보려 하였지만, 철학적으로 매우 모호한 상태에 빠지게 된다. 사실 칸트의 도덕법이 인간의 절대적인 의무처럼 제시되고 있는 점을 보면, 그것이 강제적이며 복종을 요구하는 '신의 계명'과 같은 역할을 한다고 의심해볼 수 있다. 결국 칸트는 덕행에 대한 보상으로 내세에 행복을 누릴 수 있다고 주장하면서 도덕을 다시 신학(神學)에 종속시키고 있다. 따라서 종교성을 띠고 있었던 철학의 기초를 합리화하고 철학을 신학으로부터 독립시키려 했던 그의 노력에도 불구하고, 칸트는 신학의 원리에서 벗어나지 못하게 된다. 칸트 도덕철학의 근본 문제는 '도덕적 의무'가 아무리 '이성의 자치(독립)'에 기초한다고 하더라도 도덕행위에 대한 보상 없이는 결코 도덕을 생각할 수 없기 때문에, 결국 천국(천당)을 다시 가정해야 한다는 점에 있다.

이와는 달리 맹자의 논리는 그것의 단순성으로 우리를 놀라게 하고 있다. 간결한 추리 방법에도 불구하고 맹자의 도식은 완벽하다고까지 할 수 있으며 우리에게 전혀 의문의 여지를 남기지 않는다. 맹자는 다음과 같이 간단히 요약하여 말한다. "자신의 마음을 다하는 자는 자신의 본성(本性)을 알게 되며, 자신의 본성을 알면 하늘의 뜻을 알게 된다. 마음을 보존하고 본성을 기르는 것이 하늘을 섬기는 도리이다."(진심, 上, 1) 이 문구를 보면, 자신의 마음(의식)을 아는 것으로부터 시작하여 하늘(절대성)을 아는 데 이르기까지 논리의 일관성이 완벽하게 흐르고 있는 것을 볼 수 있다. 동정심이나 수치심의 반응이 보여 주는 잠재성을 통하여, 나는 나 자신이 될 수 있다는 사실(본성을 아는 것)을 충분히 인식함과 동시에 자신의 운명이 무엇인지 알게 되는 것이다. 또한 나의 본성의 사명이 무엇인지 알게 되면서 비로소 나는 순수한 자연으로서의 하늘[天]에 나의 본성이 기초한다는 것을 인식하게 된다. 그런데 하늘은 추상적인 차원이기 때문에 인간은 하늘을 명확하게 이해할 수 없으며, 단지 하늘의 명(命)을 깨닫게 되는 것뿐이다. 공자는 50세에 천명(天命)을 알게 되었다고 말하고 있다. 경험을 통하여 자연발생적으로 나타나는 동정심과 수치심의 반응에서 시작하여, 우리는 점진적으로 경험의 차원을 넘어서 절대성의 차원에까지 오를 수 있게 된다. 결국 인간의 본성은 우주의 거대한 운행(運行) 과정에서 하나의 개별적인 차원일 뿐이며, 인간의 도덕적인 반응 ─ 측은지심(惻隱之心)의 반응 ─ 은 이러한 거대한 운행의 즉각적인 발현인 것이다. 그렇기 때문에 감정(동정심과 수치심)의 '자연발생'은 인간에게 (항상 현실을 움직이게 해주는) 하늘과 직접 통할 수 있는 길을 열어주는 것이다.

이처럼 맹자의 도식은 논쟁의 여지를 남기지 않는다. 그것은 변증법적인 논거를 주지 않기 때문에 철학적인 담론과는 달리 하나의 '지혜의 양식'으로 존재한다. 게다가 맹자의 도식은 어떠한 가정도 필요로 하지 않은 채, 신앙에 의존하지 않고서도 절대성으로의 길을 열어주는 힘을 발휘한다. 그럼에도 불구하고, 그것은 효과적으로 철학에 접근하고 있다.* 이렇게 하여 맹자의 도식은 '내재성(immanence)'을 통하여 '초월성(transcendance)'에 도달하게 해준다(맹자의 '본성'은 칸트와 루소에서의 '자유'에 해당한다). 맹자는 실질적인 차원에서 무엇이 인간을 절대성으로 이끄는지 명확하게 보여주고 있다. 즉 인간이 자신의 마음을 보존하고 본성을 잘 기르기만 하면 하늘을 섬길 수 있다는 것이다. 맹자에게는 절대성을 인식하기 위해 교의(敎義)나 철학적 공리(postulat)가 필요하지 않듯이, 절대성에 대한 숭배를 위해서도 아무것도 요구되지 않는다. 왜냐하면 오로지 우리

---

* 모종삼(牟宗三)은 서양철학에 대한 중국사상의 우월성을 주장하고 있다. 그에 따르면 칸트의 도덕철학은 신학의 수준을 벗어나지 못하였으며, 오직 유가사상만이 도덕철학을 구축할 수 있다고 하였다. 그러나 필자가 보기에 중국에는 엄밀한 의미에서의 형이상학(métaphysique)이 존재하지 않는다. 왜냐하면 칸트가 '자유(自由)'의 개념을 정립하기 위해 사용한 이원화(二元化) —감성과 이성의 영역을 구분하는— 의 관점이 중국에는 없기 때문이다. 더욱이 중국사상을 서양에 소개하기 위해 철학용어를 사용하였던 펑유란의 시도는 위험이 따른다고 볼 수 있다(왜냐하면 서양문명과 중국문명은 역사적으로 전혀 다른 문화를 경험하였기 때문이다). 두번째로는 도덕성에서 출발하여 초월성에 도달하는 과정을 설명하고 있는 맹자의 논리는 칸트철학을 이해하는 방식으로 읽혀져서는 안 된다. 여기에는 본질적이며 직감적인 설명이 있을 뿐이지 결코 연계적인 추리의 논법은 존재하지 않는다. 따라서 우리는 공통된 문제를 중심으로 하여 두 시각을 나란히 놓고 단지 서로가 접근하도록 노력할 뿐이다. 거기서부터 양자는 각각 힘을 발휘하게 될 것이다. 그러므로 두 시각을 처음부터 동일한 차원에 두고 보아서는 안 된다고 생각한다.

가 이 마음을 항상 유지하면서 그것을 우리의 행실에 전개하는 것
만으로 충분하기 때문이다.

2. 호연지기(浩然之氣)

　여기서 우리는 맹자의 설명이 구체화되는 것을 느낄 수 있다. '마
음을 보존한다'뿐만 아니라 '본성을 기른다'고 하였기 때문이다. 하
늘을 섬기는 것은 자연(본성)을 단념하는 것이 아니라 오히려 본성
의 개화(開花) 조건이 되는 것이다. 그런데 왜 도덕적이라는 — 선(善)
하다고 하는 — 인간의 본성(本性)을 길러야 하는 것일까? 도덕규범은
인위적인 것이기 때문에 인간의 생명력을 방해한다고 주장하는 고
자(告子)의 입장에 대해 맹자는 오히려 도덕성만이 인간에게 활력을
준다고 강조하고 있다. '마음의 전개'에 따르는 도덕심의 개화는 우
리가 절대성에 도달할 수 있도록 해주는 것뿐만 아니라 우리의 인
격을 완성시켜준다. 이 주제와 관련하여 맹자는 '호연지기(浩然之
氣)'에 대한 제자의 질문에 답하고 있는데, 맹자 스스로도 그것은
설명하기가 매우 어려운 것이라고 말하고 있다(공손추, 上, 2).

　도덕성은 인간의 활력을 꺾기보다는 오히려 촉진시킨다고 맹자는
말한다. 왜냐하면 사람이 감각적 수준의 만족에만 집착하게 되면
자신의 인격을 손상시킬 수 있기 때문이다. 그런데 도덕성을 가지
게 되면 그것의 효과로 우리의 몸은 더 큰 활력을 얻을 수 있게 되
며 그 힘은 무한히 확대된다. 결국 생명력은 도덕성 덕분에 커지고

강화되어 우리는 '부동심(不動心)'에 도달할 수 있게 된다. 이렇게 의(義)와 도(道)를 따라서 바르게 길러진 '호연지기'는 천지 사이를 가득 채우게 된다. 이것은 도덕성과 함께 하면 충만하지만 그렇지 않으면 꺾이게 된다. 그래서 맹자는 다시 한 번 우리에게 주의를 주고 있다. 인간은 이 '호연지기'를, 성취하려는 목적으로 삼아서는 안 된다는 것이다. 이것은 화초를 빨리 자라게 하기 위해 억지로 끌어당겨서는 안 되듯이, 호연(浩然)의 '기(氣)'를 얻기 위해서도 어떤 의도를 가지고 행동해서는 안 된다는 의미이다. 단지 화초 주변의 잡초를 제거해주는 정도로, 항상 자신의 몸에 바른 마음을 기르면서 그것이 저절로 외부에 나타나도록 해야만 하는 것이다. 이와 같이 맹자에서의 '결과'는 주어진 유리한 조건의 효과 속에서 간접적으로 실현되고 있다. 다시 말해, 결과는 인위적인 조작에 의해 이루어지는 것이 아니라 상황 성숙의 산물인 것이다.

이러한 논리를 서양인들이 이해하기에는 분명히 어려움이 있을 수 있다. 왜냐하면 그것은 완전히 직접적이지도 아니면서, 그렇다고 해서 완전히 은유적(métaphorique)이지도 않기 때문이다. 따라서 그 의미하는 바를 명확히 이해하려면, 주어진 문구가 직접적으로 뜻하는 것과 그것의 은유적인 차원을 동시에 파악해야만 한다. 방금 우리는 '도덕성'이 '호연지기'로 변하는 과정을 보면서(여기서 도덕성은 추상적인 것이지만, 그것이 낳는 호연의 '기'는 구체적인 것이다) 추상성의 차원이 구체성으로 전환되는 것을 알 수 있다. 그런데 본성을 기르는 동안 인간은 육체성과 정신성이 교차되는 임시적인 상태에 놓이게 된다. 이 두 차원은 구별이 잘 되지 않기 때문에 맹자는 "설명하기가 어렵다"고 말하고 있다. 바로 이 과정(processus)에서 도덕적 자세는 물질적인 차원[氣]으로 나타나게 되며, '내적인 요구'(도덕성) 는 '외적인 힘'으로 변화된다. 그러나 이것은 개체성(個體性)을 부정 하는 것이라기보다는(쇼펜하우어는 개체성을 부정하는 새로운 형이상학 을 만들어냈다) 도덕을 실천하면서 개체성이 지니고 있는 한계를 뛰 어넘는 것이라고 할 수 있다.

　여기서 '절대성'은 더 이상 추상적인 관념이 아니며 우리가 감지 할 수 있는 것이 된다. 이 절대성은 신비적인 직감이나 황홀경에서 비롯되는 것이 아니라 우리를 활기차게 해주는 도덕성을 전개한 결 과로서 나타나는 것이다. 이처럼 호연의 '기'는 우리에게 개별성의 한계를 뛰어넘게 해주면서 무한성으로의 길을 열어주며, 하늘과 땅 사이에 충만하게 된다. 맹자는 이것을 다른 장에서 다음과 같이 표 현하고 있다. "도덕성은 위와 아래로 널리 확대되면서 하늘과 땅에 동시에 퍼진다."(진심, 上, 13) 서양철학자 중에서는 루소가 이 점에 관해 맹자와 비슷하게 인식하였다. "에밀을 가르치기 위한 최선의 방법은 그에게 마음을 열 수 있게 하는 물건을 선물하는 것이다. 이 것(선물)은 에밀의 마음을 타인에게 열게 하여, 자기 외부의 어디에 서나 자신을 발견할 수 있게 해줄 것이다. 반대로 에밀을 고립시키 는 물건들은 없애 버려야 한다. 왜냐하면 그런 것들은 이기적인 마 음만 키우며 자아의 발전을 가로막기 때문이다."(Rousseau, E., p.262) 맹자나 루소 모두에게 이기적인 편협성은 도덕적 인격의 확대에 방 해가 되는 것이다. 결국 에밀은 이렇게 하여 자신을 뛰어넘게 되고, 자신에게 해로운 일을 하지 않을 수 있는 상태에 도달하게 된다

(Rousseau, E., p.270). 필자가 보기에는 루소가 말하는 '풍부한 감성(sensibilité abondante)'이 맹자의 '호연지기(浩然之氣)'에 비교될 수 있는 개념으로 보인다.

그런데 루소는 도덕을 붕괴시킨 니체에까지는 이르지 못하고 있다. 니체가 도덕을 무너뜨린 것은 생각보다 놀라운 일은 못 된다. 그는 이타주의(利他主義)를 비판하고 있다. 니체는 이타주의가 '위선적인 선(善)'으로 흐를 위험이 있고, 또한 동정심을 타락시키는 고뇌주의(dolorisme: 이것은 동정심을 천국에 가기 위한 가식적인 도덕적 의무로 만든다)로 기우는 경향이 있기 때문에 이기주의(利己主義)만큼이나 잘못된 것이라고 지적한다(Nietzsche, *Volonté de puissance*, IV, §613). 왜냐하면 '생(生)' 자체만이 그것의 전개를 통해 절대성에 도달할 수 있기 때문이다. 그리고 이것은 '추상적 관념'(칸트의 입장)이 아닌, '경험'(스토아 철학의 입장)을 통해서 가능한 것이다. 니체는 "나(자신)와 너(타인)를 초월하여 우주적 차원에서 느껴야 한다"고 말하고 있다. 적어도 이것은 맹자의 논리에 가까이 접근한다고 할 수 있다.

3. 인간은 모두 성인(聖人)이 될 수 있다

'선(善)'은 외부로부터 강요된 규범의 산물이어서는 안 된다. 만일 그것이 구속적이게 되면 인간의 본성은 위축된다. 따라서 '선'은 본성에 내재(內在)하여야 하며 인간의 내적 성숙의 출발점이 되어야 한다. 이러한 성숙을 통해 인간은 본성을 활짝 꽃피우게 되어 절대성으로의 길을 열 수 있게 된다. 맹자는 이것을 체계적으로 설명하고 있다. "하고자 하는 것을 '선(善)'이라 한다[可欲之謂善]. 그리고 '선'이 완전히 자신의 것이 되어 스스로가 진정 도덕적이 되는 것—스스로 자신의 도덕성을 확신하고, 도덕성이 자기 안에 실재하는 차원—을 '신(信)'이라 한다." 전자는 '선'이 단지 동경의 대상이 된 것이고, 후자는 인간이 '선'을 실천하는 차원이다. 맹자는 이어서 말한다. "또한 '선'이 몸에 가득 차게 되면 그것을 '미(美)'라고 하는데, '미'가 넘쳐 외부로 빛을 발하는 것을 '대(大: 위대함)'라고 한다. 그리고 '대'가 저절로 모든 사람을 감화시키는 수준에 이르면 그것을 가리켜 '성(聖)'이라 하며, '성'하여 그 움직임을 인간의 지혜로 헤아릴 수 없는 차원을 '신(神)'이라고 한다."(진심, 下, 25)

첫번째 단계인 '선(善: 베풀고자 하는 것)'은 인간 본성의 한 경향에 해당한다. 그런데 맹자의 논리를 잘 살펴보면, 최종 단계는 본성의 외부에 있는 것이 아니라 본성의 자연적이며 지속적인 전개를 통하여 달성되는 것이다. 따라서 도덕은 시종일관 '자연'의 차원에 존재한다는 것을 알 수 있게 된다. 결국 여기서 맹자는 인격의 완성 단계까지의 성숙 과정[善, 信, 美, 大, 聖, 神]을 보여주고 있다. 낙정자(樂正子)라는 사람의 인격 수준에 대한 제자의 질문으로 시작된 이 이야기는, 그가 단지 두번째 수준에 도달해 있고 아직 성숙한 단계에는 이르지 못했다는 것으로 끝맺고 있다.

맹자의 해석자들은 인격을 완성하는 과정에서 초기 단계와 최종 단계의 차이를 강조하고 있다. 선(善)을 실천하기 위해 덕(德)을 기르는 초기 단계에서는 많은 노력을 기울여야 하지만, 최종 단계에 오

르게 되면 아무것도 요구되지 않는다는 것이다. 왜냐하면 마지막 단
계에 도달하게 되면 모든 것이 보이지 않는 차원에서 전개되기 때문
이다. 여기서 맹자가 쓰고 있는 '신(神)'은 죽은 사람[鬼神]을 가리킬
때 사용하는 종교성을 띤 용어라고도 볼 수 있다. 그렇지만 맹자의
'신'은 종교적인 의미를 조금도 내포하고 있지 않다. 그것은 단지 성
인(聖人)의 경지를 넘어선 사람을 칭(稱)하기 위한 것이다. 또한 맹자
가 말하는 '보이지 않는 차원'이란 바로 전혀 자취를 남기지 않는
효과(efficacité)를 뜻하고 있다. 그것은 인간 본성의 자연적인 전개와
도 같이 지극히 자연스럽게 나타나기 때문이다. 한편 성인(聖人)이
하는 일은 보이지 않고 무한하면서도, 그 효과는 구체적이다. 우리
는 이미 이것이 정치적 차원에서 발휘되는 것을 보았다(군주가 모범
을 보임으로써 백성을 이끌게 되며, 나아가 그의 도덕성은 모든 사람들에게
전파된다). "군자(君子)가 있는 곳의 백성들은 그의 덕(德)에 감화되며,
그들이 사는 땅은 그의 덕에 의해 훌륭히 다스려지게 된다."(진심, 上,
13) 성인의 단계에 도달한 사람에게는 초월적인 힘이 있으며, 그는
이 힘을 통하여 '하늘[天]'의 무한성에 도달하게 된다. 그리고 하늘
의 초월성의 기초가 다른 곳 ―신성(神聖)의 차원― 에 있지 않은 것처
럼 성인의 초월성도 외부적 원리를 가정하지 않는다(기독교에서 '인격
신(人格神)'을 초월성의 기초로 삼는 것과는 다르다). 반대로 절대화해가
는 충만한 '내재성(內在性)'이 '초월성'으로 전환한다(여기에는 '형태'
와 '질료'의 구분이 없기 때문에 형이상학이 들어설 자리는 없게 된다). 왜
냐하면 중국의 초월성은 (최소한 중국적 사유 원리에서는) 단지 현실화
된 '내재성'의 절대화일 뿐이기 때문이다. 그러므로 인간이 헤아릴

수 없는 차원인 '성인의 경지'는 성인에 내재하는 완벽한 '자연발생성(spontanéité)' 그 자체이며, 또한 도덕의 성숙 단계에서 그가 도달하게 되는 절대성은 자연적인 것에 지나지 않는다.

"대이화지(大而化之)"라는 문구에서 '지(之)'는 '모든 것'을 뜻한다. 따라서 성인(聖人)은 자신을 변화시키듯이 모든 사람들을 변화시킨다는 의미이다(왜냐하면 성인의 경지에 도달하게 되면 자신과 타인의 구분은 존재하지 않기 때문이다). 이것을 달리 해석해본다면 성인은 자신의 위대함까지도 변화시킨다고 말할 수 있다. 그런데 성인은 자신의 위대함을 과시하거나 또한 그것을 고정된 규범으로 만들려 하지 않는다. 다시 말해, 그는 위대함에서 멈추지 않고 계속 자신을 변화시키는 것이다. 성인은 자연과 마찬가지로 세계의 운행(運行) 안에 존재하고 있다. 결국 성인의 위대함은 그가 상황에 맞춰 변화하고 움직이기 때문에, 한정되지 않으면서 항상 유연성을 갖는 데 있다. 맹자는 공자(孔子)에 대해서는 평하기가 매우 어렵다고 말하였다. 공자를 굳이 한 마디로 표현하자면, '시(時)'라고 할 수 있을 것이다. 맹자는 성인의 위대함은 너무나도 광대하기 때문에 더 이상 덧붙일 것이 없다고 했다(진심, 上, 13). 이처럼 위대함은 만물의 '조정 과정'에 내포되어 있기 때문에 우리의 눈에는 잘 보이지 않는 것이다. 그것은 가장 단순하면서도 가장 신중하다. 성인(聖人)은 결코 "내가 성인이다"라고 스스로 자신을 내세우지 않는다. 결국 성인의 위대함은 그 자체로서 자연스럽게 존재하는 것이다.

미 주

1) 공자(孔子)가 맹자(孟子)에게 미친 영향에 대해서는 牟宗三, 『中國哲學的特質』, 臺北: 學生書局, 1963, 29쪽 참조. '安'의 부정적 의미에 관해서는 『論語』, 「學而」, 14, 「陽貨」, 21 참조.

2) Arthur Schopenhauer, *Le Fondement de la Morale*, Auguste Burdeau(trans.), Paris: Le Livre de Poche, 1991, p.33.

3) Schopenhauer, op. cit., 1991, p.160.

4) Victor Delbos, *Essrai sur la Formation de la Philosophie Pratique de Kant*, Paris: Felix Alcan, 1903, p.117 참조.

5) Ernst Cassirer, "Kant et Rousseau," *Rousseau, Kant, Goethe*, Paris: Belin, 1991, p.42 참조.

6) Immanuel Kant, *Observation sur le Sentiment du Beau et du Sublime*, R. Kempf (trans.), Paris: Vrin, 1992, pp.25-26.

7) Schopenhauer, op. cit., 1991, p.72 이하.

8) Kant, op. cit., 1992, p.26.

9) 세석(世碩)의 주장은 王充, 『論衡』, 「本性篇」 참조. 『漢書』의 「서지편」에는 세석이 맹자 이전의 인물이었다고 하고 있다.

10) A. C. Graham, "The Background of the Mencian Theory of Human Nature," ≪淸華學報≫, vol.6, no.1-2, 1967, p.215 이하.

11) Graham이 지적하는 바와 같이, 중국에서는 고대 말기까지도 '生'과 '性' 두 문자를 구분하지 않고 쓰는 경우가 종종 있었다.

12) 『管子』, 「戒篇」 26 참조. 관자(管子)의 생각은 고자(告子)의 입장에 매우 가깝다.

13) '우회 전략'에 관해서는 François Jullien, *Le Détour et l'accès, Stratégies du sens en Chine, en Grèce*(우회와 접근: 중국과 그리스에서의 意味의 전략), Paris: Grasset, 1995, p.306 참조.

14) 유추적(analogique) 논법에 관해서는 다음을 참조.

D. C. Lau, "On Mencius' Use of the Methode of Analogy in Argument," *Asia Major(New Series)*, vol.10, 1963; I. A. Richards, *Mencius on the Mind*, London: Kegan Paul, 1932, p.43 이하; Chad Hansen, *A Daoist Theory of Chinese Thought*, Oxford University Press, 1992, p.188 이하.

15) 서복관(徐復觀)은 자신의 저서 『中國人性論史』, 臺北: 商務印書館, 1969 에서 '주관성'과 '욕구'라는 용어를 사용하면서 이 논쟁을 설명하고 있다.

16) 동기적 의미로 쓰이고 있는 '悅'자의 애매함을 보라(고자, 上, 4). Lau와 Graham이 이것을 '說(설명하다)'로 해석하는 것은 잘못된 것 같다.

17) 공자(孔子) 이전 시대의 고대 중국사상에서 나타나고 있는 '변화(變化)'에 관해서는 특히 牟宗三, 앞의 책, 1963, 19쪽 이하를 참조.

18) Immanuel Kant, *La Religion dans les Limites de la Simple Raison*, J. Gilberin (trans.), Paris: Vrin, 1994, pp.65-66.

19) "인간의 본성은 나쁘다."[이후 순자(荀子)에 대한 연구는 「性惡篇」을 중심으로 진행된다].

20) Kant, op. cit., 1994, p.82; O. Reboul, *Kant et le Probleme du Mal*, Montréal: PUM, 1971, p.105 이하 참조.

21) B. Carnois, *La Cohérence de la Doctrine Kantienne de la Liberté*, Paris: Seuil, 1973, p.160 이하 참조.

22) Jullien, op. cit., 1995, p.278 이하 참조.

23) 두 가지의 덕목을 꼽는다면 인(仁)과 의(義), 네 가지를 꼽으면 인(仁), 의(義), 예(禮), 지(智)이다. 이러한 덕목의 모음은 인간애의 공통적인 기초인 인에서 시작해 구조화되고 있다(그러나 네 덕목은 모두 동일한 중요성을 갖는다). 송(宋)시대의 유학자들은 인·의·예·지의 4덕(德)은 인이 그 중심이 되며, 예·의·지는 결국 인으로 회귀한다고 주장하고 있다.

24) 우리는 맹자가 인식의 문제를 언급하면서도 왜 그것을 더 이상 발전시키지 않는지를 다음 구절을 통해 알 수 있게 된다. "대체로 이목(耳目)은 보고 듣기는 하지만 생각하지는 못하므로, 외부의 '사물세계'에 의해 가려지기 쉽다. 사물이 앞에 나타나게 되면 감각기관은 유혹을 받는다."(고자, 上, 15) 그런데 맹자는 감각기관이 어떻게 외부의 사물에 의해 가려지게 되는지는 구체적으로 분석하지 않고 있다. 그리고 이 구절의 관점은 철저히 도덕의 문제에만 집중된다(인체의 기관은 중요한 기관인 마음[大體]과 덜 중요한 기관인 감각기관[小體]으로 구분되고 있다. 본서의 11장 참조). 반면에 순자(荀子)의 「해폐편(解蔽篇)」에는 인식의 문제가 다뤄지고 있으며, 후기 묵가(墨家)에서도 이에 관한 논의가 전개되고 있다.

25) 모종삼(牟宗三)은 송(宋)시대 유학자들의 입장을 취하고 있다. 牟宗三, 『心
 體與性體』, 卷2, 臺北·香港: 正中書局, 1968, 218쪽 이하.

26) 세상에 대한 염려인 '憂'에 대한 적극적인 의미 부여는 『맹자』에서만 나타나
 는 것은 아니다(특히 『周易』, 「繫辭上傳」, 5 참조). 『맹자』에서 '염려'의 개
 념은 체계적으로는 정리되어 있지 않다. 그리고 '憂'와 '患'의 의미가 대립적
 이기보다는 결합될 수 있는 면도 보여주고 있다(고자, 下, 15 참조).

27) 徐復觀, 앞의 책, 1969, 15쪽 이하; 牟宗三, 앞의 책, 1963, 14쪽 이하.

28) 고티에(Gauthier)에 따르면, 아리스토텔레스에게는 의지(volonté)는 존재하지
 않는다. 왜냐하면 그에게 인간의 사악함은 단지 지능의 부족에 기인하는 것이
 기 때문이다(René-A. Gauthier, *La Morale d'Aristote*, Paris: PUF, 1958, p.81).
 그렇다고 해서 아리스토텔레스의 윤리(éthique)가 뒤에 만들어진 서양의 의지
 개념에 기초를 제공했다는 사실을 부인할 수는 없다. 이러한 전통적인 국면은
 그것을 중국의 시각에서 보게 되면 더욱 명확하게 나타난다(Anthony Kenny,
 Aristotle's Theory of the Will, London: Duckworth, 1979).

29) 徐復觀, 앞의 책, 1969, 176쪽.

30) 徐復觀, 앞의 책, 1969, 185쪽.

31) 徐復觀, 『儒教政治思想與民主自由人權』, 臺北: 八十年代社, 1979, p.117
 이하. 서복관은 맹자의 사상 속에 민주주의의 단초가 존재한다고 주장하고 있
 다. 그러나 그는 자신의 논리를 충분히 입증하지 못하고 있다.

■ 지은이

프랑수아 줄리앙(François Jullien)

1951년 프랑스의 앙브렝(Embrum)에서 태어나 파리 고등사범학교(ENS)를 졸업했으며, 1974년에 철학교수자격(Agrégé)을 취득했다. 1978년에 동양학 박사(Doctorat de 3e cycle), 1983년에 문학 국가박사(Doctorat d'Etat) 학위를 받았다. 1975~1977년에 베이징 대학과 상하이 대학에서 연구하였으며 1978~1981년에는 홍콩 주재 프랑스 중국학연구소장을 맡았다. 1985~1987년 불(佛)·일(日)협회(도쿄 소재) 재외연구원으로 있었다. 1988~1990년에 프랑스 중국학협회 회장, 1995~1998년 파리 국제철학대학원 원장을 역임하였다. 현재 파리7대학 동양학부 교수로서 고대 중국사상과 미학을 강의하고 있으며, 동대학 부설 현대사상연구소(Institut de la Pensée Contemporaine) 소장으로 있다. 저자의 철학세계는 무너져버린 서양의 사유체계를 회복하기 위해, 동양사상을 통하여 현대 서양철학에 새로운 지평을 열어주는 데 있다.

저서

L'Ombre au tableau du mal ou du négatif (2004)

La Grande image n'a pas de forme, ou du non objet par la peinture (2003)

La Valeur allusive: Des catégories originales de l'interprétation poétique dans la tradition chinoise (2003)

Du Temps: Eléments d'une philosophie du vivre (2001)

De l'essence ou du nu (2000)

Un Sage est sans idée, ou l'autre de la philosophie (1998)

Traité de l'efficacité (1997)

Fonder la morale: Dialogue de Mencius avec un philosophe des Lumières (1995)

Le Détour et l'accès: Stratégies du sens en Chine, en Grèce (1995)

Figures de l'immanence: Pour une lecture philosophique du Yi king (1993)

La propension des choses (1992)

Eloge de la Fadeur (1991)

Procès ou création (1989)

Lu Xun, Ecriture et la révolution (1979)

■ 옮긴이

허경(許坰)

프랑스 국립 동양학대학(INALCO) 유라시아학부 교수
프랑스 국립 에브리(Evry)대학 사회학부 겸임교수
프랑스 국립대학 교수자격 취득(사회학 및 동양학)
파리 8대학 정치사회학 박사
파리 8대학 철학 준박사, 파리 1대학 정치사회학 준박사
연구 분야: '근대성'에 대한 사회철학적 고찰

논문

"La conception de l'éthique et du politique dans le confucianisme"
"Conceptualisation et transculturalité"
"Démocratie en question en Asie orientale"
"L'évolution de l'Etat moderne coréen"
"La crise de l'identité" 등 다수가 있다.

한울아카데미 621

맹자와 계몽철학자의 대화
도덕의 기초를 세우다

ⓒ 허경, 2004

지은이 | 프랑수아 줄리앙
옮긴이 | 허경
펴낸이 | 김종수
펴낸곳 | 한울엠플러스(주)

초판 1쇄 인쇄 | 2004년 3월 10일
초판 4쇄 발행 | 2019년 2월 28일

주소 | 10881 경기도 파주시 광인사길 153 한울시소빌딩 3층
전화 | 031-955-0655
팩스 | 031-955-0656
홈페이지 | www.hanulmplus.kr
등록 | 제406-2015-000143호

ISBN 978-89-460-6611-3 93190

* 책값은 겉표지에 있습니다.